U0085342

世界哲學家叢書

# 韓非

李甦平著

1998

東大圖書公司印行

國家圖書館出版品預行編目資料

韓非／李甦平著.--初版.--臺北市：東大，民87
面；　公分.--(世界哲學家叢書)
參考書目：面
含索引
ISBN 957-19-2217-X (精裝)
ISBN 957-19-2218-8 (平裝)

1.(周)韓非-學術思想-哲學

121.67　　87005808

網際網路位址　http://www.sanmin.com.tw

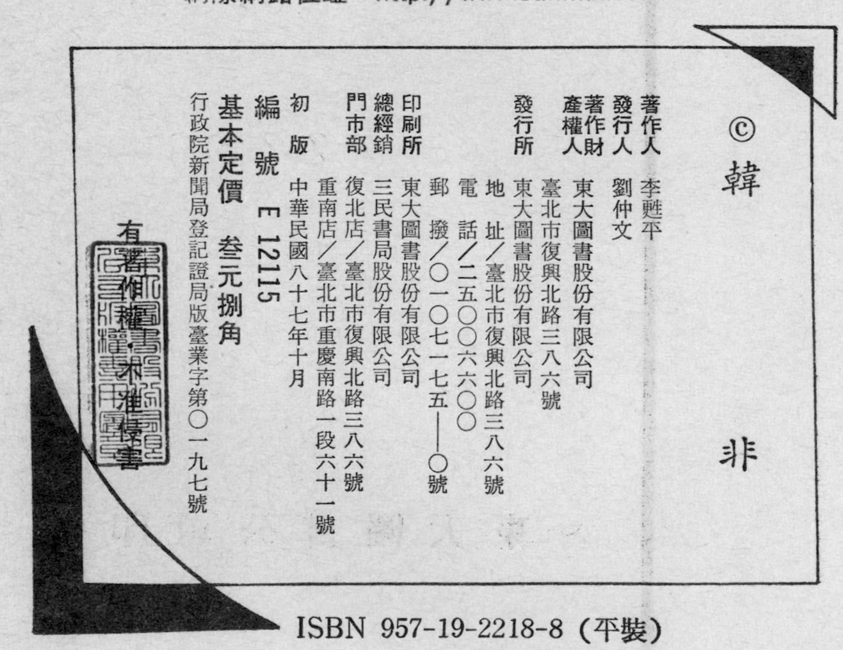
© 韓非

著作人　李甦平
發行人　劉仲文
著作財產權人　東大圖書股份有限公司
臺北市復興北路三八六號
發行所　東大圖書股份有限公司
地址／臺北市復興北路三八六號
電話／二五〇〇六六〇〇
郵撥／〇一〇七一七五──〇號
印刷所　東大圖書股份有限公司
總經銷　三民書局股份有限公司
門市部　復北店／臺北市復興北路三八六號
重南店／臺北市重慶南路一段六十一號
初版　中華民國八十七年十月
編號　E 12115
基本定價　叁元捌角
行政院新聞局登記證局版臺業字第〇一九七號
有著作權・不准侵害

ISBN 957-19-2218-8 (平裝)

# 「世界哲學家叢書」總序

本叢書的出版計畫原先出於三民書局董事長劉振強先生多年來的構想，曾先向政通提出，並希望我們兩人共同負責主編工作。一九八四年二月底，偉勳應邀訪問香港中文大學哲學系，三月中旬順道來臺，即與政通拜訪劉先生，在三民書局二樓辦公室商談有關叢書出版的初步計畫。我們十分贊同劉先生的構想，認為此套叢書(預計百冊以上) 如能順利完成，當是學術文化出版事業的一大創舉與突破，也就當場答應劉先生的誠懇邀請，共同擔任叢書主編。兩人私下也為叢書的計畫討論多次，擬定了「撰稿細則」，以求各書可循的統一規格，尤其在內容上特別要求各書必須包括（1）原哲學思想家的生平；（2）時代背景與社會環境；（3）思想傳承與改造；（4）思想特徵及其獨創性；（5）歷史地位；（6）對後世的影響(包括歷代對他的評價)，以及（7）思想的現代意義。

作為叢書主編，我們都了解到，以目前極有限的財源、人力與時間，要去完成多達三、四百冊的大規模而齊全的叢書，根本是不可能的事。光就人力一點來說，少數教授學者由於個人的某些困難(如筆債太多之類)，不克參加；因此我們曾對較有餘力的簽約作者，暗示過繼續邀請他們多撰一兩本書的可能性。遺憾的是，此刻在政治上整個中國仍然處於「一分為二」的艱苦狀態，加上馬列教條的種種限制，我們不可能邀請大陸學者參與撰寫工作。不過到目前為止，我們已經獲得八十位以上海內外的學者精英全力支持，包括臺灣、香港、新加坡、澳洲、美國、西德與加拿大七個地區；難得的是，更包括了日本與大韓民國好多位名流學者加入叢書作者的陣容，增加不少叢書的國際光彩。韓國的國際退溪學會也在定期月刊《退溪學界消息》鄭重推薦叢書兩次，我們藉此機會表示謝意。

原則上，本叢書應該包括古今中外所有著名的哲學思想家，但是除了財源問題之外也有人才不足的實際困難。就西方哲學來說，一大半作者的專長與興趣都集中在現代哲學部門，反映著我們在近代哲學的專門人才不太充足。再就東方哲學而言，印度哲學部門很難找到適當的專家與作者；至於貫穿整個亞洲思想文化的佛教部門，在中、韓兩國的佛教思想家方面雖有十位左右的作者參加，日本佛教與印度佛教方面卻仍近乎空白。人才與作者最多的是在儒家思想家這個部門，包括中、韓、日三國的儒學發展在內，最能令人滿意。總之，我們尋找叢書作者所遭遇到的這些困難，對於我們有一學術研究的重要啟示（或不如說是警號）：我們在印度思想、日本佛教以及西方哲學方面至今仍無高度的研究成果，我們必須早日設法彌補這些方面的人才缺失，以便提高我們的學術水平。相比之下，鄰邦日本一百多年來已造就了東西方哲學幾乎每一部門的專家學者，足資借鏡，有待我們迎頭趕上。

以儒、道、佛三家為主的中國哲學，可以說是傳統中國思想與文化的本有根基，有待我們經過一番批判的繼承與創造的發展，重新提高它在世界哲學應有的地位。為了解決此一時代課題，我們實有必要重新比較中國哲學與（包括西方與日、韓、印等東方國家在內的）外國哲學的優劣長短，從中設法開闢一條合乎未來中國所需求的哲學理路。我們衷心盼望，本叢書將有助於讀者對此時代課題的深切關注與反思，且有助於中外哲學之間更進一步的交流與會通。

最後，我們應該強調，中國目前雖仍處於「一分為二」的政治局面，但是海峽兩岸的每一知識分子都應具有「文化中國」的共識共認，為了祖國傳統思想與文化的繼往開來承擔一分責任，這也是我們主編「世界哲學家叢書」的一大旨趣。

傅偉勳　韋政通

一九八六年五月四日

# 自序

在中華民族群星燦爛的思想史中，韓非是一顆熠熠生輝的星。如果說孔子那顆星，開啟了中華民族的德治教化；老子那顆星，啟迪了中華民族的大智大慧；墨子那顆星，折射出了中華民族的科技之光的話，那麼韓非這顆星，則因它蘊含著中華民族的刑賞法治而顯得格外耀眼、格外醒目。

我初識韓非這顆星，是在中學古代史的學習中。但那時，與韓非相比較，我更鍾情於老子那深邃的哲學思辨。我重視韓非這顆星，則是在大學中國哲學史的學習中。以後，我做為一名大學教師，又給我的學生講授韓非。在這學習與講授的過程中，我漸漸走近了韓非，讀懂了韓非。促使我提筆寫韓非，則是九〇年代初期，我的一名日本學生對我的啟示。我曾指導過一名博士課程後期的日本留學生，他的博士論文的題目是「韓非」。當我問他為什麼要研究韓非時，他對我說：「我從小就喜愛韓非，因為讀韓非的書，可以找到治國的根本大法。日本有許多學者都在研究韓非，發表了許多論著，並且《韓非子》已經翻譯成了日文。」當我把研究韓非的書目交給他時，他又對我說：「這些論著，我基本上都看過了。」並拿出他寫的部份讀書筆記給我看。看著他寫得密密麻麻的學習心得，我很受感動。中國大陸學術界自文化大革命「評法批儒」後，關於韓非的研究、論著，很少很少。可是，這位日本學子卻遠涉重洋，來到韓非的祖國學習韓非。做為一名中國學人，我深感慚愧。為了重新解讀韓非，我萌生了撰寫韓非的念頭。這就是我認識韓非的心路歷程。

要感謝「世界哲學家叢書」的主編韋政通教授幫我實現了這一心願。在韋政通先生的指教和鼓勵下，終於完成了《韓非》的撰寫。至於韓非是恒星乎，是流星乎？我想這是智者見智，仁者見仁。不過，我在撰寫《韓非》的過程中，深深體悟到韓非的法治思想與目前大陸方面正在進行的法治建設，具有著密切的關聯。韓非的法治思想，在當代仍具有借鑒的價值。

謹向此叢書主編韋政通先生和本書責任編輯致以深深的謝意。

李甦平

一九九八年三月二十日

# 韓　非

## 目　次

# 韓非略傳

（節錄自司馬遷《史記‧老子韓非列傳》）

韓非者，韓之諸公子也。喜刑名法術之學，而其歸本於黃老。非為人口吃，不能道說，而善著書。與李斯俱事荀卿，斯自以為不如非。

非見韓之削弱，數以書諫韓王，韓王不能用。於是韓非疾治國不務修明其法制，執勢以御其臣下，富國彊兵而以求人任賢，反舉浮淫之蠹而加之於功實之上。以為儒者用文亂法，而俠者以武犯禁。寬則寵名譽之人，急則用介胄之士。今者所養非所用，所用非所養。悲廉直不容於邪枉之臣，觀往者得失之變，故作《孤憤》、《五蠹》、《內外儲》、《說林》、《說難》十餘萬言。

……

人或傳其書至秦。秦王見《孤憤》、《五蠹》之書，曰：「嗟乎！寡人得見此人與之游，死不恨矣！」李斯曰：「此韓非之所著書也。」秦因急攻韓。韓王始不用非，及急，迺遣非使秦。秦王悅之，未信用。李斯、姚賈害之，毀之曰：「韓非，韓之諸公子也。今王欲并諸侯，非終為韓不為秦，此人之情也。今王不用，久留而歸之，此自遺患也，不如以過法誅之。」秦

2·韓　非

王以為然，下吏治非。李斯使人遺非藥，使自殺。韓非欲自陳，不得見。秦王後悔之，使人赦之，非已死矣。

# 第一章　源論——韓非的生平、著作和學源

## 第一節　生　平

韓非從國姓為韓氏，名非。據《史記》說，他是韓國的諸公子。所謂諸公子，就是諸侯之子。為此，近人陳千鈞疑韓非為釐王或桓惠王之子❶。韓非既為韓諸公子，則必為韓宗室無疑，不過不得勢而已。

關於韓非的生年，史書記載不詳。近人有兩種推測如下：

⑴認為韓非生於韓釐王十六年前後，即公元前280年左右。持此種說法的是錢穆先生。他在《先秦諸子繫年・考辨諸子生卒年世約數表》中將韓非的生年定為公元前280年。他說：「韓非與李斯同學於荀卿，其使秦在韓王安五年。翌年見殺，時斯在秦已十五年。若韓李略相當，則非壽在四十五年之間。」❷

⑵認為韓非生於韓釐王初年，即公元前295年前後。持這一說

---

❶ 見《學術世界》一卷二期《韓非新傳》。

❷ 錢穆：《先秦諸子繫年》（下），中華書局影印本，1984年，頁478。

法是陳千鈞先生。他說：據《韓非子・問田》，堂谿公與韓非同時；又據《韓非子・外儲說右下》，堂谿公又與昭侯同時。堂谿公在昭侯時年紀較輕，大約二十、三十歲左右，而他與韓非交談時已九十餘歲了，那時韓非不過三十餘歲。韓非被殺時六十餘歲。所以，韓非大概生於韓釐王初年❸。

據容肇祖先生《韓非子考證》及陳千鈞先生《韓非子書考》所云，《問田》乃是韓非從學所記。文中的堂谿公以逢遇不可必，患禍不可斥，勸韓非不必堅主法術。

> 堂谿公謂韓子曰：「臣聞服禮辭讓，全之術也；修行退智，遂之道也。今先生立法術，設度數，臣竊以為危於身而殆於軀。何以效之？所聞先生術曰：楚不用吳起而削亂，秦行商君而富彊。二子之言已當矣，然而吳起支解，而商君車裂者，不逢世遇主之患也。逢遇不可必也，患禍不可斥也。夫舍乎全遂之道，而肆乎危殆之行，竊為先生無取焉。」❹

但韓非以立法術、設度數的利處批評了堂谿公的言論，並表明了自己為行法術的決心。

> 韓子曰：「臣明先生之言矣。夫治天下之柄，齊民萌之度，甚未易處也。然所以廢先生之教，而行賤臣之所取者：竊以為立法術，設度數，所以利民萌，便眾庶之道也。故不憚亂主闇上之患禍，而必思以齊民萌之資利者，仁智之行也。憚亂

---

❸ 《學術世界》一卷二期《韓非新傳》。

❹ 《韓非子・問田》，見《韓非子校注》，江蘇人民出版社1982年版。

主闇上之患禍，而避乎死亡之害；知明夫身，而不見民萌之資利者，貪鄙之為也。臣不忍嚮貪鄙之為，不敢傷仁智之行。先生有幸臣之意，然有大傷臣之實。」❺

可見，此時韓非的法術思想已經形成，決非二十餘歲所能為之。

如《問田》的堂谿公與《外儲說右下》的堂谿公確為一人的話，則堂谿公與韓非談話時已有百歲了。而韓非至少也在三十歲以上。故筆者以為，定韓非生年為公元前 280 年，即韓釐王十六年、秦昭襄王二十七年、周赧王三十五年左右較客觀。

韓非的祖國韓國是三家分晉時獨立為國的。在激烈兼併的戰國時代，韓國經常受到新興秦國的威脅。如公元前 391 年，秦國攻伐韓宜陽，取六邑；公元前 366 年，秦軍於洛陽打敗韓師等。這種被秦侵辱的境況，一直到公元前 351 年，韓昭侯用申不害為相時才有所改變。申不害「學術以干韓昭侯」，致使韓國「內修政教，外應諸侯，十五年。終申子之身，國治兵彊，無侵韓者。」❻公元前 337 年，韓相申不害卒。韓國實力又每況愈下，對秦國的攻取豪奪無任何招架之力。這種情況到韓非時，已經是「韓事秦三十餘年，出則為扞蔽，入則為蓆薦。秦特出銳師取地，而韓隨之怨懸於天下，功歸於強秦。且夫韓入貢職，與郡縣無異也。」❼

韓非作為韓國的公子，痛心自己的祖國甘居被凌侮的地位，而希望韓國日漸強盛。為此，他對申不害治國的學術思想十分重視，並在二十五歲時，拜荀子為師，學習帝王之術。錢穆說：「《荀子・

❺　《韓非子・問田》。

❻　《史記・老子韓非列傳》。

❼　《韓非子・存韓》。

議兵》有李斯問答，卿著是篇若在長平役後留趙之際，則斯年方二十餘，正從學荀卿時也。韓非與李斯同學於荀卿。」❽據錢穆考證：韓非和李斯俱事荀卿時，在楚考烈王八年，即公元前 255 年，荀卿自齊適楚，為蘭陵令以後。

韓非的老師荀卿是戰國末期儒家的重要代表者，但生活在天崩地裂的戰國時代，他的思想在某些方面受到了法家的影響，已與孔孟儒學有異。例如，當他看到七雄鬥爭日烈，秦統一中國的傾向日強，儒家的禮樂已經掃地無存時，試圖說明「禮」的起源。在法家思想影響下，荀卿突破了以往儒家的義利觀，對「禮」的起源，作出了新解釋。他說：「禮起於何也？曰：人生而有欲，欲而不得，則不能無求，求而無度量分界，則不能不爭，爭則亂，亂則窮。先王惡其亂也，故制禮義以分之，以養人之欲，給人之求。使欲必不窮乎物，物必不屈於欲，兩者相持而長，是禮之所起也。」❾這裡，荀子不像孔子那樣，將「義」和「利」對立起來，也不像孟子那樣，只講「義」而反對講「利」，而是把「義利」加以合理整理，從「義利」的結合上探求「禮」的起源。其結果是擴大了「禮」的涵義，而接近於「法」。法家所謂的「法」，大都以戰功大小來定爵位高低，反對世官世祿。荀子對「禮」起源的解釋，則吸收了法家「法不阿貴」的思想。他說：「雖王公士大夫之子孫也，不能屬於禮義，則歸之庶人。雖庶人之子孫也，積文學，正身行，能屬於禮義，則歸之卿相士大夫。」❿荀子用法治充實、改造禮制的思想，對韓非的法治思想形成，具有重要指導作用。如韓非在《外儲說右下》中記田

---

❽ 錢穆：《先秦諸子繫年》，頁478。

❾ 《荀子・禮論》。

❿ 《荀子・王制》。

鮪教其子田章說:「主賣官爵,臣賣智力。」即爭於力,必重威勢;計利害,必講法術。

韓非從荀卿學帝王之術後,以形名法術之術進諫韓王。但因重人所扼,其法術思想不能施展。於是,他發憤著書,以寄其志。《史記・老子韓非列傳》記述韓非著書的原因說:

> 非見韓之削弱,數以書諫韓王,韓王不能用。於是韓非疾治國不務修明其法制,執勢以御其臣下,富國彊兵而以求人任賢,反舉浮淫之蠹而加之於功實之上。以為儒者用文亂法,而俠者以武犯禁。寬則寵名譽之人,急則用介胄之士。今者所養非所用,所用非所養。悲廉直不容於邪枉之臣,觀往者得失之變,故作《孤憤》、《五蠹》、《內外儲》、《說林》、《說難》十餘萬言。

韓非著述的大致時間是在公元前239年前後,即四十歲左右。誠如《史記・老子韓非列傳》所云:韓非之世,外則國際戰爭日烈,內則大臣植黨營私,危亡之禍,迫在眉睫。如公元前293年,秦白起擊韓伊闕,斬首二十四萬;前291年,秦拔韓宛;前290年,韓被迫把武遂與秦;前286年,秦敗韓於夏山;前275年,秦攻魏,韓救之,韓敗;前273年,趙、魏攻韓華陽;前264年,秦白起攻韓,拔九城;前263年,秦取韓南郡;前262年,秦將王賁攻韓,取十城;前259年,韓獻垣雍與秦;前256年,秦取韓陽城,負黍;前254年,各國朝秦,韓亦入朝。⑪

⑪ 參閱張純、王曉波:《韓非思想的歷史研究》,中華書局1986年版,頁25-36。

韓非認為，韓國對外屢屢失敗的原因，是由於內政的不修。所謂內政的不修，是指韓國的政治盡為「重人」所把持。韓非所稱的「重人」，即是「無令而擅為，虧法以利私，耗國以便家，力能得其君」的「當塗之人」。這些「當塗之人」基本上是「朋黨比周以蔽主」，即相互結成死黨以蒙蔽君主。而「凡當塗者之於人主也，希不信愛也，又且習故。」⓬所有的「當塗之人」對於君主來說，又很少不被信任和喜愛，而且還親昵熟悉。這樣，便形成了闇主被奸臣所包圍的情形。其結果造成了「今士大夫不羞汙泥醜辱而宦，女妹私義之門不待次而宦。賞賜，所以為重也，而戰鬥有功之士貧賤，而便辟優徒超級。名號誠信，所以通威也，而主揜障，近習女謁並行，百官主爵遷人，用事者過矣。大臣官人與下先謀比周，雖不法行，威利在下，則主卑而大臣重矣。」⓭這樣的君臣關係，君輕臣重，臣握君權。

直視韓國「不務修明法制」的政治局面，韓非「悲廉直不容於邪枉之臣」，於是揮毫疾書，著救國救世之書，立刑名法術之說。

韓非懷著憤慨之情和勢孤之感，寫下了《孤憤》篇。文章揭示了當時韓國存在著兩種政治力量的尖銳對立，即維護君權要求法治的「智法之士」和結黨營私盜竊國柄的「當塗之人」是「不可兩存之仇」。當塗之人事權蔽主，利用各種條件內外勾結，網羅黨羽，採取公開殺戮和秘密處死的手段，迫害智法之士，使他們無法得到君主的了解和信任，因而造成了「主上卑而大臣重，主失勢而臣得國」的嚴重局面。韓非以悲憤的筆調，真實地描繪了智法之士向守舊勢力進行鬥爭的艱難情景，提出了「燭私」、「矯奸」的強烈要求。

---

⓬　《韓非子・孤憤》。

⓭　《韓非子・詭使》。

韓非基於不同的時代應有不同的治國方法的目的，撰寫了《五蠹》篇。蠹即蛀蟲。「五蠹」指「學者」（儒家）、「言談者」（縱橫家）、「帶劍者」（游俠）、「患御者」（逃避兵役的人）、「商工之民」（經營工商業的人）。韓非認為這五種人是法治的破壞者，如同國家的蛀蟲，君主應該加以清除。文章指責君主背離法治原則，尊重儒、俠，崇尚「賢」、「智」，造成「法之所非，君之所取；吏之所誅，上之所養」的是非顛倒的現象。文章批評君主聽信「言談者」的花言巧語，只從合縱、連橫的策略中去尋找出路，而不致力於增強國力。文章對「患御者」和「商工之民」的危害耕戰也作了尖銳的批評，要求禁絕他們的活動。韓非最後指出：「人主不除此五蠹之民，不養耿介之士，則海內雖有破亡之國，削滅之朝，亦勿怪矣！」

在「百家爭鳴」的時代，韓非為了爭法家之鳴，將批判的矛頭首先對準了當時兩個最顯赫的學派——儒家和墨家。為此，書寫了《顯學》篇。在這篇文章裡，韓非著重對儒家「言先王之仁義」的「愚誣之學」進行了激烈的抨擊，說那像「巫祝」的胡說一樣「無益於治」。他認為「舉事實，去無用」，彰明法度，勵行賞罰，倡導耕戰，增強國力，才是英明君主的治國之道。

《孤憤》、《五蠹》、《顯學》等著作的問世，標示著韓非法治思想的形成和成熟。雖然韓非成為先秦法家思想的集大成者，並且曾與韓王謀弱秦，即在公元前237年、秦王政十年、韓非四十三歲時，「李斯因說秦王，請先取韓以恐他國，於是使斯下韓，韓王患之，與韓非謀弱秦」[14]，但是，韓非在使秦前，只有學術上的功績，而沒有任何業績可言。

韓非使秦在韓王安五年，即公元前 234 年，韓非四十六歲時。

---

[14] 《史記・秦始皇本紀》，頁230。

據《史記・韓世家》記載：「王安五年，秦攻韓，韓急，使韓非使秦。」按秦始皇十年，李斯勸說秦王，請先出兵取韓，然後集中力量進攻趙。對此，韓王十分恐懼，於是在韓王安五年，命韓非出使秦國，遊說秦王。韓非不辱使命，以釋趙攘韓，足以促六國之合的道理，勸秦攻趙。他上始皇書說：

> 今臣竊聞貴臣之計，舉兵將伐韓。夫趙氏聚士卒，養從徒，欲贅天下之兵，明秦不弱，則諸侯必滅宗廟，欲西面行其意，非一日之計也。今釋趙氏之患，而攘內臣之韓，則天下明趙氏之計矣。
>
> 夫韓小國也，而以應天下四擊，主辱臣苦，上下相與同憂久矣。修守備，戒強敵，有蓄積，築城池，以固守。今伐韓，未可一年而滅，拔一城而退，則權輕於天下，天下摧我兵矣。韓叛，則魏應之。趙據齊以為援。如此，則以韓魏資趙假齊，以固其從，而以與爭強，趙之福，而秦之禍也。夫進而擊趙不能取，退而攻韓弗能拔，則陷銳之卒懃於野戰，負任之旅罷於內共，則合群苦弱以敵，而共二萬乘，非所以亡趙之心也。均如貴臣之計，則秦必為天下兵質矣。陛下雖以金石相弊，則兼天下之日未也。
>
> 今賤臣之愚計：使人使荊，重幣用事之臣，明趙之所以欺秦者，與魏質，以安其心；從韓而伐趙，趙雖與齊為一，不足患也。二國事畢，則韓可以移書定也。⑮

顯而易見，這是韓非企圖用緩兵之策，勸秦王政不必攻韓，而

⑮　《韓非子・存韓》。

應先伐趙，方為上策。

韓非《存韓》書中的精闢見解和犀利言辭，觸動了秦王，於是秦王將韓非書交李斯議，對於韓非的「存韓」觀點，李斯反駁說：

> 秦之有韓，若人之有腹心之病也，虛處，則𤺺然若居濕地，著而不去，以極走則發矣。夫韓雖臣於秦，未嘗不為秦病。今若有卒報之事，韓不可信也。秦與趙為難，荊蘇使齊，未知如何？以臣觀之，則齊趙之交，未必以荊蘇絕也。若不絕，是悉秦而應二萬乘也。夫韓不服秦之義，而服於強也。今專於齊趙，則韓必為腹心之患而發矣。韓與荊有謀，諸侯應之，則秦必復見崤塞之患。非之來也，未必不以其能存韓也為重於韓也；辯說屬辭，飾非詐謀，以釣利於秦，而以韓利闚陛下。夫秦韓之交親，則非重矣。此自便之計也。臣視非之言，文其淫說靡辯，才甚。臣恐陛下淫非之辯，而聽其盜心，因不詳察事情。今以臣愚議，秦發兵而未名所伐，則韓之用事者以事秦為計矣。臣斯請往見韓王，使來入見，大王見，因內其身而弗遣，稍召其社稷之臣，以與韓人為市，則韓可深割也。⓰

從上述李斯上秦王書中可以看出，對於韓非的文才和學說，李斯不得不佩服，說道：「才甚」。正是因為作為韓非同學的李斯，深知「自以為不如非」，又知道韓非的法治思想頗受秦王鍾愛。「人或傳其書至秦。秦王見《孤憤》、《五蠹》之書，曰：『嗟乎！寡人得見此人與之遊，死不恨矣！』」為不使秦王重用韓非，不被韓非奪去自己的

⓰　《韓非子 · 存韓》。

權柄，於是，李斯「毀之曰：『韓非，韓之諸公子也，今王欲并諸侯，非終為韓不為秦，此人之情也。今王不用，久留而歸之，此自遺患也，不如以過法誅之。』秦王以為然，下吏治非。李斯使人遺非藥，使自殺。』」⓱

韓非遇害之年，應在秦始皇十四年，即公元前233年，韓非四十七歲之時。《史記・秦始皇本紀》說：「十四年，……韓非使秦，秦用李斯謀留非，非死雲陽。」又《史記・六國年表》也記載：「韓使非來，我殺非」。據《戰國策》吳師道注：「始皇十三年上書，次年見殺」，認為韓非死於始皇十四年。

關於韓非的死因，筆者以為固然有李斯出於個人利益，謀害韓非的因素，但更重要的因素是出於秦、韓兩國的政治原因，即「滅韓」與「存韓」之爭。韓非是一個偉大的愛國主義者，在國難當頭之時，他迫於救國的大義，不計韓王不採納他立法改革之前嫌，不顧弱國外交之困難，而受命於危難之秋，毅然充當說客去秦國。他著《存韓》書，向秦王鼎力陳述「存韓」對秦國的益處，「滅韓」對秦國的弊端，試圖以此說服秦王取消釋趙滅韓的企圖。但韓非是一位善於謀國而拙於謀身的法術之士。他只知道只要不嬰人主的逆鱗，就可平安無事，但沒有料到秦王政是個即使不觸犯他的逆鱗，也難免於殺身之禍的君主。秦王政需要的是能實現他一統天下的抱負的工具，不能充當他的這種工具的人，不論有多大學問，也沒有什麼存在的價值。所以，對於集法術勢於一身，但又主張「存韓」的韓非，「秦王悅之，未信用」；為了「滅韓」、統一天下，秦王殺韓非之人，而用韓非之學說。由此看來，韓非最終是為韓國而死，以身殉國。

---

⓱　《史記・老子韓非列傳》。

## 第二節　著　作

《漢書・藝文志》著錄：「《韓子》五十五篇。」宋人始名《韓非子》。今本《韓非子》也是五十五篇，與《藝文志》所著錄的《韓子》的篇數完全相同。可是，如果從書的內容上看，今本五十五篇的內容是不是就是《藝文志》所著錄的那五十五篇的內容，這歷來是學術界爭論的一個大問題。就這個問題，筆者查閱了《史記》中的韓非本傳及梁啟超的《要籍解題及其讀法》、胡適的《中國哲學史大綱》、容肇祖的《韓非子考證》、梁啟雄的《韓子淺解》、陳啟天的《韓非子校釋》以及其他著作。筆者認為：《韓非子》一書大致可分為兩類——一是爭議不大的篇章，其中似是韓非本人作品的約三十五篇；其中似是韓子後學或他人混雜的作品約十篇。另一類是爭論較大的篇章，其中思想與韓非同而文體異者約七篇；其中文體同而思想異者約三篇。具體論述如下：

### ㈠基本可以肯定是韓非作品的有：

《顯學》：本篇出自韓非之手，從無疑問，而且李斯在《督責書》中還稱引此文。

《五蠹》：司馬遷在韓非本傳中，特意標出《五蠹》篇名，由此可證本篇出自韓非之作，自秦以來，頗為流行。李斯建議秦始皇焚書坑儒，說「若有欲學者，以吏為師」，就是引用本文的「以法為教，以吏為師」。

《難勢》：本篇論難之詞，分析精微、斷制嚴謹，與韓非思想符合。屬韓非作。

《定法》：本篇論法全面，用詞精晰，非韓非莫屬。所以，梁啟超認為本篇是最重要篇章之一；胡適也認為本篇較「可靠」；梁啟雄亦主本篇係韓非所作。

《問辯》：本篇從思想到文體均與韓非思想符合，故為韓非之作，從無疑者。

《六反》：本篇中關於重刑與輕刑問題之爭，是當時法家與儒家辯難的要點之一。故全篇思想與韓非相合。

《詭使》：本篇理論與韓非根本思想相合，文中以法家理論批評當時的政情，亦合於韓非生前的實況。

《亡徵》：本篇所舉國家致亡徵象與戰國時情況相符，另本文所言「服術行法」亦與韓非思想同。

《南面》：本篇思想係法家基本觀點，為韓非所為。

《八說》：本篇主旨講法術勢，與韓非思想合，無大疑點。

《八經》：本篇思想主要說明人主治國的八術，故與韓非思想無疑，為韓非作。

《二柄》：本篇旨意以闡明主術為中心，與韓非思想大致相合，可視為韓非之作。

《八姦》：本篇主要說明人君防止人臣的八姦之術，與韓非思想無大的出入。本篇中有「進賢材」、「官賢」之語可推為韓非早年之作。

《備內》：本篇主要論述人主不可大信妻子而借權於人臣。由此，可斷為與韓非思想合，為韓非之作。

《飾邪》：本篇思想大體不出法家範圍。關於本篇中屢稱「先王」問題，有些學者指出與韓非思想不符。其實，「先王」一詞可以指上古德治主義的前王，也可以指中古法治主義的前王。而且，漢代王充在《論衡 · 卜筮》篇中就說過：「韓非《飾邪》之篇，明已效之驗，毀卜訾筮，非世信用。」可見，漢代人所見到的韓非書中，已有《飾邪》。故筆者認為本篇為韓非所作。

《姦劫弒臣》：本篇與《顯學》、《五蠹》等篇章互相發明，故為韓非所作。

《說疑》：本篇中所論述的「田氏代齊」、「三家分晉」等事，符合韓非的時代。本篇是韓非上韓王書。

《說難》：《史記 · 老子韓非列傳》云：「故作……《說難》……然韓非知說之難，為《說難》書甚具，終死於秦，不能自脫。」並全錄本篇。本篇文字與《五蠹》、《孤憤》等極相似，為韓非之作無疑。

《孤憤》：司馬遷在《史記》中說：「韓非悲廉直不容邪枉之臣，……故作《孤憤》。」據此，此篇出自韓非，無疑。

《和氏》：本篇思想與文字同《孤憤》相似，故此篇確出於韓非。

《難言》：本篇旨趣與《說難》篇相近。文中有「臣非」、「大王」等字，而且用詞憤悶、孤抗，可推為韓非上秦王書。

《難一》：本篇在思想和文字上俱與韓非相合，為韓非所作無疑。

《難二》：本篇與《難一》篇同，亦是韓非之作。

《難三》：本篇體例與《難一》、《難二》相同，理論亦不出於法家範圍，是韓非之作。

《難四》：王先慎在《韓非子集解》中說：「前三篇皆一難，此篇先立一義之難古人，又立一義以自難前說，其文畢出於韓子。」故此，本篇是韓非所作。

《說林上》：梁啟超說：「《說林》二篇，似是預備作《內外儲說》之資料。」故本篇為韓非讀書雜錄。

《說林下》：與《說林上》同。

《人主》：本篇思想與《二柄》、《孤憤》篇相同，故斷為出自韓非。

《愛臣》：本篇是一簡短上書，梁啟超認為全篇思想與韓非一致，是韓非上韓王書，陳千鈞認為是韓非上秦王書。故本篇是韓非所作。

《內儲說上——七術》：「儲說」是「連珠」的濫觴。松皐圓在《定本韓非子纂聞》中說：「『儲說』，古人或謂『連珠』。《楊升菴外集》云：《北史・李先傳》：魏帝召先讀《韓子連珠》二十二篇；韓子書中有連語，先列其目，後著其解，謂之『連珠』。據此，則『連珠』始於揚雄，非也。」傅玄在《連珠序》中也說：「按《文章緣起》以為『連珠』始於揚雄，據《北史・李先傳》則尚始於韓非子，班固等特仿其體而為之耳。」《內外儲》最先著錄於《史記》韓非本傳中。為韓非所著。不過，本篇中有所謂「一曰」等，為韓子後學所作。

《內儲說下——六微》：本篇與上篇同。

《外儲說左上》：本篇與《內儲》同，出自韓非之手。不過本篇有佚文和衍文。

《外儲說左下》：本篇思想與韓非思想合，是韓非之作，但個別地方有脫佚。

《外儲說右上》：本篇與韓非法術思想同，為韓非之作，無疑。

《外儲說右下》：本篇與上篇同，是韓非之作，但行文有錯入，大概是後人所增減造成的。

## ㈡韓非後學或他人混雜的作品有:

《初見秦》: 本篇在《秦策》中冠有「張儀說秦王曰」六字,故認為是張儀所作。但容肇祖考證張儀死於秦武王元年,而篇中所言各事多在秦昭王時,但篇中所提長平之役,不免暗譏范雎。容肇祖由此考證也不是范雎所書,而推證為蔡澤所作。懷疑本篇出於韓非之手的理由有三。⑴王應麟在《漢書藝文志考證》中云:「沙隨程氏曰:非書有《存韓》篇,故李斯言非終為韓不為秦也。後人誤以范雎書廁於其書之間,乃有舉韓之論。《通鑑》謂非欲覆宗國,則非也。」即韓非為韓國人,不應有「亡韓」及「韓亡」等語;⑵本篇講「亡韓」,而《存韓》篇又言「存韓」,兩者相矛盾。《存韓》篇言韓未可舉,而本篇言亡韓甚易,《存韓》言兵不可不審用,而此篇言兼天下甚易,又相矛盾。若《存韓》為真,則本篇為偽;⑶篇首有「成從……以與強秦為難」語,為蘇秦合縱時形勢,而為張儀說秦惠王之詞。

《大體》: 本篇主旨強調「不逆天理,不傷情性」、「守成理,因自然」,疑為漢初道家之作。

《安危》: 本篇有「先王寄理於竹帛」之語,為明據先王,故非韓非所作。

《忠孝》: 本篇出現「黔首」一詞,疑非韓非之作。其理由如太田方在《韓非子翼毳》中所云:「韓子之學要於老子,而此篇言恬淡無用,恍惚無法,意者此篇出於後人傅會,而非韓子所著也。……本篇稱民為黔首,始皇二十六年始更名曰黔首,而韓非死於始皇十四年,焉能稱秦制,是後人傅會之疏漏也。」

《飭令》:門無子《韓子迂評》云:「通篇綜核之語,極誕極怪,別是一局面，韓國偽書多類此。」容肇祖《韓非子考證》亦云：「本篇或係法家者流之餘論，其較完全者掇入《商君書》，其較刪節者掇入《韓非子》，既非商君所為，又非韓非所著也。」本篇思想與商君近，而文字又有與《靳令》篇以外的《商君書》相同，推論本篇大概為後人讀《商君書》的筆記。

《有度》：本篇第二節與《管子・明法》大同小異，末節亦間有相同語。《管子書》為戰國及漢初人雜輯之作。另劉汝霖、容肇祖以本篇數稱「先王」而與《五蠹》「明據先王必定堯舜，非愚則誣」之說相反，不無可疑。

《十過》：本篇意少辭費，不能不疑為是否出於韓非之手。梁啟超在《要籍解題及其讀法》中說：「《十過》篇有膚廓語，頗類《管子》中之一部分。是否出於非手，不能不無疑。」劉汝霖認為本篇「不聽忠臣節」所述管仲之事與《難一》篇所論者衝突，故斷為偽作。

《用人》：本篇「歷廉自心招仁義」之說與《五蠹》篇「仁義用於古不用於今」之說相反，疑不出於韓非。

《觀行》：本篇主旨以道正己，且用詞亦為道家之言，概推為道家之作。

《問田》：本篇中屢次出現「韓子」稱謂，則不是韓非之作，無疑。另堂谿公為韓昭侯時人，較韓非稍前，他們倆人究竟有否此問答，也不無可疑。此篇大概出於韓非後學。

### ㈢思想與韓非同而文體相異的作品有：

《主道》：本篇為有韻之論著。故梁啟超在《要籍解題及其讀法》中云：「《主道》多用韻，文體酷似《淮南子》。」胡適在《中國古代哲學史》中認為本篇出自另一派法家所作。容肇祖在《韓非子考證》中指出本篇似出於漢初道家之作。申不害、慎到開法家以虛靜無為之說闡明君術之先河，作為集法家之大成的韓非，其思想體系沿襲了君主無為之說。另外，本篇尚有形名、賞罰等法家思想。故本篇惟文體用韻，而思想與韓非主旨相同。

《揚權》：本篇比《主道》篇在文體上更為整齊，為有韻四言體。本篇思想體系應用道家之理說明法家的主術。

《守道》：本篇主旨論嚴刑，與韓非思想正合。而文中有「堯明於不失姦」等語，似與韓非其他用詞有異。

《心度》：本篇思想與《五蠹》、《顯學》兩篇相合，然本篇文字又與這兩篇不類。陳千鈞《韓非子研究》云：「《心度》文字不類韓子，惟其旨亦與韓子合，故其徒從收而為一集。」

《制分》：本篇思想與韓非全合，但文字又不甚似韓非用詞，是否出於韓非，不無可疑。

《三守》：本篇是一篇短論，其思想與韓非系統相符，但其文字甚為簡明。

《功名》：本篇主在論勢，與韓非思想無不合，但篇首有「天時」、「人心」等語，為道家言詞。

### ㈣文體相同而思想有異的作品有：

《解老》：本篇在文體上與韓非無異，但思想體系有異。故胡適在《中國古代哲學史》中認為本篇是另一人所作。容肇祖在《韓非子考證》中明確指出：本篇不出於韓非之手。其理由有三：⑴本篇釋《老子》虛無恍惚之道，而《五蠹》則非「微妙之言」，是相反也；⑵《五蠹》非「重生之士」，而本篇則稱「重生者」，是又相反也；⑶《五蠹》主張「論世之事，因為之備」，而本篇則主張「貴虛靜而重變法」，是又相反也。對於以上考證，可作如下分析：⑴司馬遷在《史記》中將韓非子學歸本於黃老，故歷來學者認為《解老》為韓非之作。如門無子在《韓子迂評》中說：「申韓之學，出於老氏，故作《解老》」。⑵本篇是我國哲學史上解釋《老子》的第一篇文章。《老子》一書歷來相傳分為「道經」和「德經」兩部分，共八十一章。「道經」在前，「德經」在後。一九七三年十二月長沙馬王堆漢墓出土的西漢帛書《老子》，是「德經」在前，「道經」在後，《解老》次序與此相符。故章炳麟在《國故論衡原道上》中說：「凡周秦解故之書，今多亡佚，諸子尤寡。《老子》獨有《解老》、《喻老》二篇，後有說《老子》者，宜據韓非為大傳而疏通證明之。《解老》、《喻老》未嘗嘗雜以異說，蓄其所得深矣。」⑶《五蠹》反對的「重生」，指的是人民；而本篇說的「重生」，是指「聖人」，二者不可同日而語。《老子》書中的微妙之言是指抽象的哲學思想，韓非並非反對《老子》書中的這類哲學語言，只是反對以這種哲學語言為法律語言。故筆者以為本篇是韓非之作。

《喻老》：基本情況與上篇同。梁啟超認為韓非哲學歸本於黃老，故本篇為韓非所作，不過為次要一篇。另，本篇所引《老子》「魚不可脫於深淵」、「邦之利器不可以示人」，可見《內儲說下》；本篇以「箕子見象箸以知天下之禍」來比喻老子的「見小日明」，可見《說林上》篇「聖人見微以知萌，見端以知末，故見象箸而怖」。由此，筆者以為本篇亦為韓非之作。

《存韓》：本篇與李斯上秦王書和李斯上韓王書混為一篇。本篇正文應只限於韓非上秦王書。《存韓》正文出自韓非之手。《史記》韓非本傳云：「韓王始不用非，及急，迺遣非使秦。秦王悅之，未信用。李斯、姚賈害之，毀之曰：『韓子，韓之諸公子也。非終為韓不為秦，此人之情也。今王不用，久留而歸之，此自遺患也，不如以過法誅之。』秦王以為然，下吏治非，李斯使人遺非藥，使自殺。」由此可證明本篇正文出自韓非。至於李斯兩書，乃由於後人未加審擇，一併編入。

## 第三節　學　源

《史記》云：韓非「觀往者得失之變，故作……十餘萬言」。這是講韓非學術思想淵源的複雜性。考釋韓非學術思想的流源，可以看到春秋戰國時期儒墨道法思想的嬗變和精薈。為此，有必要回顧一下中國哲學史上顯赫一時的「百家爭鳴」時代。

「百家爭鳴」是指與春秋戰國時代社會、政治、經濟大變革相適應的古代文化的空前繁榮局面。春秋（公元前770年至公元前476年）戰國（公元前476年至公元前221年）是中國社會從奴隸制向封建制轉變的過渡時期。在這個時期中，整個社會處於大變革之中，具體表現為生產力的發展推動歷史前進，新興地主階級產生並且發展起來，他們要奪取已經腐朽的奴隸主貴族的統治而代之。與此相應，這個時期的思想戰線也發生了激烈變革。各個階級或階層在變革中都要表明自己的態度，企圖用自己的世界觀改造社會，以符合自己的要求和願望。由此，使原有知識份子隊伍發生了激烈的分化，在鬥爭中產生了各個階級或階層的思想代表和思想流派，形成了「百家爭鳴」的局面。其結果，出現了許多學術流派。關於這個時期的學術流派，漢人司馬談分為六家，即儒家、墨家、名家、法家、陰陽家、道德家（道家）。⑱劉向和劉歆於六家之外，又加農家、縱橫家、雜家、小說家共十家。其中，在中國哲學史上影響較大的主要是儒家、墨家、道家和法家。而這四家的哲學思想，都成為韓非學術思想的淵源。

## ㈠韓非與法家

所謂「法家」，按照傳統觀點來說，是指春秋戰國時期代表新興地主階級利益的一個學派。法家要求鞏固封建土地私有制，建立統一的君主國家。為實現這一政治主張，提倡耕戰政策，以農致富，以戰立強；厲行嚴刑峻法，監察官吏職守，建立官僚制度。

對韓非以前的法家，馮友蘭先生分為「晉法家」和「齊法家」兩大派系。他認為：

> 代表新興地主階級利益的法家思想在齊國和晉國特別發展。戰國中、晚期的幾個法家的大人物中，申不害是鄭人，鄭為韓所滅，所以申不害也是韓人，又是韓國的宰相。他和韓非是韓人，商鞅魏人。韓、魏和趙當時稱為三晉。這些人都是晉法家。
>
> 齊國的封建改革，在管仲死後，有了停滯。但是齊國的法家思想一直在發展。《管子》書中的法家思想，是在管仲的旗幟下發展起來的……。齊國的法家思想，不能說就是管仲的思想，但可以說是管仲的思想的發展。這些思想，本書稱為齊法家。[19]

---

[18] 《論六家要旨》。

[19] 馮友蘭：《中國哲學史新編》（第一冊），人民出版社1980年修訂版，頁226–227。

筆者以為這種以地域為界的劃分方法，不能直接揭示法家思想的要點。

此外，大多數學者的傳統觀點是將韓非以前的法家劃分為三大派。例如陳啟天認為：

> 在韓非以前的法家，大概可分為三大派：第一是任法派，以商鞅為代表；第二是任術派，以申不害為代表；第三是任勢派，以慎到為代表。[20]

又如侯外廬說：

> 韓非子的思想是法家的集成，這是容易知道的。在前節裡，我們已經看到申不害言「法」，但頗重視「術」；慎到言「法」，同時也重視「勢」。韓非的法術論，就把法、術、勢三者結合起來，認為三者是不可分離的東西。[21]

筆者以為這種傳統劃分法，雖然觸及到了法家思想的基本內容，但尚未完全。

故此，筆者一方面從展現法家思想的全貌出發，另一方面從探索韓非「法」思想的源流著眼，把韓非以前的法家分為四個系譜，即法法家：子產、李悝、商鞅；道法家：管仲（《管子》）、慎到；術法家：申不害，和兵法家：吳起。下面，分別論述。

所謂法法家，就是強調以法治國，即通過新法的頒布，對社會

---

[20] 陳啟天：《韓非及其政治學》，獨立出版社，1940年版，頁37。

[21] 侯外廬：《中國思想通史》第一卷，人民出版社1957年版，頁611。

進行除舊革弊的改革；以法治民，即以法為準繩（根據），賞善(獎勵軍功和鼓勵農民努力生產）罰惡（對犯法者處以酷刑和死刑)。法法家企圖通過法治作用，促進農業生產力發展，社會秩序安定，以達富國強兵的目的。所以，法法家的法治思想成為韓非法治理論的重要來源。

法法家的代表，首推子產。他是春秋時期的鄭國人，公孫氏，名僑，約後於管仲百年，與孔子同時。他在弱小的鄭國執政約五十餘年，以救世為急務，不怕非議，毅然著「刑書」。於是，在公元前536年，中國歷史上出現了第一部公布法──「刑書」。「刑書」就是「刑法」。子產把當時奴隸主傳統的三種刑法，即「三辟」鑄在鐵上，這就是春秋時期最引起奴隸主貴族震驚的事件──「鑄刑書」。由於成文法的公布，打破了「刑不上大夫，禮不下庶人」的傳統，限制了奴隸主貴族的權威，加強了社會的法治。由此，子產被稱為中國法家的先驅。

子產強調以嚴威治理民眾的法治思想，對韓非產生了一定的影響作用。他在《內儲說上──七術》中專門記錄了子產力主嚴法治國的事跡。

> 子產相鄭，病將死，謂游吉曰:「我死後，子必用鄭，必以嚴莅人。夫火形嚴，故人鮮灼；水形懦，故人多溺。子必嚴子之刑，無令溺子之懦。」子產死，游吉不忍行嚴刑。鄭少年相率為盜，處於雚澤，將遂以為亂。游吉率車騎與戰，一日一夜，僅能剋之。游吉喟然嘆曰:「吾蚤行夫子之教，必不悔至於此矣。」

這段文字表明韓非對於子產的嚴刑厲法思想十分欣賞。文中講，子產臨終前對游吉說：「我死後，您一定會在鄭國執政，一定要用嚴威治理民家。火的樣子是嚴酷的，所以很少有人被燒傷；水的樣子是柔和的，所以很多人被淹死。這個道理告訴您必須嚴厲地執行刑罰，不然，人們會因您的柔弱而觸犯法令。子產死後，游吉不肯以嚴刑峻法治國理民。於是，鄭國的許多少年相繼淪為盜寇，聚集在萑澤，成為鄭國一大禍害。游吉率兵，經過一天一夜的戰鬥，才滅掉了這些盜寇。游吉感嘆道：「我早按子產的教導去做，一定不會懊悔到這般地步。」 韓非通過子產嚴法治國則國興的經驗和游吉放棄嚴格則國衰民亂的教訓，而積極主張以法治國，以法理民。

如果說子產是中國歷史上第一位「鑄刑書」的人，那麼，戰國時代的李悝則是第一位著《法經》的人。

李悝是魏文侯（公元前446年～公元前396年）的相。關於他的生平事跡，已不可詳悉。因他曾著《法經》， 故列入法家；又因他曾師子夏，故列人儒家。他是一位由儒人法的法法家。

據《唐律疏議》云：

> 魏文侯師於李悝，集諸國刑典，造《法經》六篇；一盜法，二賊法，三囚法，四捕法，五雜法，六具法。商鞅傳授，改灋為律。漢相蕭何，更加悝所造戶興廄三篇，謂九章之律。魏因漢律，為一十八篇，改漢具律為刑名第一。晉命賈充等，增損漢魏律，為二十篇，於魏刑名律中，分為法例律，宋、齊、梁及後魏因而不改，爰至北齊，併刑名法例為名例，後周復為刑名，隋因北齊，更為名例，唐因於隋，相承不改。[22]

---

[22] 《唐律疏議 · 條例一》。

這段話說明了三個問題：

第一，在春秋戰國大轉變時期，為適應新興地主階級的需要，許多國家都作了新的刑書。李悝則將各國的新刑書加以整理、編輯，而著成《法經》。這就是「集諸國刑典，造《法經》六篇」。所以，李悝的《法經》是春秋戰國大轉變時期地主階級刑法的總匯，是為地主階級新政權服務的刑法，也是中國封建制日漸成熟的象徵。

第二，關於《法經》的具體內容，可見《晉書・刑法志》。《刑法志》說：「悝撰次諸國法，著《法經》。以為王者之政莫急於盜賊，故其律始於《盜》《賊》。盜賊須劾捕，故著《網》《捕》二篇。其輕狡、越城、博戲、借假不廉、淫移、逾制以為《雜律》一篇。又以《具律》具其加減。是故所著六篇而已，然皆罪名之制也。」這是說，《法經》共有六篇。其中第一篇為《盜法》，第二篇為《賊法》。這是因為「王者之政莫急於盜賊」，所以，法的主要對象是盜賊，這兩篇就是關於懲罰盜賊的條文。第三篇為《網法》，第四篇為《捕法》。這兩篇是規定關於逮捕盜賊的條文。這四篇是《法經》的主要部分，都是懲辦「盜」、「賊」和加以「囚」、「捕」的法律條文。其中規定殺人的要處死罪，並籍沒其全家及其妻家為奴隸。殺兩人的，還要籍沒其母家為奴隸。又規定大盜要充軍到邊疆去作為守卒，罪重的要處死。凡私入宮廷的要腰斬，路上拾遺的要斬腳趾等。第五篇為《雜律》，是規定關於一般違禁行為的條文。如有所謂淫禁、狡禁、城禁、嬉禁、徒禁、金禁等。其中淫禁就是禁止荒淫。曾規定：凡是一般人民，丈夫有一妻二妾的，要處馘刑（即割耳）。丈夫有二妻的，要處死刑。妻有外夫的要處宮刑（即幽閉）。狡禁就是禁止盜符（虎符）、璽（官印），禁止議論國家法律。曾規定：凡是盜竊符的要處死刑，並籍沒全家為奴隸；盜竊璽的要處死刑；議論國家法令的，要處死刑，並籍沒全家和妻家為奴隸。城禁就是禁止越城。曾規定：一人越城的要處死刑，十人以上越城的要殺死全鄉和全族的人。嬉禁就是禁止賭博。曾規定：凡是博戲的處罰金三市（「市」當是「寽」之誤，每寽重半兩）。如果太子博戲要處笞刑（用竹鞭打）；如果處笞刑不停止博戲，就要加重笞刑；如果加重笞刑後再不停止，便可以改立太子。徒禁就是禁止群眾聚會。曾規定：凡是群眾集居一日以上的要查明，三日、四日、五日的要處死刑。金禁就是禁止貪污。曾規定：凡是丞相受金（即貪污）的，丞相的左右要處死刑。犀首（相當於將軍的官）以下受金的要處死刑。此外，還禁止「淫侈逾制」，就是禁止所用器物超越等級制度。曾規定：大夫之家而有諸侯所用器物的，要全家處死。第六篇為《具律》，是規定關於施行法的時候，可以酌量加減的條文。如在「減律」中曾規定凡年歲十五以下的罪大的減三等，罪小的減一等。年歲六十以上的，小罪酌情減輕，大罪按法理減輕。

第三，自李悝造《法經》後，中國有了第一部初具規模的完整的法典。這部《法經》又成為以後中國歷代法典的藍本。其沿革的程序是：商鞅在魏國學習了這部《法經》後，將其帶至秦國，在秦國推廣施行。秦統一中國後，還是施行這部《法經》。以後，漢承秦制，蕭何又加了三篇，共為九篇。魏因漢律，變為一十八篇。至晉，增損漢魏律，為二十篇。宋、齊、梁、後魏、北齊因襲不改，直至隋。唐又因於隋，相承不改，其基礎都是這部《法經》。所以，李悝的《法經》一直是中國歷朝法律的基礎。為此，可以說，在春秋戰國大轉變時期，李悝的《法經》具有承前啟後的劃時代意義。

雖然李悝的《法經》現已佚失，但在戰國時必很流行。韓非的法思想受其影響，也是必然的。如韓非在《內儲說上——七術》和

《外儲說左上》等篇中，多次提及李悝的事跡。另外，他在《難三》篇中所說「法者，編著之圖籍，設之於官府，而布之於百姓者也」，在《五蠹》篇中所說「明主之國，無書簡之文，以法為教；無先王之語，以吏為師」，在《定法》篇中所說「法者，憲令著於官府，賞罰必於民心，賞存乎慎法，而罰加乎姦令者也」等關於法的思想，都是對李悝法思想的繼承和發展。

如果說子產和李悝是「法」的製造者，那麼商鞅則是「法」的進一步完善者和實踐者。

商鞅（公元前390年～公元前338年）是衛國國君的子孫，故也稱為衛鞅。商是他在秦國所受的封邑，他是商這個地方的封君，所以稱商鞅、商君。他在中國歷史上的重要貢獻就是在秦執政二十餘年，通過嚴格、徹底的法治主義的貫徹、執行，使弱小的秦國漸次強盛，不但奠定了秦併六國的初基，而且奠定了秦以後中國兩千餘年封建社會政體的模型。為此，他的法治思想和事功，震動當時，影響後世。商鞅也由此成為法法家的集大成者。

之所以說商鞅是法法家的集大成者，還因為從認知的根源講，他認為治理國家、統治人民的主要工具就是「法」。所以，他通過變法手段，在農業、民事、軍事等方面，提出了「墾草令法」、「連坐法」、「獎勵軍功法」等，以法治農、以法治民、以法治軍、以法治國，最終達到了以法致強，以法致富，以法致霸的目的。具體講：

在經濟方面，商鞅通過兩個方面的改革，推行「重農」政策。一個改革是「廢井田，開阡陌」；另一個改革是「訾粟而稅」。《史記・秦本紀》說：秦孝公十二年為開阡陌封疆而賦稅平。《戰國策・秦策三》記蔡澤說：「商君決裂阡陌。」《漢書・食貨志》也引董仲舒的話說：「秦用商鞅之法，改帝王之制，除井田，民得買賣。」《商君書・墾令》說:「訾粟而稅,則上壹而民平。」……這些古文獻表明:把「阡陌封疆」開墾成耕地,其結果是由奴隸社會的土地不准買賣的官有制轉變為封建社會的田地可以自由買賣的私有制,安定了農業的本業。另外,「訾粟而稅」就是計算農民收入糧食的多少,從中抽取一定數目作為地租。這就減輕了農民的負擔,提高了農民的生產積極性。所以,這兩項改革都是為了鼓勵農民從事生產,發展國家經濟,以達富國的目的。

在軍事方面,商鞅通過新法的實施,推行「重戰」政策。應該指出,商鞅新法差不多是全國人民都要服兵役。《商君書・畫策》說:「民勇者戰勝,民不勇者戰敗。能壹民於戰者,民勇;不能壹民於戰者,民不勇。聖王見王之致於兵也,故舉國而責之於兵。」據此,全國都要服兵役。而對有軍功的人,要給予獎勵。獎勵的具體內容為:

第一,凡戰爭中斬得敵人一個首級的可以賞給爵位一級,要做官的可以委任五十石俸祿的官。斬得敵人兩個首級的可以賞給爵位兩級,要做官的可以委任一百石俸祿的官。官爵的提升是和斬得敵人首級的軍功相稱的。

第二,打一次大勝戰,大官小官都有重獎。小官升一級,大官升三級,小官賜奴(奴隸)、賜加(貨幣),大官賜邑、賜稅。

第三,戰爭中投降敵人的要嚴厲處罰。商鞅試圖用重賞鼓勵人們在戰爭中出力而不怕死,用重刑防止人們在戰爭中不出力而怕死。所以,他的重戰政策是用來加強國家的武裝力量,目的在於強兵。

在政治方面,商鞅通過「連坐」、「告姦」等方法,推行「重刑」政策。商鞅在頒布法律時,曾經特別加強「連坐法」。這就是:

第一,命令人民編戶籍,五家為一伍,十家為一什。什伍有相互糾察告發「姦人」的責任，如果隱瞞不告發就要同罪連坐。

第二，不糾察告發「姦人」的要處腰斬的刑罰，糾察告發「姦人」的，可以和在前線斬得敵人首級同樣得賞，藏匿「姦人」的要和在前線投降敵人同樣處罰。

第三，為了防止「姦人」隱藏在客舍（旅館）裡，旅客要有驗（驗證）才准留宿客舍。招留沒有驗的旅客，客舍主人要同罪連坐。

除了連坐、告姦外，商鞅還增加了許多酷刑，如顛（鑿穿頭頂）、抽筋（抽去筋骨）、鑊烹（在鍋鑊中烹煮）等。商鞅主張對輕罪採用重刑。他認為這能迫使人民連輕罪也不敢犯，重罪更不會犯，這就是他主張的「以刑去刑」。

要之，「重農」、「重戰」、「重刑」構成了商鞅法治思想的基本內容。這也是法法家的基本特徵。而這些特徵又成為韓非法治思想的重要來源。如《韓非子・六反》就是一篇反映韓非重視耕戰思想的代表作。韓非通過對六種「耕戰有益之民」的稱頌，鼓勵人們「以力得富，以事致貴」。韓非關於「重刑」的思想，在《韓非子》書中更是比比皆是。如《和氏》篇說：「商君教秦孝公以連什伍，設告坐之過，燔詩書而明法令，塞私門之請而遂公家之勞，禁游宦之民而顯耕戰之士。孝公行之，主以尊安，國以富強。」又《姦劫弒臣》篇曰：「孝公不聽，遂行商君之法。於是犯之者其誅重而必，告之者其賞厚而信，故姦莫不得而被刑者眾，民疾怨而眾過日聞。民後知有罪之必誅，而告私姦者眾也，故民莫犯，其刑無所加。是以國治而兵強，地廣而主尊。」又《定法》篇云：「公孫鞅之治秦也，設告坐而責其實，連什伍而同其罪，賞厚而信，刑重而必。是以其民用力勞而不休，逐敵危而不却，故其國富而兵強。」由此可以看出，在「重農」、「重戰」、「重刑」等方面，無不商鞅倡之，韓非和之，並使之盡善盡美。

所謂道法家，就是道家和法家的結合。黃老之學是道法家思想的核心。所以，以黃老之學為理論基礎的以靜制動的統治術和法術勢合的法治思想構成了道法家的基本特點。而這些特點又成為韓非「歸本於黃老」的契機。

管仲（約公元前725年～公元前645年）和子產一樣，也是法家的先驅者。他協助齊桓公進行封建制的改革，使齊國成為春秋時期最先進、最強大的諸侯國，齊桓公也成為當時諸侯國的霸主。管仲死後，齊國的法家思想在管仲的旗幟下繼續發展㉓。由稷下先生們撰寫成的《管子》一書中的法家思想，就是對管仲法治思想在理論上的發揮。《漢書・藝文志》將其劃為「道家」，而自《隋書・經籍志》起，又都將其歸為「法家」，《韓非子・五蠹》篇也說：「今境內之民皆言治，藏商、管之法者家有之。」故此，筆者以管仲和《管子》為道法家的代表。道法家的另一位代表者是戰國時期的慎到（公元前350年～公元前275年）㉔。《莊子・天下》篇明確地說，慎到是道家。可是依現存《慎子》看，他是法家。《漢書・藝文志》也把他列入法家。所以，準確地說，慎到應是道法家。

作為道法家的管子和慎到，其思想主要表現在以下兩個方面：

第一個方面：在統治思想方面，《管子・心術上》篇說：「人主者位於陰，陰者靜。故曰動則失位。陰則能制陽矣，靜則能制動矣。故曰靜乃自得。」 這就是說，根據黃老之學「靜為躁君」的觀點，人主應位於「靜」。人主的「靜」不是靜止的「靜」，而是以靜制動的「靜」， 即平心靜氣地觀察事物的規律，並且監視臣下的作為，

---

㉓　參閱馮友蘭：《中國哲學史新編》第一冊，頁102、103。

㉔　參閱錢穆：《先秦諸子繫年・附諸子生卒年世約數》，頁618。

驅使臣下為己做事。這就是以陰制陽、以虛制實的「心術」。所以,《心術上》又說:「心術者,無為而制下也。」

《慎子》也說:「君之智未必最賢於眾也。以未最賢而欲以善盡被下,則不贍矣。若使君之智最賢,以一君而盡贍下則勞,勞則有倦,倦則衰,衰則復返於不贍之道也。是以人君自任而躬事,則臣不事事,是君臣易位也,謂之倒逆,倒逆則亂矣。」這是說,統治者的聰明能力未必比別人高,用不比別人高的聰明能力,而想把天下治理好,是不可能的;即使統治者的聰明能力比別人高,可是只靠他一個人的精力治理天下,則太勞苦,勞苦就要疲倦,疲倦就要衰弱,結果還是統治不好天下。所以,統治者不要事事躬親,而要讓臣子去辦事。這表明了一個道理:君必須「無為」,因為只有「無為」才可以統治「有為」。「無為」治「有為」這就是道法家的統治術。

第二個方面:在法治思想方面,《管子・七法》篇說:「尺寸也,繩墨也,規矩也,衡石也,斗斛也,角量也,謂之法。……治民一眾,不知法不可。」《慎子》也說:「法者所以齊天下之動,至公大定之制也。」這表明,道法家將「法」視為整齊劃一的標準。有了這一標準,就可以把人統一於一個標準之下。在這個標準之下,君主只須叫臣下依法行執事,即「當於法者賞之,違於法者誅之」,便可「若舉措而已」,以法治民不過是舉手之勞罷了。這就叫「君道無為,臣道有為」。

此外,《管子・法法》篇認為君主的才能不一定比別人高明,但他之所以能夠統治別人,就是因為他有「六柄」,即能夠叫人死,叫人活,叫人富,叫人貧,叫人貴,叫人賤。道法家把這六者稱為「勢」。《慎子》形容「勢」說:「故騰蛇游霧,飛龍乘雲,雲罷霧霽，與蚯蚓同，則失其所乘也。故賢而屈於不肖者，權輕也；不肖而服於賢者，位尊也。堯為匹夫，不能使其鄰家。至南面而王，則令行禁止。由此觀之，賢不足以服不肖，而勢位足以屈賢矣。故無名而斷者，權重也；弩弱而矢高者，乘於風也。身不肖而令行者，得助於眾也。」這是說，統治者要有絕對的權力——勢，才可以統治。

道法家在強調法和勢的同時，也很重視術。如《管子・明法解》說：「明主操術任臣下，使群臣效其智能，進其長技。故智者效其計，能者進其功。以前言督後事，所效當則賞之，不當則誅之。張官任吏，治民案法，試課成功，守法而法之。身無煩勞而分職。故明法曰：主雖不身下為，而守法為之可也。」道法家認為，君主只要善於運用「術數」，就可不必親自處理具體事務，他所要做的事，就是指揮臣下替己辦事。這也是一種「君道無為，臣道有為」的統治術。

要之，在法治思想方面，以黃老思想為基礎，道法家主張法、術、勢三者的聯合。

以上道法家思想的兩個方面，都是黃老之學理論的運用和發揮。這一運用和發揮的結果，開啟了韓非「喜刑名法術之學，而其歸本於黃老」。作為法家思想之大成的韓非，認為法、術、勢三者都是「帝王之具」，主法、術、勢相結合，為專制主義中央集權的統治，提供了堅實的理論根據。

所謂術法家，就是強調君主統治術的一類法家。由於戰國時期各國的地主階級政權都企圖以自己國家為主而統一中國，所以戰國時期的事情比春秋時期的事情要複雜得多。當時的統治者為了應付這種複雜的局面，需要一種新的統治方法。這種新的統治方法，法家稱為「術」。而以術立法者，就是術法家。術法家的集中代表者是申不害。

申不害（公元前400年～公元前337年）㉕原是鄭國人，後鄭為韓所滅，成為韓國人。公元前351年為韓昭侯的相，以術治國，使韓國逐漸富強起來。故司馬遷說，申不害的思想「本於黃老而主刑名」。

司馬遷所謂「本於黃老」，是說申不害的「術」主要講「為君無為之道」。如《申子・大體》篇說：「故善為主者，倚於愚，立於不盈，設於不敢，藏於無事，竄端匿疏，示天下無為，是以近者親之，遠者懷之。示人有餘者人奪之，示人不足者人與之，剛者折，危者覆，動者搖，靜者安。」又說：「明君為身，臣為手；君若號，臣如響；君設其本，臣操其末；君治其要，臣行其詳；君操其柄，臣事其常。」這兩段話的意思就是講「君道無為，臣道有為」。臣下的有為，正是為君上而為。所以，君主的「無為之道」，正表明他的「有為」。而君主之所以能夠以「無為」制「有為」，就在於他掌握有統治臣下的辦法。這個辦法就是司馬遷所說的「主刑名」。「刑名」又叫「名實」。申不害認為君主的「術」就在於「循名責實」，如君主任命一個臣做某官，這個某官就是「名」，這個臣就是那個「名」的「實」。他既然做了某官，君主就可以用這個官之「名」，考察他的「實」。依申不害的說法，有了這些名，就等於有了綱，綱舉目張，就把天下的事情都包括了。

申不害關於「術」的思想理論，被韓非採用，並使之更加深密。例如《韓非子・揚權》篇就是對申不害「術」思想的發揮。《揚權》篇認為君主應該虛靜無為，掌握形名之術，控制賞罰權柄，防止臣

---

㉕ 同㉔。

下篡奪君權。為此，君主要電閃雷鳴般發揮君權的威力，不斷打擊危害君權的勢力，保持獨尊地位。而《韓非子・主道》則體現了申不害「君道無為，臣道有為」的術思想。《主道》篇認為在尖銳複雜的鬥爭中，君主應「守始以知萬物之源，治紀以知善敗之端」。保持虛靜無為，遇事不表露自己的欲望和成見。使臣下無法探測君主的心意，從而杜絕他們窺竊君權的念頭。還要用刑名之術考察、使用臣下，根據他們的名，分派任務、責求他們做出相應的功效。臣下確實有功，「雖疏賤必賞」；確實有過，「雖近愛必誅」。此外，《內外儲說》和《說難》等篇中關於術的思想，與申不害的術思想也是一脈相承的。這些表明了韓非的法術思想源於術法家申不害。

所謂兵法家，就是指戰國時期兵家兼法家的一派學者。兵法家思想的基本特點是主張通過「耕戰」政策的實施，達到國富兵強的目的。吳起便是一位兵家兼法家的例證。

吳起（公元前440年～公元前381年）㉖是衛國人，司馬遷為他作傳，與孫子放在一起；他著文四十八篇，《漢書・藝文志》將其歸為兵家類；他的兵書在戰國時很流行，故韓非說：「境內皆言兵，藏孫吳之書者家有之。」這些表明吳起是兵家。但他又是一位實行的法家，《史記・孫子吳起列傳》就曾說過：「楚悼王素聞起賢，至則相楚。明法審令，捐不急之官，廢公族疏遠者，以撫養戰鬥之士，要在彊兵。」

所以，吳起是一位兵家兼法家的兵法家。

吳起以「耕戰」政策在楚國實行變法，敢令貴族開荒，要在強兵；敢收封君爵位，以撫養戰鬥之士。由此，使楚國「南平百越，北併陳蔡，卻三晉，西伐秦。諸侯患楚之彊。」㉗

---

㉖　同㉕。

韓非對於吳起的「耕戰」思想十分重視，在《韓非子》中多次提到吳起的這一思想。如在《內儲說上——七術》中，韓非通過「吳起倚車轅」即吳起用賞賜搬車轅人的辦法，以表明兵法家賞必信的原則。在《外儲說左上》中韓非對吳起關於士兵的事跡，更是讚不絕口：「吳起為魏將而攻中山。軍人有病疽者，吳起跪而自吮其膿。」在《和氏》篇中，韓非沉痛地評價吳起說：「楚不用吳起而削亂；秦行商君法而富強。」

以上法法家、道法家、術法家和兵法家在理論和實踐上的貢獻，被韓非所綜合、所承襲、所發展，最終形成法家學說的完整體系。因此，韓非以前的法法家、道法家、術法家和兵法家，成為韓非學說的主要淵源。

## ㈡韓非與道家

所謂「道家」，是指以先秦老子、莊子關於「道」的學說為中心的學術派別。按照傳統看法：老子是道家的創始人，莊子則繼承和發展了老子的思想。道家學說的基本內容，以老莊的自然天道觀為主，強調人們在行為上應效法「道」的「生而不有，為而不恃，長而不宰」；在政治上主張「無為而治」；在思想上強調「應時而變」，這些都被韓非所吸取，成為他法治理論的又一思想淵源。

韓非對道家思想的吸取，主要有三個方面，即：

第一，從「道法自然」到「道即自然法」。

《老子》二十五章云：「人法地，地法天，天法道，道法自然。」這是說，人們以地為法則，地以天為法則，天以道為法則，道就順著自然規律而自成法則。老子的「道法自然」思想，是對神學目的

㉗　《史記・孫子吳起列傳》。

論的否定，因為他不承認世界之上有一個有意志的神秘的主宰。法家本之，以「法」代「道」，認為「道」就是自然法。韓非繼承了這一思想，認為「道」即「自然法」，「法」是客觀的、公平的，亦是至善的。

第二，從「無為而無不為」到「君道無為而臣道有為」。

「無為」是道家的一個基本概念，其主旨是以弱勝強、轉敗求勝之道。「無為而無不為」這一思想的哲學意義就是等待矛盾的自然轉化，以達既成目的。又如《莊子・天道》篇說：「上無為也，下亦無為也，是下與上同德，下與上同德則不臣；下有為也，上亦有為也，是上與下同道，上與下同道則不主。上必無為而用天下，下必有為為天下用，此不易之道也。」「本在於上，末在於下，要在於主，詳在於臣。」這是講，無為是本，有為是末；無為是要，有為是詳。無為以有為為輔翼，有為以無為為核心。這樣，有為與無為便統一起來了。韓非繼承並發展了這一思想，對社會中各種事物間的矛盾，具有獨到的見解。他說：「夫物者有所宜，材者有所施。各處其宜，故上乃無為。使雞司夜，令狸執鼠，皆用其能，上乃無事。」㉘這是說，每一種東西都有同它合適的工作，每一種材料都有同它的合適的用處。比如說，馬生下來就自然會拉車，狗生下來就自然會看門。這些都出於自然，並不是道使牠們如此，而牠們自然就是如此。據此，韓非認為君主以道為法，而駕馭群臣，群臣自然就會為君主辦事、治民、理國。這就叫做「皆用其能上乃無事」。對於能夠這樣做的君主，韓非作了一個具體的描寫：「古之全大體者，……不以智累心，不以私累己。寄治亂於法術，託是非於賞罰，屬輕重於權衡。」㉙這是韓非對「君道無為而臣道有為」思想的總結。

---

㉘　《韓非子・揚權》。

而這一思想是從道家的「無為而無不為」思想的發展、引申出來的。

第三，從「應時而變」到「法隨時變」。

道家崇尚「變」的思想，道家的辯證法被稱為「貴柔辯證法」。《老子》就認為自然界和社會現象都在不停地運動和變化著。如《老子》二十五章說：「道」是「獨立而不改，周行而不殆」。從道產生的天地萬物也是在變化著。如《老子》二十三章說：「天地尚不能久，而況於人乎?」《莊子・天運》篇進一步提出了順應時勢的思想。文中說：「夫水行莫如用舟，而陸行莫如用車。以舟之可行於水也，而求推之於陸，則沒世不行尋常（八尺為尋，二尋為常）。古今非水陸與？周魯非舟車與？今蘄行周於魯，是猶推舟於陸也，勞而無功，身必有殃。」水陸不同是客觀之異，舟車之別則是行路方法之不同，思想所選擇的方法必須適應客觀的情勢。周魯之異是地域時代的不同，時移世異，治世方法必須相應變革。這是一種應時而變的思想。這種「應時而變」的思想，在《天運》篇中還有反映，如說：「故禮義法度者，應時而變者也。今取蝯狙而衣以周公之服，彼必齕齧挽裂，盡去而後慊。觀古今之異，猶蝯狙之異乎周公也。」這種應時而變的思想被韓非進一步發展為「法隨時變」。如韓非說：「聖人不期修古，不法常可，論世之事，因為之備。」又講：「文王行仁義而王天下，偃主行仁義而喪其國，是仁義用於古而不用於今也，故世異則事異。」韓非運用道家的「應時而變」思想以建立其時代進化觀念，主張「法隨時變」，用嚴刑峻法以治急世之民。

---

㉙　《韓非子・大體》。

## ㈢韓非與儒家

所謂儒家，是指崇奉孔子學說的重要學派。其學說內容，主要是「祖述堯舜，憲章（效法）文武」，崇尚「禮樂」和「仁義」，提倡「忠恕」和不偏不倚的「中庸」之道。政治上主張「德治」和「仁政」，重視倫理道德教育。戰國時儒家有八派，重要的有孟子和荀子兩派。

儒家代表之一的荀子是韓非的老師，所以，儒家學說也成為韓非思想的來源之一。那種認為儒家學說被韓非抨擊得體無完膚，似無所取的觀點，是片面的。韓非對儒家學說的吸取，主要表現在三個方面。即：

第一，正名。

「正名」的理論，倡始於儒家。儒家的正名，是由理論而施於政治的。《論語・顏淵》篇記載：「齊景公問政於孔子，孔子對曰：君君，臣臣，父父，子子。」這是儒家對「正名」最早的理論闡述。又據《論語》記載：春秋時，衛君出公輒拒父入衛，其父蒯聵與子爭國，君臣父子之名不正，對此，孔子說：「必也正名乎？……名不正則言不順，言不順則事不成，事不成則禮樂不興，禮樂不興則刑罰不中，刑罰不中則民無所措手足。」這是儒家「正名」學說由理論而施於政治。而荀子的「正名」思想則更加偏重於政治。如《荀子・正名》篇說：「(名)，上以明貴賤，下以辨同異。」「故王者制名，名定而實辨，道行而志通。」分疏荀子的「正名」思想，可以看到他從三個方面對「正名」進行了完備的論述。

其一，正名的必要性。

關於「正名」的必要性，荀子在《正名》中說：「異形離心交喻，異物名實玄紐。貴賤不明，同異不別。如是，則志必有不喻之患，而事必有因廢之禍。故知者為之分別制名以指實；上以明貴賤，下以辨同異。貴賤明，同異別。如是，則志無不喻之患，事無困廢之禍，此所為有名也。」這是說，一切事物都有形狀和實體的區別，人在交流思想、區別事物時，如果沒有適當的名詞概念作為工具，就會造成語言和思想上的隔閡、混亂，分不清事物之間的貴賤同異差別。因此，必須制名以指實。這是荀子「正名」的原因。

其二，正名的根據。

荀子在《正名》中還說：「然則何緣而以同異？曰：緣天官。凡同類同情者，其天官之意物也同。故比方之疑似而通，是所以共其約名以相期也。」這段話的大意是講，同異的區別是由感官（天官）與客觀事物的接觸得到的，如形色以目（視覺）去區別；聲音以耳（聽覺）去區別；甘苦鹹淡以口（味覺）去區別；疾癢冷熱以形（觸覺）去區別；喜怒哀樂以心（思想）去區別。由於同類事物有相同的客觀性質（同類同情），而人又有相同的感覺生理器官；因而能對相同的事物得出相同的感覺和印象（天官之意物也同)。這就是荀子「正名」的根據。

其三，正名的原則。

荀子在《正名》中還說：「同則同之，異則異之。單足以喻則單，單不足以喻則兼，單與兼無所相避則共。雖共不為害矣。知異實者之異名也，故使異實者莫不異名也，不可亂也。猶使異（同）實者莫不同名也。」這是說，名是說明實的，實相同名亦相同；實相異名亦相異（同則同之，異則異之)。因為名為實所規定，名是用來說明實的。名與實的關係，即一種事物的概念和它所代表的具體事物的關係。荀子正名的原則就是使名符合實。

作為荀子學生的韓非，繼承並發揮了荀子的「正名」思想。如他在《韓非子・揚權》篇中說：「名正物定，名倚物徙，故聖人執一以靜，使名自正，令事自定……君操其名，臣效其形，形名參同，上下和調。」又說：「凡聽之道，以其所出，反以為之入，故審名以定位，明分以辨類。」韓非的「形名參同」即「循名責實」。這種「正名」思想用於君主的用人聽言。名實全同，則言信而有功；名實參差，則言偽而有罰，使人不敢虛言冒功，而凡事可舉。

第二，通權。

儒家的孔孟皆重「權」，荀子對此看得更重，並以此為心智的最大功用。如《荀子・正名》篇說：「人之所欲，生甚矣；人之所惡，死甚矣；然而人有從生成死者，非不欲生而欲死也，不可以生而可以死也。故欲過之而動不及，心止之也……欲不及而動過之，心使之也……故人無動而不可以不與『權』俱。……道者古今之正權也。離道而內自擇，則不知禍福之所託。易者以一易一，人曰無所得，無所喪也。從一易兩，人曰無喪而有得也。以兩易一，人曰無得而有喪也。計者取所多，謀者從所可。」這說明，荀子以為心有智慧，能辨別利害輕重，而定所取捨，使情欲中節。這就是荀子所謂的「通權」。

韓非吸取了荀子這一思想，在《韓非子・八說》篇中也說：「法所以制事，事所以名功也，法立而有難，權其難而事成則立之，事成而有害，權其害而功多則為之。無難之法，無害之功，天下無有也。拔千丈之都，敗十萬之眾，死傷者軍之垂，甲兵折挫，士卒死傷，而賀戰勝得地者，出其小害，計其大利也。夫沐者有棄髮，除者傷血肉，為人見其難，因釋其業，是無術之士也。先聖有言曰：『規有摩而水有波，我欲更之，無奈之何?』」這就是韓非的「通權」

說。

第三，無神。

荀子是先秦唯物主義集大成的思想家。他積極主張人事有為，否認傳說的「天命」觀，提出了「制天命而用之」的人定勝天思想。如他說：「天行有常，不為堯存，不為桀亡。」這就明確地將「天」（自然）與「人」（社會）的作用區別開來，否認「天」有意志。從這種反天命思想出發，荀子進一步強調社會的治亂、人事的禍福，與自然現象無關。為此，《史記》說荀子反對「營巫祝，信禨祥」。荀子敢於破除世俗迷信的思想，這在當時也具有重要的意義。

荀子的無神論思想被韓非攝取，反對「營巫祝」、「信禨祥」。他在《亡徵》篇中說：「用時日，事鬼神，信卜筮，而好祭祀者，可亡也。」把迷信鬼神注重祭祀當作國家滅亡的徵象之一。韓非反對神道設教，反對鬼神迷信，並從認識論和社會原因上論證鬼神不存在。這些思想大都來自他的老師荀子。

## ㈣韓非與墨家

所謂墨家，是戰國時期與儒家並足而立的一個重要學派，世稱「儒墨顯學」。墨家創始人為墨子。墨家學說以墨子主張的「兼愛」、「非攻」、「尚賢」、「尚同」、「天志」、「明鬼」、「節葬」、「節用」、「非樂」、「非命」等為中心指導思想。

對於這樣一個重要學派，韓非抨擊得很激烈，但暗中師法他的地方也不少。其中，主要有兩個方面。

第一個方面：

韓非《五蠹》篇所說的「故明主之國，無書簡之文，以法為教，無先王之語，以吏為師，無私劍之捍，以斬首為勇。是以境內之民，其言談者必軌於法，動作歸之於功，為勇盡之於軍。」 統治人民的言行，和墨子壹同天下之義的「尚同」， 用意相同，顯而易知。郭沫若更進而論墨子的尚同，便是法家的「連坐告姦」之法，商鞅、韓非皆用之。《先秦學術述林韓非子的思想篇》曾經評論。略引其說如下：

> 「以一國之目視」，「以一國之耳聽」， 多設耳目之術，更是墨子所發明的。《尚同》篇中，有著明顯的證據。「古者聖王唯能審以尚同，以為天下正長，是故上下情請為通。上有隱事遺利，下得而知之；下有蓄怨積害，上得而除之。是以數千里之外，有為善者，其室人未遍知，鄉里未遍聞，天子得而賞之。數千里之外，有為不善者，其室人未遍知，鄉里未遍聞，天子得而罰之。是以舉天下之人皆恐懼振動惕慄，不敢為淫暴，曰：『天子之視聽也，神。』先生之言曰：『非神也，夫唯能使人之耳目助己視聽，使人之吻助己言語，使人之心助己思慮，使人之股肱助己動作。』助之視聽者衆，則其所聞見者遠矣……。」(《尚同》中)「聖王皆以尚同為政，故天下治。何以知其然也？先王之書也，太誓之言然（小人見姦巧，乃聞；不言也，發，罪鈞)，此言淫僻不以告者，其罪亦猶淫僻也。故古之聖王治天下也，其所差論，以自左右羽翼者皆良，外為之人助之視聽者衆……聖王不往而視也，不就而聽也，然而使天下之為寇亂盜賊者，周流天下，無所重足者，何也？其以尚同為政善也。是故子墨子曰：凡使民尚同者，愛民不疾，民無可使。日必疾愛而使之，致信而持之，富貴以道其前，刑罰以率其後。為政若此，雖欲毋與我同，

將不可得也。」（《尚同》下）扼要地說，便是做人君的要使天下的人，都同上層的意志一致，主要的是在多設耳目。怎樣多設耳目呢？便該發動人民告密。告密的有信賞，不告密的有重罪，於是人民都「恐懼振動惕慄」，人主也就「神」起來了。這種說法在墨子書驟看去頗像民主政治，而其實只是一種網羅。不信，你請看這些話一落到韓非手裡，便寫得怎樣乾脆：「明主者使天下不得不為己視，使天下不得不為己聽，故在深宮之中，而明照四海之內。」（《姦劫弒臣》）「匿罪之罰重，告姦之賞厚也。此亦使天下必為己視聽之道也。」「至治之國，善以止姦為務……然則去微姦之法奈何？其務使之相窺其情者也。然則相窺奈何？曰：『蓋里相坐而已。』禁尚有連於己者，理不得不窺，惟恐不免。有姦心者不令得，窺者多也。如此則慎己而窺彼，發姦之密，告過者免罪受賞，失姦者必誅連刑，如此則姦類發矣。姦不容細，私告任坐使然也。」（《制分》）「明主之治國，眾其守而重其罪。」（《六反》）這就是「以一國目視」，「以一國耳聽」的術，也就是早為墨子所發明了的術。

第二個方面：

韓非極論人性利己，而韓非的「人性利己」說，墨子已先倡之。墨子雖「兼相愛」與「交相利」並提，然實以「交相利」誘導人，達到「兼相愛」的目的。《墨經》講「義，利也」，「孝，利親也」，「功，利民也」。墨子很注重「利」字，論政治則提倡「功利」，論人性則注重「利己」。以為人之情生而自利。《兼愛上》說：「子自愛，不愛父，故虧父而自利；弟自愛，不愛兄，故虧兄而自利；臣自愛，不愛君，故虧君而自利。」認此為「亂之所自起」。人性利己的事，墨子說得很多。可知，韓非的人皆利己之說與墨子思想較為近似。[30]

---

[30] 曹謙：《韓非法治論》，上海中華書局民國37年版，頁15–18。

# 第二章　名論——韓非的邏輯哲學

在中國古代，邏輯被稱為名學。據《尚書》、《周禮》、《儀禮》、《禮記》等書記載，早在殷周之際，就出現了「名」這個字。春秋時期，思想界展開了「名實」之爭。所以，名實問題被視為中國古代最早爭論的邏輯問題之一。

## 第一節　名與實

「名實」作為一對範疇，在中國哲學範疇系統中具有五方面的意義。即：

第一，名與實，是指名稱與實在。名是在指稱過程中形成的，認識是對客體的反映，名稱是指稱被反映的實在。名稱在認識過程中不是被反映的客體實在，而是被反映客體實在的標誌。實是指被指稱的客體，它包括自然客體、社會客體和人這個客體。比如先秦名辯思潮中所討論的馬、牛這些名稱，是指稱客觀實在的馬、牛的名稱。指稱客體實在的名稱雖是感性的，即馬、牛作為一種聲音符號或書寫文字符號都可以被感性地接受，在神經系統的感知過程中可以觸發神經脈衝，但被指稱的客體實在在符號、名稱中反而失去了感性，成為一種抽象的客體實在。這是因為任何一個名稱都已是一種概括和抽象，馬、牛是對感性的實在的白馬、黃馬、黑馬等的概括和抽象，感性實在的馬、牛被指稱化、符號化，而馬、牛這些名稱，並不具有馬、牛的能跑能耕的特性。

第二，名與實，是指名詞與事實。名詞是表示、指稱人或事實的名稱的詞或語言符號。從漢語語言學上說，名詞是句子中的主語、實詞，一般不同副詞組合，有同數量組合的功能。從邏輯學上說，是指概念，儒家正名是對概念的邏輯分析。「名，實謂也」，「以名舉實」，都是對名的確定性分析，墨家分名為達、類、私，荀子有共名和別名的分類，並以名詞、概念是對客體事實的真實性和本質的反映，是表達思想事實的工具。因此要求名必副實。但由於名詞、概念雖是指稱事實，但兩者之間並非由它們本性所決定的必然的內在的聯繫，感性事實並不一定選擇具有它自身特性的名詞、概念來指稱它，名詞、概念也不具有它所指稱的特性。因此，便產生「知名而不知實」和「知實而不知名」兩種傾向。

第三，名與實，是指名分與實際。名分是指人的名位、地位和應守的職分、身份。孔子講正名，便有名分的意思。高誘注《呂氏春秋・審分》的「審名分」為「名，虛實爵位之名也；分，殺生與奪之分也」。名分也是名義，而名義、名分與實際的應守職分是否相符，構成名與實的關係，比如「君君、臣臣、父父、子子」便是講名必副實。

第四，名與實，是指名聲與實際。名指名譽、聲望，「名不徒生，而譽不自長」，「名譽不可虛設」。名譽、聲望不能是虛名，要與實際道德修養、品格、素質、學識相副。

第五，名與實，是指名教與行為。名教指正名定分的禮教，即三綱五常以及遵循三綱五常名教的倫理道德行為活動。人的行為活動以至意識活動違反三綱五常的名教，便是大逆不道。這便是禮教之所以吃人、殺人的原因所在。

先秦時期，「名實」範疇演變、發展的思脈如下。

名實，殷商時未成對偶。「名」本是對事物的指稱，甲骨文是指稱地名、祭名。《說文》：「名，自命也，从口从夕。夕者冥也，冥不相見，故以口自名。」徐鍇《說文繫傳》作「从夕口」。林義光《文源》以「夕即口之變，象物形，口對物稱名之象」。名的本義是名稱、名號，引申為概念。「實」本意是富實，《說文》：「實，富也，从宀从貫。貫貨見也。」

西周時，名實作為單一概念，《易經》中無見「名」字，「實」字四見。「觀頤自求口實」（《頤卦》卦辭），「鼎有實」（《鼎・九二》爻辭），「女承筐無實」（《頤卦》卦辭），「實受其福」（《既濟・九五》爻辭）。前三條中的「實」字，是指吃或祭祀的實物；後一條中的「實」字為實在，是副詞。與《詩經・邶風・燕燕》「實勞我心」同。《尚書》「名」字五見（《今文尚書》三見，《古文尚書》二見），「實」字十二見（《今文尚書》七見，《古文尚書》五見），都非對偶。「名之曰《鴟鴞》」（《尚書・金滕》），「禹平水土，主名山川」（《尚書・呂刑》），都是名稱、指稱之意；「三邦底貢厥名」（《尚書・禹貢》），名是著名。「施實往於民」（《尚書・盤庚上》），「劓辟疑赦，其罰倍差，閱實其罪」（《尚書・呂刑》），實是真實、事實。《詩經》有「猗嗟名兮，美目清兮」（《齊風・猗嗟》），「節彼南山，有實其猗」（《小雅・節南山》），但名實亦未對舉。

春秋時，名實思維有很大發展，並開始對舉。《左傳》名實兩字屢見，含義多樣，「行也，懷與安，實敗名。」（《左傳・僖公二十三年》）晉公子重耳到齊國，他安於齊國生活，齊姜公對公子說，留戀妻子，貪圖安逸的事實，是對你名聲的敗壞。「實敗名」可解為事實與名聲，也可解為確實敗壞名聲。按前解，蘊含名與實的關係，依後解，名實關係的含義混沌。然《管子》明確以名實對舉。「修名而指實，按實而定名。名實相生，反相為情。名實當則治，不當則亂。名生於實，實生於德，德生於理，理生於智，智生於當。」（《管子・九守》）名稱與實在之間的指稱關係是，作為語言符號的名稱、概念，是指稱實在客體的，被指稱的實在客體是指稱的名的依據，並據以修正指稱的名稱。「此言不得過實，實不得延名。」（《管子・心術上》）若語言符號的名稱超過被指稱的實在，名不副實，就不應該延續不符合被指稱實在的虛名。這便是名實相生的意思。然而，從發生學意義上說，指稱的名稱、概念由被指稱的實在產生，被指稱的實在的追根究底，則產生於「當」，即「名實當」與「不當」的「當」。這裡的「當」是指名與實相當、相應，即名實相符。從政治上說，當與不當是治與亂的標誌。這裡實與當是從名稱與實在之間的指稱關係說的；就實的內容而言，實是指有形象的實物，「姑形以形，以形務名，督言正名。……名者，聖人之所以紀萬物也。」（同上）名稱是指稱實在對象的。

在春秋末期，社會劇烈變化動盪，禮壞樂崩，舊物不斷被新物代替，舊名與新物衝突，出現「名實之相怨久矣」（《管子・宙合》）的形勢。孔子有鑒於此，而提出正名主張。《論語》名字八見，實字二見。《論語》載：「子路曰：『衛君待子為政，子將奚先?』子曰：『野哉，由也！君子於其所不知，蓋闕如也。名不正，則言不順；言不順，則事不成；事不成，則禮樂不興；禮樂不興，則刑罰不中；刑罰不中，則民無所措手足。故君子名之必可言也，言之必可行也。』」（《論語・子路》）正名是指端正、糾正名稱用詞的不當現象。言詞與它所描述的實在之間，有一種對應關係，人們可以運用這種關係進行認識活動，它是由言詞主體介入的多項複雜關係。孔子所說的正名是言詞主體介入指稱關係的活動。無論是指稱的名詞、名稱與被指稱的事實對象間的對應關係，還是指稱者的名分與被指稱者的倫理之間的對應關係，都是主體介入的語言、言詞和行為活動。實作充實、果實講，「有若無，實若虛」（《論語·泰伯》），實與虛對，無名實對舉。

如果說孔子正面肯定名稱與實在的指稱關係，那麼，《老子》從負面否定這種關係。《老子》名字二十見，實字二見。「名可名，非常名」（《老子》第一章），可以用語言符合指稱的名，不是恒常的名。形而上本體道是不能用名詞、名稱指稱的，「道常無名」（第三十二章），「道隱無名」（第四十一章），「繩繩不可名」（第十四章）。但道是無名稱的名稱指稱關係，「吾不知其名，字之曰道」（第二十五章），這就是「不見而名，弗為而成」（第四十七章）的意思。實指充實、樸實，「實其腹」（第三章），「居其實而不居其華」（第三十八章），虛與實、樸實與浮華對待。老子認為形而上本體道是不能用語言、名詞描述的，試圖超越感覺經驗和理性思維的局限。其實無名亦為名，故字之曰道，道作為不能用名詞描述的指稱，仍然是指稱。

墨子把名實與經驗認知相聯繫，區別名知與取知。「今瞽曰：『皚者白也，黔者墨也。』雖明目者無以易之，兼白黑使瞽取焉，不能知也。故我曰：瞽不知白黑者，非以其名也，以其取也。」（《墨子·貴義》）瞎子可以知道白與黑的概念，給白與黑的名詞和概念作出規定。這就是說名詞與事實、名稱與其所指之間的關係，並非通過語言的指稱功能本身而得以確定，也不能為名詞與事實之間提供直接的結合點，只要形成名詞、概念，便具有自身的獨立性。因此當被指稱為白與黑的皚與黔兩種實物任其擇取時，就不知道哪是白、哪是黑了。所以瞎子是名知，而不是取知。墨子認為只知白黑之名，不知白黑之實，等於不知黑白，對名實不符取否定態度。取是指把概念、名詞與實物、事實結合起來的知識或能力。

戰國時，名實作為認識邏輯有所發展。《孟子》名字十見，實字十七見。孟子在當時以好辯論著名，他的學生公都子曾說：「外人皆稱夫子好辯」(《孟子・滕文公下》)。孟子的辯術主要運用廣義的各種類型的類比推理。《孟子》載:「先名實者，為人也；後名實者，自為也。夫子在三卿之中，名實未加於上下而去之，仁者固如此乎?」(《孟子・告子下》) 淳于髡認為，孟子你作為仁者，擔任齊國的三卿，未建立上輔君王、下濟臣民的名稱和實功，離開齊國不合適。孟子認為，君子只要仁就行了，不計謀名稱和實功。

莊子明確提出「名者，實之賓也」(《莊子・逍遙遊》) 命題。名稱是所指稱的實在的指稱，是實在所由生或從屬於實在。「名止於實，義設於適，是之謂條達而福持。」(《莊子・至樂》) 便要求名與實相符，名稱由所指稱的實在來確定。但莊子體驗到了語言所指稱的對象總是不斷變化的，而指稱對象的語言、名稱有相對的穩定性。「夫言非吹也，言者有言，其所言者特未定也。」(《莊子・齊物論》) 以相對穩定的語言、名稱去表達不斷變化的對象，就會產生名詞無法指稱對象的困難。莊子強調了名稱與其所指之間關係的相對性和不確定性。「以指喻指之非指，不若以非指喻指之非指也；以馬喻馬之非馬，不若以非馬喻馬之非馬也。」(同上) 以指稱來說明它所指稱的不是其所指稱的，不如以非其所指稱的來說明所指稱的不是其所指稱的。這種名與實之間指稱關係的錯位，會使名稱準確指稱其所指稱的對象發生不穩定性和相對性，但應該承認認識對象在一定限度內的變化不會引起名稱不指稱對象的狀況。

指、馬之喻，是戰國時名辯思潮論爭的主題，尤以公孫龍的《指物論》、《白馬論》、《名實論》最有名。《指物論》討論的要旨，正如其題所示是指稱與實物的關係問題。實物與名對應稱實，與指對應稱物。「物莫非指，而指非指。」（《公孫龍子・指物論》）實物無不與指稱相應，而指稱不是別的指稱。「指也者，天下之所無也；物也者，天下之所有也。以天下之所有，為天下之所無，未可。」（同上）指稱是對於所指稱的客體對象實有的指稱，指稱不獨立存在，在這個意義上說，指稱是無，實物是有，但不能把天下所有的實物，都歸納到無指稱的指稱中來。指稱是對實物的指稱，指不離物，名不離實。「夫名，實謂也。知此之非此也，知此之不在此也，則不謂也；知彼之非彼也，知彼之不在彼也，則不謂也。」（《公孫龍子・名實論》）名是對實的稱謂、指稱。但實物是不斷運動變化的，當知道這個或那個實物時已不是原來的實物，或者知道這個或那個實物已不在原有的位置，即時空有了變化，就不能繼續用原有的稱謂，以便取得名與實的相符。因此，針對名實不符，公孫龍提倡正名：「其正者，正其所實也；正其所實者，正其名也。其名正，則唯乎其彼此焉。」（同上）正名與實同構，以便名實相符，若名稱與所指稱的實物相正，就應把稱謂或名稱穩定下來。公孫龍作為名家的代表之一，司馬談曾評論說：「名家使人檢而善失真。然其正名實，不可不察也。」（《史記・太史公自序》）肯定正名實的學術價值。

後期墨家發展了墨家邏輯思想，建構了古代中國邏輯學。在名實論上有很大貢獻。「所以謂，名也」（《墨子・經說上》），名是稱謂實物的，「所謂，實也」（同上），實物是名所稱謂的對象。名與實的指稱關係是，「以名舉實」（《墨子・小取》），「舉，擬實也」，「言，出舉也」（《墨子・經上》），「舉，告以文名，舉彼實也」（《墨子・經說上》）。舉是指摹擬客觀事物的實相，名是指稱摹擬事物實相的稱謂，它必須通過語言符號來實現和描述，語言符號所摹擬實物的性質、特徵、本來狀態，猶如畫虎以表現虎的實相。具有稱謂、描述功能的語言符號，由名構成。「名實耦，合也」（《墨子・經說上》）。名稱與實在、主體形式與客體對象應統一。「諸聖人所先為人欲名實，名實不必名」（《墨子・大取》）。被指稱的客體實在不必依名稱而存在。古希臘哲學家克拉底魯便以為言詞、語言的本質和來源就在於對自然界事物的摹仿或對事物本質的摹擬。這與後期墨家的「擬實」有相似之處。後期墨家從名實相符的角度，對名進行分類：「名：達、類、私。」（《墨子・經上》）《經說上》解釋說：「物，達也，有實必待之名也命之。馬，類也，若實也者，必以是名也命之。臧，私也，是名也止於是實也。」達名是指最普遍、最一般的概念，凡有實有的事物，必然可以使用這個達名來指稱。類名是指某一類實有事物的共同的名稱，即一般類概念，它介乎達和私之間。相對於達名來說，它是特殊概念；相對於私名而言，它是一般概念。凡是某類實在的事物，都可以用類名來指稱。私名是指個別概念，凡是個別特定實有事物，可用以指稱。這是根據實有事物的系統認識而作出的概念、範疇分類，普遍、特殊、個別三類，名實相互對應統一。

後期墨家對名的分類，相當於荀子的大共名、大別名和別名。「物也者，大共名也」（《荀子・正名》），「鳥獸也者，大別名也」（同上），大別名相當於共名。「別則有別，至於無別然後止」（同上），便是個別的別名。荀子鑒於當時「聖王沒，名守慢，奇辭起，名實亂」的形勢，而作《正名》篇。他首先給名下定義：「名也者，所以期累實也。」期指要約，猶今言概括。名詞、概念是對於許多實物的概括而確定的。名以實為其內容，實以名為其形式，名實統一，「制名以指實」。進而，荀子對名形成的過程、制名的原則和方法、名的作用等方面作了探討。就名形成的過程來說，「然則何緣而以同異？曰：緣天官。凡同類同情者，其天官之意物也同；故比方之疑似而通，是所以共其約名以相期也。」名的形成有兩方面因素，其一是人的感官對事物共同點和差異點的認識。同名異名的制定，是依據人的感官的感覺，人的感覺通過類比溝通、比喻摹仿，「然後隨而命之；同則同之，異則異之」，約定給予相同實物的相同名稱，或相異實物的相異名稱。其二是人的認識器官的分析辨別功能和作用，比如用眼來區別不同的形狀、體積、顏色、紋理，耳、鼻、口、身用來區別各自對象，心智區別喜怒哀樂不同情感，不能相互代替。根據人對實物的同異的認識，並通過語言符號的表達，對實物命名。

制名的原則和方法，荀子稱之為「制名之樞要」。其一是名聞而實喻。「單足以喻則單，單不足以喻則兼；單與兼無所相避則共，雖共不為害矣。」單音詞構成單名，雙音詞構成複名。前者如馬、羊，後者如白馬。馬相對於白馬，是共名，白馬是別名。名稱是依據實在來制定的。其二是稽實定數。「物有同狀而異所者，有異狀而同所者，可別也。狀同而為異所者，雖可合，謂之一實，狀變而實無別而為異者，謂之化。有化而無別，謂之一實。此事之所以稽實定數也。」實物形狀相同，但各自占有不同的空間，雖可合用一名，然是兩個實體。實物形狀隨時間變化而變化，但同是一個實體，同一個名。根據實體的實質來規定名的數理的指稱關係。「知異實者之異名也，故使異實者莫不異名也，不可亂也。」審視事物的實質，區別類屬而後確定名稱。其三是約定俗成。「名無固宜，約之以命，約定俗成謂之宜，異於約則謂之不宜。名無固實，約之以命實，約定俗成謂之實名。名有固善，徑易而不拂，謂之善名。」雖然語言在表達中往往指稱某一人物、對象、空間、過程等，但語言指稱表示外部實物的功能，並非語言自身所固有，即語言和它所表示的實在之間的指稱關係，並非由語言本性所決定的必然聯繫，而是人在社會實踐和交往中約定俗成的。一旦指示詞與被指示者之間的約定俗成的指稱關係被人所接受和運用，就具有相對的確定性和穩定性，相同的語言共同體的社會成員只能以約定的名稱指稱實在，命名給定的對象。當名稱與實在之間指稱關係在約定俗成以後，需要通過社會交往而形成傳遞之鏈而被人們所掌握。名稱的形成都與某一客體實在構成確定的指稱關係，這樣，歷史的傳遞之鏈就為名稱在實踐和認識活動中實際地指稱實在提供了現實的可能性。之所以如此，是因為名稱在歷史傳統中獲得了確定的內涵而傳遞下來，站在傳遞之鏈之上的名稱接受者就可能以名稱指稱或命名實在。這就是說，荀子已認識到名不僅決定於實，而且是社會歷史的產物。

關於名稱與意義的關係，荀子提出了宜名與實名的主張。名稱與意義是指謂語言的兩個方面：名稱是語言內容的外在規定，意義是語言內容的內在規定。名稱作為語言與客體實在所形成的關係，為主體檢驗知識客觀性的基本依據；意義為主體把握客體時在語言中所凝聚的觀念，構成了知識的客觀內容。

荀子認為名的作用有二。一是指稱實在提供了工具。「名聞而實喻，名之用也」，「名足以指實」，「制名以指實」。若無名稱來指稱實在，就不能分別、辨別實在。名的指稱實物、辨別同異的作用，有重要意義。二是有表達交流知情意的作用。「名定而實辨，道行而志通」。辨實而定名，便能進行思想交流和情感意志的溝通。「彼正其名，當其辭，以務白其志義者也。彼名辭也者，志義之使也，足以相通則舍之矣。」(《荀子・正名》)志義即思想、意志。選擇運用適當的語言，言辭和正確的名稱，來表達思想意志，便達到溝通思想意志的目的。

荀子儘管在名實論上有深入的探討和精闢的分析，但他站在正名的立場，對當時名辯思潮中人物和思想，由解蔽而陷入蔽，未能完全採取客觀的歷史的態度，而是訴諸道德、禮法和政治的批判，「不法先王，不是禮義，而好治怪說，玩琦辭，甚察而不惠，辯而無用，多事而寡功，不可以為治綱紀……足以欺惑愚眾，是惠施、鄧析也」(《荀子・非十二子》)。甚至進行人身攻擊，如「多詐」、「奇書偃卻」、「奸人之雄」，比盜賊之壞猶過之。荀子對中國傳統文化思想具有高度理論思維水平的名家、辯者學說，一概粗暴抹煞，以至惠施「其書五車」(《莊子・天下》)失傳，鄧析著作亦佚，墨家邏輯中絕，名辯思潮中斷。中國先秦以後邏輯學的衰落不振，同荀子的這種思想施行於政治不無一定關係。

《戰國策・秦策》:「故拔一國而天下不以為暴，利盡四海，諸侯不以為貪，是我一舉而名實兩附。」名稱與實在都相符。韓非學說，得到秦王的推崇。他把名實運用於政治，與法術相結合。他批判儒家「美仁義之名，而不察其實」，名與實不相符，仁義便是有名無實的假名，猶如「有主名而無實」，臣專法而越位，這便是「名實不稱，上空虛於國，內不充滿於名實，故臣得奪主」。「名不稱實者也」，就會造成國亡身死的後果。韓非承認在現實社會中，存在名稱與實在相分離、相對峙的指稱關係，這一方面是由於「有談說之名，而實相去千萬也。此夫名同而實有異」的情況。兩個以上的實物，名雖同而實異。另一方面是實物、事物不斷變化，具有相對穩定性的名稱不適應已變化了的實在。韓非主張名稱與實在的指稱關係，是相依不離的統一關係，「名實相符而成，形影相應而立」。名稱和實在是在對峙統一中確立指稱關係的，猶如形和影一樣。他還主張按名實相符來考察群臣的功過、是非。「循名而責實」，「循名實而定是非」。是非根據名稱與實在的指稱關係來確定。名實是求責、衡量是非的尺度或標準。❶

此外，「名實」範疇在韓非思想中衍生為「名」和「事」，「名」和「物」，「名」和「形」，如：

> 使名自命，令事自定。❷

名稱要讓它所反映的內容去確定，事情要讓它自身的性質去確定。

> 名正物定，名倚物徙。❸

名稱正確地反映了客觀事物，事物的性質就明確了；名稱不能正確地反映客觀事物，事物的性質也就捉摸不定了。

> 同合刑（形）名，審驗法式。❹

---

❶ 以上參閱張立文：《中國哲學範疇發展史》（人道篇），中國人民大學出版社，1995年版，十四章一節、二節。

❷ 《韓非子・揚權》。

❸ 同❷。

審核形名是否一致，考察和檢驗法度的執行情況。

可見，這裡的「事」、「物」、「形（刑）」都是指的客觀外界的實際存在，即「實」。韓非以「名實」範疇為依據，形成了一套為他的法治思想服務的邏輯哲學。

## 第二節　形名參驗的邏輯哲學

韓非的邏輯哲學圍繞著「名」而展開，並將法術思想滲透到邏輯學中，從而使邏輯哲學成為他法治理論的基礎之一。韓非邏輯哲學的基本內容由三個部分構成：形名之學、參伍之驗和矛盾之說。下面，分別論述。

### ㈠形名之學

概念是邏輯思維的基本要素，對作為概念形態的「名」的研究，標示著中國古代邏輯學的開端。韓非的邏輯哲學也是以「名」為起點而展開。圍繞著「名」與「形」（實、事、物）的關係，韓非提出了「形名參同」；圍繞著對「名」內涵的審察，韓非提出了「審名定位」；圍繞著「名」的界限的劃分，韓非提出了「明分辨類」。

「形名參同」是韓非關於「形」（實）與「名」相輔相成、對立統一、名實（形）相符關係的一個獨特術語。

關於「形名參同」，韓非舉例說：

太公望東封於齊，齊東海上有居士曰狂矞、華士昆弟二人者，立議曰：「吾不臣天子，不友諸侯，耕作而食之，掘井而飲之，

---

❹　《韓非子・主道》。

吾無求於人也。無上之名，無君之祿，不事仕而事力。」太公望至於營丘，使吏執殺之，以為首誅。周公旦從魯聞之，發急傳而問之曰：「夫二子，賢者也。今日饗國而殺賢者，何也?」太公望曰：「是昆弟二人立議曰：『吾不臣天子，不友諸侯，耕作而食之，掘井而飲之，吾無求於人也。無上之名，無君之祿，不事仕而事力。』彼不臣天子者，是望不得而臣也；不友諸侯者，是望不得而使也；耕作而食之，掘井而飲之，無求於人者，是望不得以賞罰勸禁也。且無上名，雖知，不為望用；不仰君祿，雖賢，不為望功。不仕，則不治；不任，則不忠。且先王之所以使其臣民者，非爵祿則刑罰也。今四者不足以使之，則望當誰為君乎?不服兵革而顯，不親耕耨而名，又非所以教於國也。今有馬於此，如驥之狀者，天下之至良者也。然而驅之不前，卻之不止，左之不左，右之不右，則臧獲雖賤，不託其足。臧獲之所願託其足於驥者，以驥之可以追利辟害也。今不為人用，臧獲雖賤，不託其足焉。已自謂以為世之賢士而不為主用，行極賢而不用於君，此非明主之所臣也，亦驥之不可左右矣，是以誅之。」❺

姜太公被分封在東方的齊國，齊國東都的渤海邊上有兩個隱士叫狂矞、華士。這二人確立的首先準則是：不做天子的臣子，不做諸侯的朋友，自耕自食，掘泉自飲，不求別人，也不要君主給的名聲、俸祿。姜太公到齊國後，馬上派官吏去捕殺這兩個隱士，把他們作為道德懲處的對象。周公旦在魯國聽到這消息後，馬上派人趕往制止說：這兩個人是「賢士」不宜誅殺。姜太公則認為「賢者」之名，

❺　《韓非子・外儲說右上》。

不符二士之實。因為賢者應該為君主所用，而這兩位的道德與此相背：不臣天子，是望不得而臣也；不友諸侯，是望不行而使也；耕作而食之，掘井而飲之，無求於人，是望不得以賞罰勸禁也。所以，二人的行為（形、實）和賢者的「名」相去太遠，可謂名過其實（形）。二人不是賢者，而實為「叛民」，所以太公望把他們殺了。太公望還舉馬之「形」（實）與驥馬之「名」不相符之例，說明形（實）名應相符、統一的道理。

「形名參同」的應用範圍很廣，具體說有以下幾種情形：

⑴如果以法令為名，那麼執法辦事就是形，執法辦事合乎法令，就是形名參同。

⑵如果以言論為名，那麼根據這言論所做的事及其所取得的「功」就是形，所做之事與業績必須符合其言論，這就是「形名參同」。

⑶如果以賞罰毀譽為名，那麼功或罪就是形，賞罰毀譽必須同功罪相符合，才是形名參同。

⑷如果以官位職務為名，那麼職權和政績就是形，職權和政績必須與其職務和官位相一致，這就叫形名參同。

而「形名參同」在韓非思想中最基本、最重要的作用則是為其法術政治服務。這就是說，「形名參同」，是韓非法術學說的核心和治理國家的重要方術。韓非在《韓非子・揚權》篇中說：

> 形名參同，用其所生。

由於形和名有相符和不相符，所以就產生了法術。而形名所生的，就是賞與罰的依據，即名實相符者，則賞；名實不符者，則罰。在

《揚權》篇中，他還說：

> 君操其名，臣效其形，形名參同，上下和調也。……周合形名，民乃守職；去此更求，是謂大惑。

君主和臣下的辦事原則是不同的，君主要掌握好臣下的「名」（言詞、職務之類），臣下則要做出與「名」相應的功績（形），功績（形）與「名」經過檢驗相符合，君臣上下的關係就和諧了。所以，法術政治的最高境界，是臣下不能得到他們不應該得到的東西，諸如獎賞、職務等。要達到這種境界，就必須形和名合在一起加以對比驗證，做到名與實（形）完全相符，這樣，臣民們才會安守本職，做出相應的業績。如果丟掉這種法術，那就是最大的迷惑。對此，韓非又在《備內》篇和《安危》篇中舉例說：

> 有主名而無實，臣專法而行之，周天子是也。
> 齊萬乘也，而名實不稱，上空虛於國，內不充滿於名實，故臣得奪主。

如果「名」與「形」（實）不相符，那麼就會像周天子一樣，徒有君主之「名」，而無君主之權，使大臣壟斷國家的法令而獨斷專行。形名不符，也會像齊國一樣，號稱是有萬輛兵車的大國，但國庫空虛，與大國之名不稱，所以臣下得以篡奪君主的權位。

可見，韓非不是抽象地討論名和實的關係，而是把名實納入法術的範圍，從社會政治、倫理、人事方面討論形名參同，把形名參同看作是判斷是非的原則，是明主駕馭臣下的要求。這是韓非名實

觀的一個突出特點。❻

「審名定位」是韓非為審察「名」的內涵而提出的一個命題。韓非在《揚權》篇中說：

> 凡聽之道，以其所出，反以為之入。故審名以定位……。

這裡的「出」和「入」字，高亨解釋說：「出謂言也，入為功也；出謂名也，入為形也。」❼這段引文的意思是，君主聽察言論的方法應根據臣下發表的言論，反過來責求他們做出的實效是否符合他們的言論。所以要審核言論來確定其職位。可見，「審名」，是審察名的涵義，從邏輯上看，相當於給概念下定義。「定位」，是確定事物的位置。「審名定位」就是要以其言責其功，以其名責其形，即審察清楚名的涵義，從而確定事物的位置。

韓非之所以提出「審名定位」這一命題，是因為他視「名」為治國之道。

> 聖人之所以為治道者三：一曰「利」，二曰「威」，三曰「名」。夫利者，所以得民也；威者，所以行令也；名者，上下之所同道也。非此三者，雖有不急矣。❽

---

❻ 參閱周雲之、劉培育：《先秦邏輯史》，中國社會科學出版社1984年版，頁244；和王康、梁銀林：《法家與思辨智慧》，四川人民出版社1994年版，四章四節。

❼ 高亨：《諸子新箋》，齊魯書社1980年版，頁200。

❽ 《韓非子・詭使》。

這裡，韓非把「名」與「利」、「威」並提，認為「名」是治國之道的一個重要因素。「名」之所以重要，就是因為在社會實際中，常常出現「名同而實異」的現象，因此就需要「審名以定位」。韓非舉例說，比如「談說」之名，即可以表示「世之愚學」的談說，也可以表示「有述之士」的談說，而兩種談說具有本質區別。

> 有術者之為人臣也，效度數之言，上明主法，下困姦臣，以尊主安國者也。……世之愚學，皆不知治亂之情，讘誺多誦先古之書，以亂當世之治；智慮不足以避阱井之陷，又妄非有術之士。聽其言者危，用其計者亂，此亦愚之至大而患之至甚者也。俱與有術之士有談說之名，而實相去千萬也，此夫名同而實有異者也。❾

要區分兩種不同的談說，就要通過「審名」而「定位」，即是有術之士的談說，還是世之愚學的談說。有術之士的談說，對治理國家是有益的，而世之愚學的談說，則有亂世之弊。此外，韓非還舉「勢」的例子加以闡述。「夫勢者，名一而變無數也。」❿名同為「勢」，如「自然之勢」和「人設之勢」，但其本質內容即實卻不一樣。在社會實際中，「名同而實異」的情況不是個別的，為了避免混亂，就要「審名定位」，這是很必要的。

關於如何「審名」的問題，韓非沒有明確的理論的說明，但是，他實際上卻針對不同情況，對名採用不同的定義方法。例如「法」和「術」是韓非法治思想的兩個基本概念，他從不同方面，運用不

---

❾ 《韓非子・姦劫弑臣》。

❿ 《韓非子・難勢》。

同方法予以定義。《定法》篇說：

> 法者，憲令著於官府，賞罰必於民心，賞存乎慎法，而罰加乎姦令者也。
>
> 術者，因任而授官，循名而責實，操殺生之柄，課群臣之能者也。

這是從法、術的內容和作用方面下的定義。《難三》篇又說：

> 法者，編著之圖籍，設之於官府，而布之於百姓者也。
>
> 術者，藏之於胸中，以偶眾端，而潛御群臣者也。

這是從法、術表現形態方面下的定義。

又如，重人是韓非在政治上不共戴天的仇人。他在《孤憤》篇中揭示「重人」這一概念時，說:

> 人臣循令而從事，案法而治官，非所謂重人者。無令而擅為，虧法以利私，耗國以便家，力能得其君，此所謂重人也。

這是從正、反兩個方面的比較中揭露「重人」的內涵。

再如，韓非在《解老》篇中定義「義」時說：

> 義者，君臣上下之事也，父子貴賤之差也，知交朋友之接也，親疏內外之分也。

這是從「義」的範圍方面來揭示「義」概念。

通過上述事例可以看出，韓非對定義的運用是很高明的。⓫

「明分辨類」是韓非關於對「名」進行劃分歸類而提出來的一個命題。其中，「明分」就是分明事物的界限，找出事物之間的差別；「辨類」就是辨明事物的類別，對事物進行分類。只有「明分」，才能「辨類」；「辨類」又必須通過「明分」才能實現。所以,「明分辨類」就是根據事物的差異點，對事物進行歸類。韓非從法治之學的角度出發，指出「明分辨類」是君主施行法術統治的重要措施。例如，他在《孤憤》、《人主》、《難勢》篇中明確指出，「不察類」、「不知類」就是不能「明分辨類」，不能「明分辨類」就會導致喪權敗國的後果。韓非說：

> 夫越雖國富兵強，中國之主，皆知無益於己也。曰：非吾所得制也。今有國者，雖地廣人眾，然而人主壅蔽，大臣專權，是國為越也。知不類越，而不知不類其國，不察其類者也。

這是韓非在《孤憤》篇中說的，其意是講：越國雖然國富兵強，中原地區的君主都認為對自己無利而說：「這不是我所能控制的。」現在統治國家的君主雖然地廣人眾，然而君主受到蒙蔽，大臣專權跋扈，這樣自己的國家也像越國一樣，君主本人失去了控制權。只知道自己的國家和越國不一樣，卻不知道失去了對國家的控制權就與越國屬於同類了。這就是不能明察事物的類似性。

> 今無術之主皆明知宋、簡之過也，而不悟其非，不察其事類

⓫ 參閱周雲之、劉培育：《先秦邏輯史》，七章二節。

者也。

這是韓非在《人主》篇中說的，其意是講：不懂得治國之術的君主，都明知宋桓侯、齊簡公的過錯，卻不明瞭他們的錯誤所在，這是因為他們不懂得明察同類事物的緣故。

欲進利除害，不知任賢能，此則不知類之患也。

這是韓非在《難勢》篇說的，其意是講：想要取利避害，卻不知道任用賢能之人。這是不懂得類比之患啊。

關於「明分辨類」的方法，韓非沒有作出理論上的論證和說明，但他從社會實際和歷史事實出發，找出事物的區別處，對眾多現象進行歸類、整理，加以分類。例如：

《主道》把人主的壅分做五類：

人主有五壅，臣閉其主曰壅；臣制財利曰壅；臣擅行令曰壅；臣得行義曰壅；臣得樹人曰壅。

《八姦》把「姦」分為八類：

凡人臣之所道成奸者有八術：一曰同床（即指利用君主之貴夫人、愛孺子、便嬖好色），二曰在旁（即指利用君主身邊的優笑侏儒、左右近習）。三曰父兄（即指利用君主的側室公子、大臣廷史）。四曰養殃（即指利用君主貪圖享樂之欲）。五曰民萌（即指利用公財收買百姓之心）。六曰流行（即指求助於辯士能說者)。 七曰威強(即指收攏劍客,養必死之士為己用)。八曰四方(即指裡通外國,借用強國之盛)。

《安危》把安術分成七類,把危道分成六類:

安術有七,危道有六。安術:一曰賞罰隨是非,二曰禍福隨善惡,三曰死生隨法度,四曰有賢不肖而無愛惡,五曰有愚智而無非譽,六曰有尺寸而無意度,七曰有信而無詐。危道:一曰斲削於繩之內,二曰斷割於法之外,三曰利人之所害,四曰樂人之所禍,五曰危人之所安,六曰所愛不親,所惡不疏。

《說疑》把人臣之姦分作五類:

人臣有五姦,而主不知也。為人臣者,有侈用財貨賂以取譽者,有務慶賞賜予以移眾者,有務朋黨徇智尊士以擅逞者,有務解免赦罪獄以事威者,有務奉下直曲怪言偉服瑰稱以眩民耳目者,此五者,明君之所疑也,而聖主之所禁也。

《五蠹》把五類人叫作「邦之蠹」:

是故亂國之俗,其學者,則稱先王之道以籍仁義,積容服而飾辯說,以疑當世之法,而貳人主之心。其言談者,偽設詐稱,借於外力以成其私,而遺社稷之利。其帶劍者,聚徒屬,立節操,以顯其名,而犯五官之禁。其患御者,積於私門,盡貨賂，而用重人之謁，退汗馬之勞。其商工之民，修治苦窳之器，聚弗靡之財，蓄積待時，而侔農夫之利。此五者，邦之蠹也。⑫

可見，韓非的「明分辨類」不是純粹的邏輯學的分類法或歸納法，而是從法術之學的需要出發，對社會現象和歷史史實的總結。他又通過邏輯哲學的形式，服務於法治政治。

## ㈡參伍之驗

韓非主張形名參同，名實相符。從這種觀點出發，怎樣檢查形與名相合還是不相合就成為重要的問題。韓非在《韓非子·姦劫弒臣》篇中說：「循名實而定是非，因參驗而審言辭。」所謂「參驗」就是檢查形名是否相合的方法。「參驗」有比較和檢驗的意思，也有實驗、證明的含義。形與名是否相合，實與名是否相符，都要通過事實的檢驗來研究；言語行為的真偽、是非、善惡也必須在實踐中加以檢查驗證。

通過參驗，在實踐基礎上，人們得到了許許多多的判斷。判斷與判斷在真假方面是有聯繫的。判斷與判斷的真假關係，是人們推理活動的根據。所謂「推理」，就是根據已知的判斷推出未知判斷的思維過程。這種思維過程，又叫作「推論」，即推理論證。韓非雖然沒有推理論證的系統理論，但他卻能自覺地運用各種推論技巧，為他的法術政治服務。

「參驗」與「推論」構成了韓非法術思想的重要內容。下面分別論述。

---

⑫ 以上參考周鐘靈：《韓非子的邏輯》，人民出版社1958年版，三章三節。

首先，談「參驗」說。

「參驗」說的全稱是「參伍之驗」，其中「參」是比較，「伍」是多，「驗」是檢驗。「參」字的基本意義是由「參」引申過來的，即引入第三者來參加檢驗；「伍」是五，五個排成一列，以便比較檢驗。《韻會》釋「參伍」云：「三相參為參，五相伍為伍。」《荀子・成相》曰：「參伍明謹施賞刑。」楊倞注云：「參伍猶錯雜也，謂或往參之，或往伍之。」「參伍之驗」就是多方比照考驗，錯綜比較檢驗，這是韓非「參驗」說的基本內涵。而「參驗」說最可靠、最有效的方法則是「實證」。

韓非在《顯學》篇中說：

> 夫視鍛錫而察青黃，區冶不能以必劍；水擊鵠雁，陸斷駒馬；則臧獲不疑鈍利。發齒吻，相形容，伯樂不能以必馬，授車就駕，而觀其末塗，則臧獲不疑駑良。觀容服，聽言辭，仲尼不能以必士；試之官職，課其功伐，則庸人不疑於愚智。

單看鑄劍時摻錫多少和火色，就是有名的鍛工區冶也不能斷定劍的好壞；用劍在水中砍殺鵠和雁，在地上劈斬馬匹，就是奴僕也不會弄錯劍的利鈍。掰開馬口看牙齒，端詳外形，就是伯樂也不能判定馬的優劣；讓馬駕車，看牠能跑多遠，就是奴僕也不會弄錯馬的好壞。只觀其儀表，聽其言論，孔子也會搞錯；而試其能力，考察其功績，就是一般人也不會分不清愚與智。

是寶劍就斬殺幾刀，是良馬就拉車跑一圈，是賢良之士就幹出實績，這是判斷劍之利鈍、馬之良駑、士之賢否的最根本的標準，也是唯一的辦法。而觀看火色、觀察口齒、審視容貌等都不能最終解決問題，任何東西都必須在實際運用中表現出實實在在的能耐，這就是韓非的實證，也是最直接、最有效的參驗。根據這種具有實證主義意味的思想，韓非主張英明君主統治下的官吏，宰相一定要從州部基層中提拔，將軍一定要從勇猛的士兵中選拔。

韓非在《六反》篇中還說：

> 人皆寐，則盲者不知；皆嘿，則喑者不知。覺而使之視，問而使之對，則盲喑者窮矣。不聽其言也，則無術者不知；不任其身也，則不肖者不知。聽其言而求其當，任其身而責其功，則無術不肖者窮矣。夫欲得力士而聽其自言，雖庸人與烏獲不可別也；授之以鼎，則罷健效矣。

大家都睡著的時候，他們中間誰是盲人，是無法知道的；大家都默不作聲，其中誰是啞吧，也是無法知道的。關於如何分辨誰是瞎子、誰是啞吧的問題，喜好辯說的人或許會為此展開討論研究，提出各種各樣的假設，找出許許多多的理由，甚至引經據典，多方考察，但爭辯半天，到底誰是盲人，誰是啞吧，還是沒有結果。韓非認為把睡覺的人都叫醒，讓他們睜開眼睛看東西；提出問題，讓每個人都來回答。這樣，盲人與啞吧很容易就辨別出來了。

同樣，對所任用之人的考察也是這樣。如果不聽取他的言論，那麼即使沒有學識的人也不會被察覺；不任用他本身，那麼即使沒有才幹的人也不會被察覺。正確的做法是：聽取他的言論，而要求其言論與事實相符合；任用他本人，而責求其辦事要有功效。這樣一來，那些沒有學識、沒有才幹的人就無法混下去了。有一個事實可以說明這一點：想得到一個大力士，如果只是聽其自我介紹，那麼一些平庸無能之人也會把自己說得力大無窮，神乎其神，甚至與古代著名的大力士烏獲不相上下，沒有區別。但是，只要把一個青銅鼎拿給他試舉一下，那麼，誰的力氣大，誰的力氣小，誰疲弱，誰強健就很分明了。韓非認為，官職就是考察、實證賢能之士的青銅鼎。把職事交給下面的人辦一下，那麼誰聰明，誰愚蠢，誰是能人，誰是笨人，就能一清二楚了。所以，韓非主張英明的君主考察、任用官吏，聽取他們的言論時，一定責求其實際效用；觀察他們的行動時，一定要求它的功效。這樣，空洞陳腐的學說就不會被宣揚，自吹自擂弄虛作假的行為也就掩飾不住了。這就是韓非所說的「明主聽其言必責其用，觀其行必求其功，然則虛舊之學不談，矜誣之行不飾矣。」⑬

韓非所處的戰國時代，巧言辯說之風盛行，而讒言則可導致國家的滅亡。所以，君主對臣下的言論要進行「參言」。所謂「參言」就是檢驗言論，這是韓非法術的一項重要內容。他認為君主聽取臣下的言論，如果不加以檢驗，那就沒有什麼東西可以用來責求臣下了。對於臣下的言論，一定要以是否有用為標準來考察，否則，就會有狡詐的謬說蒙蔽君主。韓非在《八經》篇中專門談論了「參言」：

> 聽不參，則無以責下；言不督乎用，則邪說當上。言之為物也，以多信。不然之物，十人云疑，百人然乎，千人不可解也。吶者言之疑，辯者言之信。姦之食上也，取資乎眾，藉信乎辯，而以類飾其私。人主不饜忿而待合參，其勢資下也。

一般人對言語的通常認識是說的人多，就可信，有些本來不真實的

⑬　《韓非子・六反》。

東西，十個人說有，人們還會懷疑；一百個人說有，人們就會認為可能是這樣；一千個人說有，人們就相信了。所以，生活中經常出現這種情況：笨口拙舌的人說話，人們往往會懷疑；而伶牙俐齒者開腔，往往使人相信。正因為這樣，那些奸佞之臣在侵蝕君主的時候，就會借助人多口眾和依靠巧言辯說使君主信任他們，還要用一些似是而非的事例掩飾他們的陰謀詭計。君主對付這些人，除了態度強硬外，還要依靠比較驗證的方法來檢驗他們的言論，揭穿他們的花言巧語。這就是韓非所說的「參言以知其誠」⓮，即用事實檢驗言論來了解臣下的忠誠，合乎事實則誠，不合則非誠。

韓非從參驗、實證出發，反對「前識」。他在《解老》篇中說：「先物行，先理動之謂前識。前識者，無緣而妄意度也。」這是說：在事物出現之前，就有論說，在事理顯露之前，就有認識，這就是前識。前識，是先於經驗的認識，是一種無根據僅憑主觀意念進行的猜測。為此，韓非告誡君主在任用官吏時，千萬不能以這種前識為憑據，一定要行參驗、講實證。因為參驗、實證是考察官吏有效用的、切實可行的方法。

其次，談「推論」術。

《韓非子》一書中雖然沒有關於推理論證的系統理論，但是，韓非自覺地運用推理論證的技巧，為其法術思想服務的例證卻很多。

《韓非子》中有內、外《儲說》六篇，每篇分「經」、「說」兩段。前段例出「經」數條，文字較簡要；後段對「經」逐條作出說明，文字較詳細。每一條「經」和相應的「說」結合為一個論式。六篇共有三十三則論式，其格局大體相同。從邏輯學角度看，是一種比較特殊的推論。例如《內儲說上——七術》的首條經文是：

⓮　《韓非子・八經》。

主之所用也七術，所察也六微。七術：一曰眾端參觀，二曰必罰明威，三曰信賞盡能，四曰一聽責下，五曰疑詔詭使，六曰挾知而問，七曰倒言反事。此七者，主之所用也。

觀聽不參則誠不聞，聽有門戶則臣壅塞。其說在侏儒之夢見竈，哀公之稱莫眾而迷。故齊人見河伯，與惠子之言亡其半也。其患在豎牛之餓叔孫，而江乙之說荊俗也。嗣公欲治不知，故使有敵。是以明主推積鐵之類，而察一市之患。

參觀一。

其「說」對「經」做了詳細說明，這裡省略。「經」文論式的特點是，大體分為四部分：⑴列出論旨，相當於論題，如這裡的「眾端參觀」（意即將眾多的情況加以比較觀察、檢驗，從而得出正確的結論）；⑵對論題進行解析，從正面或反面引申出一個判斷，如這裡的「觀聽不參則誠不聞，聽有門戶則臣壅塞」（意即觀察和聽聞如果不從多方面參照比較，那麼真實情況就不能掌握；偏聽偏信則會受臣下謬見的蒙蔽）；⑶列舉大量歷史事件或故事，證明引申出的判斷是成立的，如這裡的「其說在侏儒之夢見竈，哀公之稱莫眾而迷」（意即侏儒藉夢見竈說明君主受蒙蔽，魯哀公引「莫眾而迷」的諺語但仍然受蒙蔽）；⑷最後證明論題是正確的。這四部分的邏輯關係是論旨和解析之間構成了演繹推論，解析和例證論據之間構成了歸納推論，有些結論表現為具體事件形式，同例證構成了類比推論。可見，韓非運用推理論證的技巧，旨在說明君主從多方面驗證臣下的言行，是考察臣對君是忠是偽的必要統治術。

《史記》說韓非「觀往者得失之變」，他對許多歷史事件都是諳熟於心，所以他往往能夠從歷史事例中歸納出一般的原理原則。

也就是說，他通過對歷史事件的「眾端參觀」，分析比較，歸納綜合，從而得出結論，例如《外儲說右下》講：

> 一曰：入齊，是獨聞淖齒而不聞齊王；入趙，則獨聞李兌而不聞趙王。故曰：人主者不操術，則威勢輕而臣擅名。

淖齒是戰國時楚國的大將，後奉派救齊，齊閔王任他為相。公元前284年，燕兵破齊，閔王逃奔到營，被淖齒所殺。李兌是戰國時趙惠文王的相。公元前299年，趙武靈王自稱主父，後被李兌所殺。由於齊王和趙王不懂得用術，君權落入大臣之手，所以，在齊國只知淖齒而不知齊王，在趙國只知李兌而不知趙王。這說明君主不掌握術，君勢必會削弱而使大臣壟斷名望。

上述引文從邏輯角度可分解為如下推理形式：

前提 { 入齊，則獨聞淖齒而不聞齊王；
　　　 入趙，則獨聞李兌而不聞趙王；

結論：故曰：人主者不操術，則威勢輕而臣擅名。

這是一個歸納推理論證。其中，推論前提是兩個歷史事例，結論是韓非從歷史事例中總結出的帶有一般原理性的君主統治術。

此外，韓非還運用類似邏輯學演繹推理的技巧來論證他的法治思想。例如《主道》篇關於道向法的一步一步的推論落實，就是一個演繹推理的過程。《主道》篇曰：

> 道者，萬物之始，是非之紀也。是以明君守始以知萬物之源，

治紀以知善敗之端。欲虛靜以待，令名自命也，令事自定也。虛則知實之情，靜則知動者正。有言者自為名，有事者自為形，形名參同，君乃無事焉，歸之其情。

道是萬物的本源，是判定是非的標準，因此人主必須守道。所謂「守道」，就是「守始」、「治紀」，這樣就能做到虛、靜。做到虛、靜，就能知萬物、知善敗、知實、知動，然後就能夠觀察事和言、參同形和名。這些都是從「道」這個總概念推演出來的。在這個演繹推論過程中，「道者，萬物之始，是非之紀也」是大前提，它是聯合了兩個直言判斷而組成的，其分解形式是：

道者，萬物之始；

道者，是非之紀。

以下，由並列的假言判斷上承這個大前提，而向下層演繹，最後推出「形名參同」這個結論來。這樣，「道」就具體落實到了「形名參同」，具體落實的過程就是一個演繹的過程。《主道》篇還說：

符契之所合，賞罰之所生也。

從因果聯繫看，「符契之所合」是「賞罰」的前因；「賞罰」是「符契之所合」的後果。而「符契之所合」也就是「形名參同」，所以，「賞罰」就是「形名參同」的結果。可見，韓非通過演繹推理論證的方法，闡明了「形名參同」與「賞罰」的內在關聯。

韓非處在戰國晚期，各種社會矛盾的激化，各派思想論爭的激烈，為他運用邏輯規律創造了條件。他的邏輯思想正是那個時代的一種反映。韓非大量應用邏輯推理論證形式，為其法術思想服務。⑮

## ㈢矛盾之說

韓非邏輯哲學的重要內容之一，就是矛盾之說。韓非對中國古代邏輯學最重要的貢獻，也就表現在他提出了「矛盾」這個概念。《韓非子》一書中明確涉及到「矛盾」的有關論述，有三處：

其一，矛盾並舉，矛盾之說。《難一》篇說：

> 楚人有鬻盾與矛者，譽之曰：「吾盾之堅，物莫能陷也。」又譽其矛曰：「吾矛之利，於物無不陷也。」或曰：「以子之矛陷子之盾何如?」其人弗能應也。夫不可陷之盾與無不陷之矛，不可同世而立。

「不可陷之盾」與「無不陷之矛」，是相互矛盾的。

其二，堯舜並譽，矛盾之說。《難一》篇說：

> 聖人明察在上位，將使天下無姦也。今耕漁不爭，陶器不窳，舜又何德而化？舜之救敗也，則是堯有失也；賢舜則去堯之明察，聖堯則去舜之德化，不可兩得也。……今堯舜不可兩譽，矛盾之說也。

「堯之明察」與「舜之德化」是不可兩得的。有堯之明察，則沒有舜之德化；有舜之德化，便沒有堯之明察。這兩者是「矛盾之說也」。

其三，賢勢並用，矛盾之說。《難勢》篇說：

---

⑮ 參閱王康、梁銀林：《法家與思辨智慧》，頁213、頁221；周雲之、劉培育：《先秦邏輯史》，頁252、頁253。

> 夫賢之為道也不可禁，而勢之為道也無不禁，以不可禁之賢與無不禁之勢，此矛盾之說也。夫賢勢之不相容亦明矣。

如果主「不可禁之賢」，同時又主「無不禁之勢」，即是說「賢治」與「勢治」並用，這是不相容的，是「矛盾之說也」。

通過上述三段引文，可以看到韓非「矛盾之說」的基本含義是「不相容之事，不兩立也」。⑯不相容的事，不能同時成立，亦不能同時存在，這就是矛盾。這是韓非對「矛盾之說」所作的最高理論概括。

進一步，可以看到韓非的「矛盾之說」是一種普遍存在的規律。

韓非在《難一》篇中說過：

> 夫不可陷之盾與無不陷之矛，不可同世而立。

這裡的「不可陷之盾」與「無不陷之矛」說的是兩種事物。韓非認為這兩種事物是不能同時並存的。或者有「不可陷之盾」而無「無不陷之矛」，或者有「無不陷之矛」而無「不可陷之盾」。二者必居其一。

韓非在《難勢》篇中也說過：

> 以不可陷之盾與無不陷之矛，為名不可兩立也。

這裡的「不可陷之盾」與「無不陷之矛」說的是兩種思想。「為名

---

⑯　《韓非子・五蠹》。

不可兩立也」，就是說「不可陷之盾」和「無不陷之矛」這一對絕對矛盾的概念，在思維上是不能並存的。它們不能俱有，只能一有一無。

上述兩個命題概括了社會上存在的各種事物和現象，以及人們對這些事物和現象的認識和觀點。從客觀事物和現象看，「矛盾之說」是關於事物的規律。從人們對客觀事物的認識和觀點看，「矛盾之說」又是關於思維和認識的規律。因此，韓非的「矛盾之說」既是關於思維、認識的規律，又是關於事物的規律。所以，「矛盾之說」是一種普遍存在的規律。⓱

作為普遍存在規律的「矛盾之說」，具有重要的價值。周鐘靈先生說：「他（韓非）不但運用矛盾律來明辨學術思想上的是非，並且用它來分析社會政治現象。當他用敘述故事的方式闡明『矛盾之說』時好像是輕鬆隨便的，但當他用矛盾律來觀察社會政治現象時，就顯得異常嚴肅和緊張。這使我們感覺到矛盾並不是憑空想像出來的，而是他從觀察社會政治現象裡得出來的，是他在生活實踐中體會出來的。」⓲

社會政治方面不可兩立的矛盾，在作為法家的韓非看來，主要表現在法術之士和當時的權貴之間。《孤憤》篇深刻地揭示了法術之士和當塗重人之間的矛盾。如韓非說：

> 智術之士，必遠見而明察，不明察，不能燭私；能法之士，必強毅而勁直，不勁直，不能矯姦。人臣循令而從事，案法而治官，非所謂重人也。重人也者，無令而擅為，虧法以利

---

⓱ 參閱周雲之、劉培育：《先秦邏輯史》，頁260。

⓲ 周鐘靈:《韓非子的邏輯》，頁19。

> 私，耗國以便家，力能得其君，此所謂重人也。智術之士明察，聽用，且燭重人之陰情；能法之士勁直，聽用，且矯重人之姦行。故智術能法之士用，則貴重之臣必在繩之外矣。是智法之士與當塗之人，不可兩存之仇也。

通曉使用和駕馭臣下的人必定有遠見而且能洞察隱私，能推行法治的人必定剛勁正直而且能懲辦違法者。身為臣子應遵照法令辦事，履行職責，不可成為重人。所謂重人，就是無視國家法令而胡作非為，破壞國家法制以謀取私利，損耗國家財富以便利私家。智術之士被任用，可以明察重人的陰謀；能法之士被任用，可以矯正重人的奸行。所以，重用智術、能法之士，重人則在法紀管束之中。可見，智法之士與重人是勢不兩立的仇敵。在這裡，韓非指出「智法之士」與「當塗重人」是勢不兩立的。因為智法之士主張以法治國，使國家強盛；而當塗重人損公利私，使國家衰敗。這是韓非「矛盾之說」的具體運用。

韓非在《人主》篇中，更深刻地揭露了這一矛盾：

> 且法術之士與當塗之臣，不相容也。何以明之？主有術士，則大臣不得制斷，近習不敢賣重；大臣、左右權勢息，則人主之道明矣。今則不然，其當塗之臣得勢擅事以環其私，左右近習朋黨比周以制疏遠，則法術之士奚時得進用，人主奚時得論裁？故有術不必用，而勢不兩立，法術之士焉得無危？故君人者非能退大臣之議，而背乎左右之訟，獨合乎道言也，則法術之士安能蒙死亡之危而進說乎？此世之所以不治也。

法術之士與掌權的大臣之所以「不相容也」，處於矛盾對立的地位，是因為有了法術之士，那些權臣就不能專制獨斷，君主身邊的親信就不敢賣弄權勢。而現在的情況是，權臣們擅權以謀取私利，親信侍從拉幫結派以疏遠法術之士。這樣，法術之士就不會被選拔任用。所以，法術之士即使掌握了統治術也不一定受任用，而他們又和權臣勢不兩立，這樣他們的處境就很危險了。如果君主不排除權臣的議論，不摒棄左右的誣告，獨自作出符合原則的判斷，那麼法術之士怎能冒死進諫呢？這是不能治世的原因。在這裡，韓非運用「矛盾之說」分析了朝廷的政治形式，說明法術之士與當塗之臣勢不兩立，不能並存，只有遠當塗之臣，近法術之士，才能把國家治理好。

可見，韓非自覺地運用「矛盾之說」分析社會現象，論證他的法術思想和反駁他人的政治主張。因此，韓非的「矛盾之說」應該被視為一種理論概括和一種學說。韓非提出「不相容之事，不兩立也」，抓住了矛盾律的核心，巧妙地表述了矛盾律的精神實質。並且，韓非的「矛盾之說」也成為他論證法治思想的理論之一。

誠然，韓非的「矛盾之說」包含很多不嚴密、不科學的成份，如他在運用「矛盾之說」時，有時還把現實矛盾和邏輯矛盾混淆起來。他憑主觀論斷，常常把本來在不同情況下可以同時存在的兩種情況，在不同領域裡可以同真的兩種說法，也說成是「不相容」的。像「選賢」與「任勢」是可以針對不同情況並行不悖的，韓非卻說賢是「不可禁」，勢是「無不禁」，以「不可禁」對「無不禁」就是不可兩立的。他這樣做，就有流於詭辯之嫌。但是，韓非畢竟是最早提出「矛盾」這一概念的學者，對中國古代邏輯學的發展，作出了重要貢獻。而「矛盾之說」也成為韓非邏輯哲學的重要內容之一。⑲

韓非的邏輯哲學是其法治思想的重要理論。韓非提出的「形名參同」直接演繹為「賞」與「罰」的法術，「參伍之驗」直接衍生成「參驗術」。實質上，韓非的邏輯哲學與其法治哲學是水乳般交織在一起，不可分離的。

⑲ 參閱周雲之、劉培育：《先秦邏輯史》，頁269。

# 第三章　利論——韓非的倫理哲學

## 第一節　利與心、性、史

「利」在中國哲學史上，與「義」作為一對範疇，常常出現。其意義為：

第一，義與利，是指道義與功利，道義是主體在行為活動中所追求的真善美的道德價值，是主體自我確立的行為的道德規範、原則。道義是超功利與功利的統一，它所達到和追求的往往不是感性的功利目的或獲得某種功利的結果，而是實現崇高的道德理想、道德境界或履行高尚的道德行為。道義是人之所以為人的崇高選擇和尊嚴維護，它是群體內聚力的源頭活水，是追求實現群體根本利益的動力。

功利或利益，是指主體主動對待可以滿足其需要的客體的關係。功利總是一定主體的功利，然主體的功利在其外在的客體而不在主體自身；自在的客體並不就是主體的功利，只有滿足主體需要的特定客體才構成主體的功利。主體之所以追求各種功利，功利之所以產生和存在，是由於功利能現實地滿足主體的需要，功利或利益是人的內在需要得以滿足的手段。

第二，義與利，是指道德價值與物欲價值。道德價值是指主體用來滿足自身道德需要的價值，它取決於主體賴以生存的社會條件和主體所組成的社會關係，制約主體行為活動的取向和目的，構成主體行為活動的道德動因。主體在自覺履行道德規範中，調節各種道德關係，以滿足主體自身特定的道德需要。這樣主體的行為活動便蘊含著道德價值。

物欲價值是指主體用於滿足自身物欲需要的價值，它取決於主體的物欲需要是否獲得滿足，以及獲得物欲需要的方法、手段之當否。主體的物欲需要既是內在的生理必然，又受一定利益關係的制約。人的行為活動怎樣與主體形成利益關係，是基於共同或不同的物欲需要，而形成的一種利益分配關係。它決定著主體物欲需要的性質與滿足的方式，與一定利益關係的要求相一致，使物欲需要得到滿足，這樣的主體的行為活動便蘊含著物欲價值。

第三，義與利，是指整體利益與個體利益。在主體的價值追求中，義與利是一體二分或一體兩面。從客觀上看，整體利益與個體利益均根植於同一社會，反映同一歷史必然和大眾的需要。個體利益通過整體利益才能得以實現，整體利益通過個體利益得以體現，又是對個體利益的超越，從根本上說個體利益要指向整體利益的實現。自主觀上看，人類總是追求把義與利、整體利益與個體利益統一起來。主體所面臨的義與利、整體利益與個體利益的分裂，是由於特定社會歷史條件的限制，或主體認識實踐能力的局限，而造成兩者分裂的悲劇，人類在分裂的悲劇中歷盡心身的磨難，以求達到兩者的統一。

義利的這三重意義，均涉及倫理學的重要方面。先秦時期就已形成了義利互涵、義利拒斥、義利雙棄、重利賤義四種學說。

義利互涵說

在禮為社會、政治文化核心的宗法制度下，義作為道德價值和價值導向，是禮的內在根據。因此，不義即非禮，禮義相合，體現了內在的道德倫理價值與處在等級名分、禮儀的統一。人們在義的行為活動中，主體所關注的對象，其道德價值導向是思利民，或愛利民，以利之實踐效果來體現禮義的合度。「夫義者，利之足也；貪者，怨之本也。廢義則利不立，厚貪則怨生。」（《國語・晉語》）有義然後利立，無足利無以建立。「夫義所以生利也……不義則利不阜」（《國語・周語中》）。義普遍地充滿於主體的利益活動之中，利益活動使人民生活豐厚。若不義，利益活動便不能使人生活豐厚。利依義而建立，義依利而體現，義利互即互涵。

對這一學說加以繼承的是戰國時代的墨子及其後學。墨子主張交相利承繼義利互涵說。墨子貴義重利。「萬事莫貴於義」（《墨子・貴義》），之所以貴義，是因為「天下有義則生，無義則死；有義則富，無義則貧；有義則治，無義則亂」（《墨子・天志上》）。墨家以利即涵於義之中，利是兼相愛的行為活動的準則，是「愛利萬民」，上利於天，中利於鬼，下利於人，這種天下之利，正是仁義的道德價值的所在和展顯。「此仁也，義也，愛人利人，順天之意。」（《墨子・天志中》）因此，重利即是貴義，義利互涵統一。

義利拒斥說

孔子與春秋時的義利相蘊涵說有異，而開義利互拒互斥的端緒。《論語》義字二十四見，利字十見，明確揭示義利是主體所追求的兩種截然相對的價值導向。「君子喻於義，小人喻於利」（《論語・里仁》）。君子是孔子認為現實社會可以實現的理想人格，聖人是不可得見的終極的理想人格，仁、智、勇是構成君子人格的基本要素。小人是無道德的人，小人與君子構成人的兩端。「君子周而不比，小人比而不周」(《論語・為政》)，「君子和而不同，小人同而不和」(《論語・子路》) 等，兩者相對相斥。因此以義利分君子小人。在孔子心目中義利為對立的道德價值，「君子義以為質」(《論語・衛靈公》)，一切以義為道德價值標準，「君子之於天下也，無適也，無莫也，義之與比」(《論語・里仁》)。小人喻於利，因而，「放於利而行」(同上)，「利則行之」(《左傳・昭公元年》)，把利作為價值標準和主體行為選擇的取向。其思想啟後世重義輕利之端緒。

戰國時代的孟子發揮孔子義利拒斥說。《孟子》義字一百零八見，利字三十九見。如果說孔子在道德價值、人格完善上，把義利作為區別君子小人的標誌，而顯義利對立的話，那麼，孟子則非常明確地、全面地把義利對立起來。孟子對梁惠王說：「王曰，何以利吾國？大夫曰，何以利吾家？士庶人曰，何以利吾身？上下交征利而國危矣。」(《孟子・梁惠王上》) 上下互相追逐私利，國家就危險了。「苟為後義而先利，不奪不饜」(同上)，先利後義，重利輕義的價值導向，不奪國君產業是不會滿足的。以利為錯誤的價值導向，義是最高的道德價值。因此，君主不必言利，「王！何必曰利？亦有仁義而已矣」(同上)。行仁義，便可勝堅甲利兵而王天下。即行仁義而能王天下，義實蘊涵著功利的目的，可稱為道德合理型功利。所以，孟子義利拒斥說蘊涵著內在的矛盾。

義利雙棄說

《老子》義字五見，利字九見。老子主張「絕仁棄義」，「絕巧棄利」(《老子》第十九章)，義利皆棄，才能恢復孝慈的美德，而沒有盜賊。捨棄主體人為的道德價值，其價值導向是回到像嬰兒一樣的自然無為狀態，這樣也就無所謂利益、功利。《老子》書中的利，雖有權謀「國之利器不可以示人」（第三十六章）及「有之以為利」（第十一章）的功效的意思，但不與義連接對偶，老子的義利雙棄的棄，非單純的捨棄，而是超越的意思。

莊子繼承老子義利雙棄，只有否定義利，超越義利，才能順應自然，以獲得自由逍遙。「整萬物而不為義，澤及萬世而不為仁」（《莊子・大宗師》）。仁義是束縛人、戕害人的工具，並不像儒家所說的那樣美好。儒家尚義，墨家重利，各執一端，互相論爭，都是由於觀察的角度不同，而妄生分別，其實物我、善惡、美醜、是非、利害渾然為一，「自我觀之，仁義之端，是非之塗，樊然殽亂」（《莊子・齊物論》），無法分別。「不就利，不違害」（同上），超越世俗的義利之辨，「忘年忘義，振於無竟」（同上），以達到齊生死、忘義利的理想境界。

重利賤義說

「重利賤義」是法家及韓非的義利觀。法家以「人性利己」為主臬，把個體的自為、自私心理，轉化為發展生產的公利，「人莫不自為也，化而使之為我，則莫可得而用矣」（《慎子・因循》）。但人的「好利惡害，夫人之所有也」（《韓非子・難二》），是人的共識，「喜利畏罪，人莫不然」（同上），是人的共性。法家由重利而否定義，「世所謂義者，暴之道也」（《商君書・開塞》）。韓非認為，上古之時曾有行仁義而王天下，但在戰國以武力稱霸的時代，講仁義便只能像宋襄公那樣自遺其咎，是誤國害民的蠹蟲。法家並不否定君臣之義，「義者，君臣上下之事」（《韓非子・解老》），是上下和諧有序，而各安其位，各盡其分。這種義，實是公利。法家明公利與私利之分，並認為尚法治而棄仁義，是獲取公利的共同方法。

法家肯定個體的利己之心，在規範意義上又否定私利，肯定公利，並以賞罰二柄來制約公私二利，以維護君主統治秩序和霸天下的實現。❶

可見，韓非的「重利賤義」說在先秦利義觀中，具有明顯的特色。其特色表現在對「利」價值的強調和重視，乃至只講「利」而不談「義」。韓非關於「利」思想的形式與先秦時期的心性學說和歷史演變具有密切關聯。

首先，研析韓非的「利」與先秦「心」範疇演變的關聯。

先秦思想家中較早對「心」範疇進行理論論述的是孟子。《孟子》的《盡心》篇就是中國哲學較早的心論專篇。孟子關於「心」的論述，主要有四點。

(1)心之官為思。孟子認為，心是人體的特殊器官，其特點是能「思」，即具有思維、認識的功能。他說：「耳目之官不思，而蔽於物。物交物，則引之而已矣。心之官則思，思則得之，不思則不得也。此天之所與我者。」(《孟子・告子上》) 人有耳目心等不同的器官。但是，耳目之類的器官同普通物體一樣，不具有思維的能力，一旦與外物接觸，便為外物所蔽誘。而心與耳目不同，它能思維，因而既可以認識外物及其道理，又可以認識人自身的內在善性。心的這種思維認識功能，是人與生俱有的。然而，人心天生具有思維認識能力，並不是說人的認識也是天生的。人必須用心去「思」，去認識客體對象，才能認識事物及其道理，而在內心有所得。孟子將心定義為人的思維器官和思維認識，並突出心的認識功能以及發揮這種功能對於達到正確認識，完成道德修養的重要性。

(2)仁義禮智根於心。心之思，包括向外認識客觀事物和向內認

---

❶　參閱張立文：《中國哲學範疇發展史》(人道篇)，五章一節。

識主體自身的善性兩個方面。孟子更重視後一方面，他認為，人只有認識自身內在的善性，才能通過善性的擴充而實現道德修養的目標。人最基本、最重要的道德準則是仁義禮智。「仁義禮智根於心」(《盡心上》)，人之所以為人，在於他內心存在著惻隱、羞惡、辭讓、是非之心。「惻隱之心，仁之端也；羞惡之心，義之端也；辭讓之心，禮之端也；是非之心，智之端也。」(《公孫丑上》)這四種道德之心，是仁義禮智道德觀念的端始。

⑶盡心知性知天。人的仁義禮智道德根源於心，因此，要成為具有高尚道德的人，便不是向外尋求於物，而是向內反觀於心。運用心的思維功能，認識、擴充和發揚自己內心本已存在的仁義禮智之端，使之確立於心，作為做人、持家、治國的準則，達到高度的道德自覺，從而通達天人之道，成為賢聖。這就是盡心、知性、知天的認識、修養過程。「盡其心者，知其性也。知其性，則知天矣。存其心，養其性，所以事天也。」(《盡心上》)充分發揮心的思維功能，就可以認識人的善性，而認識人的善性，就能夠通達天命、天道。因此，人必須善於保持自己善的本心，培養自己的道德木性，這是做人事天的方法。

⑷養心莫善於寡欲。人之所以會喪失善良本心，而有邪惡的思想和行為，是因為不善於克制利欲。所謂利欲，是人對聲色、財富和名位的欲望及追求。「欲貴者，人之同心也。」(《告子上》)食色是人的天性，富貴是人的欲求，所以利欲也是人心所共有的。然而，人的利欲不可毫無節制，而必須受仁義禮智道德準則的規範。「饑者甘食，渴者甘飲，是未得飲食之正也，饑渴害之也。豈惟心腹有饑渴之害？人心亦皆有害。人能無以饑渴之害為心害，則不及人不為憂矣。」(《盡心上》)口腹由於受饑渴之害而不擇飲食的美惡，人

心亦往往因富貴利欲之害而不辨富貴的獲得是否合理，這些都是「不得其正」。消除利欲之害，保存和擴充仁義禮智之端，必須養心。如何養心？「養心莫善於寡欲。其為人也寡欲，雖有不存焉者，寡矣；其為人也多欲，雖有存焉者，寡矣。」（《盡心下》）寡欲才能保存善心，多欲則必然喪失善心。自覺地盡心知性，反省自己，這是君子與小人的區別。

孟子以思釋「心」，把「心」解釋為思維的主體。沿著這一思路展開論述的代表者是荀子。荀子關於「心」的思想，主要有三點。

⑴心者形之君而神明之主。荀子認為心是身體最主要的器官，又是精神思想的主宰。「心者，形之君也，而神明之主也。」（《荀子・解蔽》）心支配身體形神的一切活動，人的思維認識活動、精神思想形成，都決定於心的功能和作用。由於心是「形之君」和「神明之主」，因而被稱為「天君」。「心居中虛，以治五官，夫是之謂天君。」（《天論》）心支配著耳目鼻口形的活動，是身體五官的主宰，處於「中虛」的地位，因而是「天君」。這裡，荀子已從具體有形的心臟概念超越出來，心具有「虛」的特性，是思維主體和主體思維。

⑵心生而有知。心作為思維主體與主體思維的統一，它最重要的特徵是「生而有知」。荀子所謂「知」，指心的思維功能和認識過程。心的思維功能是與生俱有的。由於具有思維功能，心能夠進行認識活動。「凡以知，人之性也；可以知，物之理也。」（《解蔽》）客體事物有其自身的性質和規律，是可以被人認識的，而能夠認識客體事物內在的性質和規律，則是人的天性。人之所以能夠知「物之理」，是因為其天生具有有認識能力的思維器官——心。「心生而有知。」（《解蔽》）人就是靠「生而有知」的思維主體——心，去認識

和掌握世界萬物的道理，去「知道」、「知天」、「知人」。

⑶君子養心莫善於誠。心在認知物理的實際過程中，會受到主觀或客觀因素的制約和限制。這種制約和限制來自兩方面：一是客觀事物複雜多樣，相互為蔽，彼此形成認識的障礙，使心不能獲得正確的認識。二是主體自身利欲的干擾，好惡感情的偏見，使心不能「虛壹而靜」，因而不能客觀地對待客體對象，深入認識事物的本質。因此，「聖人知心術之患，見蔽塞之禍，故無欲、無惡。」（《解蔽》）只有排除主觀、客觀因素的干擾，保持內心虛靜清明的狀態，才能正確地進行認識活動。為此，必須「養心」。「君子養心莫善於誠，致誠則無他事矣。」（《不苟》）使心真正達到真誠，便不受外物和利欲的干擾，從而正確地認識事物的本質。

荀子以神明釋心，側重於心的思維認識方面的內涵。❷

雖然孟子和荀子都是儒家代表人物，但兩人的思想卻有較大距離。因此，孟子被後人視為典型的儒者，而荀子被認為是從儒家至法家的過渡人物。這種區別在「心」範疇上也可看出。例如，孟子的「心」，強調心的仁義禮智道德內涵，而荀子的「心」則側重於主體思維活動的主要內涵，即強調主體思維對客體物理的認識。這一點與先秦法家人物有吻合之處。

例如，商鞅認為心是人的「姦偽之心」❸。他之所以得出這樣的結論，是由於他看到人生而有生存發展的欲望，這種欲望決定人必然要向外謀取衣食住行各種物品，為了取得這些物品，人們之間便要相互爭奪。每一個人都從自己的私利出發參與爭奪，彼此相欺相詐，於是產生「姦偽之心」。「姦偽之心」是人的思維主體對當時

❷ 參閱張立文主編：《心》，中國人民大學出版社1993年版，第一章。

❸ 《商君書・墾令》。

社會的一種思維反映，也是思維活動的主要內容。又如，慎到認為人心是「自為」的。他說：「天道因則大，化則細。因也者，因人之情也。人莫不自為也，化而使之為我，則莫可得而用矣。故用人之自為，不用人之為我，則莫不可得而矣。」❹這是慎到對「人莫不自為也」社會現象的觀察認識，而得出人心「自為」的結論。

而商鞅認為心是「姦偽之心」，慎到認為人心「自為」的思想，對韓非的「心」觀念，起了很大的影響作用。韓非專門寫了《心度》篇，論述對「心」的看法。韓非關於「心」的基本觀點有兩點，一是提出人心是「欲利之心」的觀點，一是指出人心皆「自為心」。

韓非認為，人心作為思維器官，是天生的。「天生也者，生心也，故天下之道盡之生也。」❺天生之心具有思維特性，因而產生各種各樣的思想意識。「欲利之心」就是人最重要的思想意識。關於「欲利之心」，韓非說：

> 人無毛羽，不衣則不犯寒；上不屬天而下不著地，以腸胃為根本，不食則不能活；是以不免於欲利之心。❻

因為人不像動物那樣有毛羽，必須靠穿衣來禦寒保暖，靠食物來維持生命，這些求生存發展的衣食欲望，決定了人必然產生「欲利之心」。而且，這種「欲利之心」支配著人們的思想和行動。由此，人們的動靜思慮就要受利欲的支配，圍繞利而行動，以謀取利為目的。可見，韓非的「欲利之心」與「利」結下了緊密關係。

---

❹　《慎子・因循》。

❺　《韓非子・解老》。

❻　同❺。

關於「自為心」，韓非說：

> 人為嬰兒也，父母養之簡，子長而怨；子盛壯成人，其供養薄，父母怒而誚之。子、父，至親也，而或譙或怨者，皆挾相為而不周於為己也。夫買庸而播耕者，主人費家而美食，調錢布而求易者，非愛庸客也，曰：如是，耕者且深，耨者且熟耘也。庸客致力而疾耘耕者，盡功而正畦陌者，非愛主人也，曰：如是，羹且美，錢布且易云也。此其養功力，有父子之澤矣，而必周於用者，皆挾自為心也。❼

人作嬰兒時，如果父母對他撫養馬虎，那麼長大了就要埋怨父母；兒子長大成人，如果對父母供養微薄，那麼父母就要惱怒而責備他。父子是至親骨肉，但有時還要怒責、埋怨，這是因為人人都懷有為己之心的緣故。雇用傭工來播種耕耘，主人準備好美味食品，並不是喜歡傭工，而是為了讓傭工將地耕得深且精；而傭工出力耕地，也不是因為愛主人，而是為了飯菜豐美，多得錢幣。可見，主人和傭工也都懷有為己之心。韓非將這種人人具有的為己之心，稱為「自為心」，並認為「自為心」與「利」直接相連。「故人行事施予，以利之為心，則越人易和；以害之為心，則父子離且怨」。❽社會的人皆懷有「自為心」，人人都為自我考慮，從自我計算。因此，人人都以「利」為出發點，以「利」為歸宿處。

韓非「欲利之心」的價值取向是「利」，「自為心」的價值歸趨也是一個「利」。所以，「欲利之心」等同於「自為心」，說的是一

---

❼　《韓非子・外儲說左上》。

❽　同❼。

個心，即為利之心。可見，韓非思想中的「心」以「利」為主體思維活動的主要內容。或者說，韓非認為「心」作為人的思維主體，欲利、取利就是人最重要的思想意識。因此，「利」是韓非「心」的必然歸旨處。韓非的「心」與「利」具有內在的關聯。

其次，分析韓非的「利」與先秦「性」範疇演變的關係。

先秦論性，由孔子開宗。《論語》中有兩處說到「性」。一是《論語・陽貨》篇孔子說：「性相近也，習相遠也。」另一是《論語・公冶長》篇子貢說：「夫子之文章，可得而聞也。夫子之言性與天道，不可得而聞也。」這兩段話表明，孔子雖然說「性」，但並沒有對性作出善惡的判斷，而是強調習的作用。

對「性」進行深入探討和論述的是孟子。孟子關於「性」的思想，集中反映在與告子就人性問題的辯論中。《孟子・告子上》記載：

> 告子曰：「生之謂性。」孟子曰：「生之謂性也，猶白之謂白與?」曰：「然。」「白羽之白也，猶白雪之白，白雪之白，猶白玉之白與?」曰：「然。」「然則犬性猶牛之性，牛之性猶人之性與?」

這裡，告子將「性」界定為「生之謂性」，「食色，性也」。他認為，凡是生下來就有的能力和性質就是性，「性」實質上就是人的自然生理本能。對此，孟子反對。他認為如果這樣規定性的話，那麼人之性和牛之性就沒有差別了。孟子認為，對人性的界定，應注意人和其他動物的不同之處。故《孟子・離婁下》說：「人之所以異於禽獸者幾希。庶民去之，君子存之。」人與動物的區別點，才是人類的特點，也才可以作為人性的規定內容。所以，孟子所說的「性善」的「性」，並不僅只有生物學的意義，還有邏輯和道德的意義。孟子主「性善」說，但他所謂性善，也不是說每一個人生下來都是道德完全的人。他是說，每個人生下來，在其本性裡面，都自然有善的因素。這些因素，他稱為「端」，就是苗頭的意思。據他說，每個人生下來都有「惻隱之心」、「羞惡之心」、「辭讓之心」、「是非之心」，他稱為「四端」或「善端」。「四端」如果能發展起來，就成為仁、義、禮、智「四德」。他認為「四德」是「四端」的發展，因此，仁義禮智「我固有之」。這裡，便涉及到了「心」與「性」的關係問題。孟子認為，充分擴張本心，便能體認人的本性。這並不是說心性是兩碼事，而是說心性是兩個不同的層次，具有不同的功能。就此而言，心是性的來源，心性是體認者與被體認者的關係。故《孟子・盡心上》說：「君子所性，仁義禮智根於心。」仁義禮智是善性的內涵，它不僅根源於心，而且是心的呈現，也是建構其性善論的心性論的根據。

與孟子的「性善」論主張相對立的是荀子的「性惡」論。荀子說：「人之性惡，其善者偽也。」❾他舉出了一些證據，證明「性惡」。如說：「今人之性，生而有好利焉，順是，故爭奪生而辭讓亡焉；生而有疾惡焉，順是，故殘賊生而忠信亡焉；生而有耳目之欲，有好聲色焉，順是，故淫亂生而禮義文理亡焉。然則從人之性，順人之情，必出於爭奪，合於犯分亂理而歸於暴。故必將有師法之化，禮義之道，然後出於辭讓，合於文理，而歸於治。用此觀之，然則人之性惡明矣，其善者偽也。」❿這是說，「惡」是出於人性之自然；

❾ 《荀子・性惡》。

❿ 同❾。

「善」是出於人性的改造。荀子又說：「凡人之欲為善者，為性惡也。夫薄願厚，惡願美，狹願廣，貧願富，賤願貴，苟無之中者，必求於外。故富而不願財，貴而不願勢，苟有之中者，必不及於外。用此觀之，人之欲為善者，為性惡也。」⓫這是說，凡人所欲求的東西，就是他所沒有的，如果他已有了，也就不欲求了。人都欲求「善」，可見人本性中原來沒有「善」。故此，荀子批評孟子的「性善」說：「今人之性，目可以見，耳可以聽。夫可以見之明不離目，可以聽之聰不離耳，不可學明矣。」⓬荀子認為，眼能看，耳能聽，這是自然所賦予的能力，這是不用學也不能學的。性之於善，並不是像目之於明，耳之於聰，完全要由學習而得。所以他說：「人之性惡，其善者偽也。」⓭而關於「性惡」的「性」，荀子說：「性（生）之和所生，精合感應，不事而自然，謂之性。性之好、惡、喜、怒、哀、樂，謂之情。情然而心為之擇，謂之慮。心慮而能為之動，謂之偽。慮積焉，能習焉，而後成，謂之偽。」⓮這表明「性」是人從其生理直接構成的。性對於外物的反應，有好、惡、喜、怒、哀、樂等情。照荀子的說法，這都是屬於自然方面的，所以荀子稱之為「天情」。順著這些情的自然發展，情與情就要互相衝突，人與人也要互相衝突，互相爭奪。對此，荀子認為「心」即「天君」的作用就是在互相衝突的諸情中，加以選擇、調整和判斷。「天性有欲，心為之制節。」⓯這是說，「心」要對性之情加以選擇、調整、判斷。

---

⓫ 同⓾。

⓬ 同⓫。

⓭ 同⓬。

⓮ 《荀子・正名》。

⓯ 同⓮。

可見，在荀子思想中，「心」與「性」不是同一的。「心」對「性」具有選擇、調整、判斷的功用，而照著心的選擇判斷，經過學習而得到的東西，就叫作「偽」。「偽」的意思就是人為。如荀子說：「凡性者，天之就也，不可學，不可事。禮義者，聖人之所生也，人之所學而能，所事而成者也。不可學、不可事而在人者，謂之性；可學而能，可事而成之在人者，謂之偽；是性偽之分也。」⑯荀子所謂的「性偽之分」，也就是「天人之分」。所以，荀子所說的「偽」是跟自然相對立的，不是跟真實相對立的。他說：「性者，本始材樸也；偽者，文理隆盛也。無性則偽之無所加；無偽則性不能自美。」⑰「本始材樸」之「性」與「文理隆盛」之「偽」即「善」，其間的界限必須劃分清楚。這也就是荀子主「性惡」論的理由。

荀子「性惡」論的思想對他的學生韓非產生了一定的影響作用。韓非關於「性」的思想，主要有以下三點：

第一，韓非認為性為人天生固有。

關於「性」的內涵，韓非說：

> 夫智，性也；壽，命也。性命者，非所學於人也。⑱

智愚為性，夭壽為命。性與命來自天生固有，非學於人而行之。這一觀點可以說是荀子的性是「不事而自然」，是「天之就也，不可學，不可事」的翻版。

第二，韓非認為心性為一。

---

⑯ 《荀子・性惡》。

⑰ 《荀子・禮論》。

⑱ 《韓非子・顯學》。

韓非以為性命來自天生固有，愚智謂之性，而智之主體在心。這就是說，性與心同一，即有什麼樣的心，就有什麼樣的性。韓非心性同一的觀點，不是對老師荀子的繼承，而是反其道而行之。荀子的心是獨立於性之外的，心對性具有選擇、調整、判斷的功能。通過心的作用，可以達到「化性起偽」，使人為善。荀韓心性論的這一分歧是明顯的，如王邦雄先生說：「故韓非之性與心一也。荀子認知之心，獨立於性之外，為知仁義法正之具，足以師法禮義，化性起偽者；韓非之智，則端在人之自為計算心。荀子之心亦能慮能擇之計量，然所計量者乃著眼於君體之未來，思有所建構者；韓非之智，則只計當前之自利。故韓非對人心之考察，近乎慎到，而遠離荀子。」⑲唐端正先生也說：「韓非的人性論，受荀子的影響極大。但荀子心性分途，性雖惡，心卻為禮義法度所以出，故仍可以維持與生發人生價值及文化理想。而韓非所了解的人性，則只是一團無明的私欲，成為徹底的性惡論者。通常我們以為君臣有義、父子有親、夫婦有愛，都是超出我們個體以外的德性，但在韓非看來，不過是些虛偽的矯飾，究其實，人倫相處只有利欲之私而已。」⑳韓非心性同一的觀點，倒是與孟子的心性論相近。孟子認為人有仁、義、禮、智四個「善端」，「善端」擴充的結果，便是仁義禮智善性。心性同一，是孟子「性善」論的理論根據。雖然韓非也講心性同一，但由於韓非的「心」與孟子的「心」具有實質性的區別，所以「性」的本質內容也有重大差異。

第三，韓非認為人性自利。

按著心性同一的邏輯原則推論，韓非的心是「欲利之心」、「自

---

⑲ 參閱王邦雄：《韓非子的哲學》，東大圖書公司1979年版，頁108。

⑳ 參閱唐端正：《先秦諸子論叢》，東大圖書公司1985年版，頁202。

為心」，即「心」的價值判斷和價值取捨是好利惡害。「人無愚智，莫不有取捨」，「好利惡害，夫人之所有也」。[21]與好利之心同一的人性，亦是喜利、好利、趨利。如韓非說：

夫民之性，惡勞而樂佚。

人情皆喜貴而惡賤。

民之故計，皆就安利，如辟危窮。

人焉能去安利之道，而就危害之處哉？

長行徇上，數百不一人；喜利畏罪，人莫不然。[22]

可見，在人性論上，韓非主人性自利說。他不是以善、惡作為人性價值的判斷標準，而是側重於利。這個利，在韓非的人性論中，主要指已利、自利、私利。韓非認為，不論是君王、后妃，還是普通百姓；不論是父子、夫妻，還是一般人與人，遇事、處事都以「利」為計較，都從一己之私利出發，故人性自利。如他說：

人主之患在於信人。信人，則制於人。人臣之於其君，非有骨肉之親也，縛於勢而不得不事也。故為人臣者，窺覘其君心也無須臾之休，而人主怠傲處其上，此世所以有劫君弒主也。為人主而大信其子，則姦臣得乘於子以成其私，故李兌傳趙王而餓主父。為人主而大信其妻，則姦臣得乘於妻以成其私，故優施傅麗姬殺申生而立奚齊。夫以妻之近與子之親

---

[21] 《韓非子・解老》、《韓非子・難二》。

[22] 《韓非子・心度》、《韓非子・難三》、《韓非子・五蠹》、《韓非子・姦劫弒臣》、《韓非子・難二》。

> 而猶不可信，則其餘無可信者矣。
>
> 且萬乘之主，千乘之君，后妃、夫人適子為太子者，或有欲其君之蚤死者，何以知其然？夫妻者，非有骨肉之恩也，愛則親，不愛則疏。語曰：「其母好者其子抱。」然則其為之反也，其母惡者其子釋。丈夫年五十而好色未解也，婦人年三十而美色衰矣。以衰美之婦人事好色之丈夫，則身疑見疏賤，而子疑不為後，此后妃、夫人之所以冀其君之死者也。唯母為后而子為主，則令無不行，禁無不止，男女之樂不減於先君，而擅萬乘不疑，此鴆毒扼昧之所以用也。故《桃兀春秋》曰：「人主之疾死者不能處半。人主不知，則亂多資。」故曰：利君死者眾，則人主危。故王良愛馬，越王句踐愛人，為戰與馳……。故后妃、夫人太子之黨成而欲君之死也，君不死，則勢不重。情非憎君也，利在君之死也。㉓

這是韓非通過對現實眾生相的深入觀察，而對人性自利的揭示。韓非指出，社會中的人，都從一己之私利出發，對待他人，即使是國家的君主，也會成為父子、夫妻、群臣為謀利而圖之的對象。故《桃兀春秋》說：「君主因病而死的不到半數。」認為君主死亡對自己有利的人多，君主就很危險了。后妃、太子希望君主死亡，也是因為他們的利益就在君主死亡上。可見，人性的本質就是自利。

由於人性自利的緣故，就決定了社會中的人，從君王到平民，人人都為取利而謀劃自己的事業，確定自己視聽言動的方向和規模，「利」成為人們思想行為的唯一價值取向。這就是韓非思想中「性」與「利」的必然關聯。

---

㉓ 《韓非子・備內》。

最後，解析韓非的「利」與先秦歷史演變的關係。

自春秋至戰國時，各國稱王，取得獨立的主權，對外相互攻伐兼併，對內也發生篡奪弒殺。國君為了鞏固統治權，在經濟上不得不打破常規，承認私田的合法性，甚至為了促進生產，而大力鼓勵私田，廢止井田。由於井田制的沒落，擁有井田的卿大夫們的勢力沒落了，經濟的控制權，逐漸落入私田主之手。其中一些私田主又漸演為新興的地主。這些新興地主不是靠以往的「承襲權」取得自己的地位和實利，而是在國家以自利來刺激人民達到富國強兵的目的的前提下，在追求新的「成就地位」的過程中取得的。所以，他們的地位和成就與自利緊緊聯結在一起。

新興地主階級的另一個來源是商人。商人靠精打細算而「發家致富」。照他們看起來，人們的社會關係主要是建築在利害計算的基礎上。他們置買田地，成為新興地主以後，對於人與人之間的社會關係，也是主張公開地以利害關係為基礎來處理。

在政治上，為了因應時局，國家統治者也不能不調整其統治的班底，凡是能富國強兵者皆可以為卿相。這批新的卿相不見得是國君的親屬，又如何能和國君「親親」？因此，韓非認為統治階層內部的關係，實際上，已不能以親屬的關係來規範，而必須有所調整。其調整的因素，就是「利」。例如君臣關係是一種交易的性質，一種商業買賣的關係。韓非引田鮪的話說：「主賣官爵，臣賣智力。」又說：「臣盡死力以與君市，君垂爵祿以與臣市。君臣之際，非父子之親也，計數之所出也。」[24]這裡的「市」就是買賣講價錢。臣之所以敢於向君講價錢，是因為他憑藉著出賣智力，而要獲取自己的利益。同樣，君出賣官爵的目的，也是為了自己的利益。可見，君

[24]《韓非子·難一》。

臣之間的關係，維繫在一個「利」字上。這是韓非對新的歷史條件下，君臣本質關係的深刻揭示。

隨著歷史的更新演變，人們的思維方式和道德品質也會發生變化。韓非講，古代堯住的是茅草屋，吃的是粗米飯，喝的是野菜湯，冬披鹿皮，夏穿麻布，生活條件比現在的守門吏還不如。禹手拿農具帶頭勞動，累得大腿沒肉，小腿無毛，其辛苦不亞於奴隸。所以，他們把天下讓給別人，也不稀奇。可是現在，即使一個縣官，死了以後，幾代的子孫還都可以坐車為富人。「今之縣令，一日身死，子孫累世絜駕。」所以，現在的人不肯輕易將官職讓給別人。「輕辭古之天子，難去今之縣令。」古今相比，之所以有這麼大的區別，關鍵是今之官吏擁有許多實利。基於「利」這一根本原因，就決定了古今之人思維方式和道德品質的差異㉕。

可見，韓非認為隨著歷史的演變，社會的政治結構、經濟方式乃至人們的生活條件，都發生了重大變化。這一變化的焦點，便是使個人的利益顯彰出來，膨脹起來。所以，韓非思想中的「利」與歷史的發生演變亦具有密切的關係。

## 第二節　唯利的倫理觀

倫理為人際關係及「應當」的法則。其中「倫」指同伴、伙伴，由此產生出人倫這個詞。「理」指條理、理由，或指法則、道理，如物理是指事物的法則，與此相應，倫理即指人際關係的法則。倫理觀就是人們對這種人際關係的法則的基本看法或觀點。中國歷史

---

㉕ 參閱張純、王曉波：《韓非思想的歷史研究》，頁81、82和馮友蘭：《中國哲學史新編》（第二冊），頁417、418。

上的儒、墨、道、法各個學派，各自持有不同的倫理觀。韓非從人人「皆挾自為心」和「人性自利」的心性論出發，認為人際關係的法則就是唯利是圖。由此，形成了他唯利的倫理觀。韓非這種唯利的倫理觀，具體表現在以下四個方面。

第一，道德倫理。

按照倫理學的觀點來解釋，「倫理」範疇側重於反映人倫關係以及維持人倫關係所必須遵循的理則。「道德」範疇重在反映道德活動個體或道德活動主體自身所守之應當。這裡的道德倫理，旨在揭示道德活動個體或道德活動主體之間的人倫關係。縱觀韓非的有關論述，可把他視野中的道德倫理，概括為以下四點。即：

(1)人皆利己，無利人者。

韓非從人人皆挾自為心出發，認為君臣之間、父子之間、夫婦之間、人人之間，都是通過「利」這一聯絡紐帶，而聯結起來的。《韓非子》中舉例說：

> 君以計畜臣，臣以計事君。君臣之交計也；害身而利國，臣弗為也；害國而利臣，君不行也。臣之情，害身無利。君之情，害國無親，君臣也者，以計合者也。
>
> 君臣之利異，故人臣莫忠。故臣利立而主利滅。是以姦臣者，召敵兵以內除，舉外事以眩主，苟成其私利，不顧國患。
>
> 故越王好勇而民多輕死；楚靈王好細腰而國中多餓人；齊桓公妒而好內，故豎刁自宮以治內；桓公好味，易牙蒸其首子而進之；燕子噲好賢，故子之明不受國，故君見惡，則群臣匿端；君見好，則群臣誣能；人主欲見，則群臣之情態得其資矣。故子之託於賢以奪其君者也；豎刁、易牙因君之欲以

> 侵其君者也。其卒，子噲以亂死，桓公蟲流出戶而不葬。此其故何也？人君以情借臣之患也。人臣之情非必能愛其君也，為重利之故也。
>
> 臣主之利，與相異者也。何以明之哉？曰：主利在有能而任官，臣利在無能而得事；主利在有勞而爵祿，臣利在無功而富貴；主利在豪傑使能，臣利在朋黨用私。是以國地削而私家富，主上卑而大臣重。故主失勢而臣得國，主更稱蕃臣，而相室剖符，此人臣之所以譎主便私也。
>
> 霸王者，人主之大利也。人主挾大利以聽治，……使士民明焉，盡力致死，則功伐可立而爵祿可致。……富貴者，人臣之大利也。人臣挾大利以從事，故行危致死，其力盡而不望。此謂君不仁、臣不忠，則可以霸王矣。㉖

君臣之間的關係，靠利相維繫，以利相計算。例如齊桓公喜好女色，臣豎刁便自己把睪丸閹割掉，治理宮內的事。桓公喜歡美味食物，近臣易牙便砍掉自己兒子的頭，蒸熟了送桓公吃。燕王好賢士，企圖把王位讓給燕相子之，子之表面推辭不受。而實際上，子之假託於賢名而危害他的君主；而桓公患重病，易牙、豎刁乘機作亂，堵塞宮門，餓死桓公，三月不得葬，直至屍體生了蛆蟲。可見，臣下絕不會真心愛他的君主，而是為了從君主那裡獲得利益。君主與臣下立場不同，其利亦異。君之利在得人任能，冀其為國獻力，以成其霸王；臣之利則望不勞獲利，無功受利。所以，韓非認為世無忠臣，偶有表現誠意者，其心非誠，而是為了重利。

---

㉖ 《韓非子・飾邪》、《韓非子・內儲說下》、《韓非子・二柄》、《韓非子・孤憤》、《韓非子・六反》。

> 且父母之於子也，產男則相賀，產女則殺之，此俱出父母之懷袵，然男子受賀，女子殺之者，慮其後便，計之長利也，故父母之於子也，猶用計算之心以相待也。而況無父子之澤乎？㉗

不論是男嬰還是女嬰，都是父母的親生骨肉，但生男嬰就慶賀，生女嬰就殺掉，這是父母從自己的長遠利益出發的緣故。可見，具有骨肉至親的父母與子女之間，都是「計之長利」，更何況無血緣關係的一般人呢？

> 衛人有夫妻禱者，而祝曰：「使我無故得百束布。」其夫曰：「何少也？」對曰：「益是，子將以買妾。」㉘

衛國有一對夫妻祈禱求神賜福。妻子說：「願神保佑我平安。只求得一百束布幣。」丈夫問：「為何這樣少？」妻子回答說：「如果超過這個錢數，錢多了，你將會討小老婆。」韓非舉此例說明夫妻是至愛之親，但各自都從自我私利出發考慮問題。可見，維繫夫妻的紐帶，不是感情，而是利益。

> 醫善吮人之傷，含人之血，非有骨肉之親也，利所加也。故輿人成輿，則欲人之富貴；匠人成棺，則欲人之夭死也。非輿人仁而匠人賊也，人不貴，則輿不售；人不死，則棺不買。情非憎人也，利在人之死也。㉙

---

㉗ 《韓非子・六反》。

㉘ 《韓非子・內儲說下》。

醫生為病人治病吮血，是因為治愈病人，醫生可以獲利。製車匠希望世人富貴，是因為人有錢才可以買車，使製車匠得利。製棺匠則盼望世人多死，是因為人死要買棺，製棺人可從中謀利。這就說明，醫生與病人、製車人與買車人、製棺人與買棺人……人與人之間，都是圍繞著一個利字。

⑵人之好利，永無止境。

韓非認為人在本質上，都是趨利避害，而且趨利心理是沒有止境的。例如耕地要費力氣，戰爭是很危險的事情，鱣魚似蛇、蠶似毛蟲，很恐懼，但是，人們還是努力從事農耕，積極參戰，魚夫捕鱣、農婦拾蠶，因為從中可以得到重利。人得到重利後，並不因此而滿足，而是還要繼續求利，永不知足。為此，政治家管子說過：「水的邊際，就是沒有水的地方；富的邊際，就是富到滿足的地步。可是，人到了滿足還不知足，因此，人求富、求利是沒有邊際的。」《韓非子》的《五蠹》篇，《說林下》篇和《六反》篇解釋上述思想說：

> 夫耕之用力也勞，而民為之者，曰：可得以富也；戰之為事也危，而民為之者，曰：可得以貴也。
>
> 鱣似蛇，蠶似蠋。人見蛇則驚駭，見蠋則毛起，漁者持鱣，婦人拾蠶，利之所在，皆為賁諸。……桓公問管仲曰：「富有涯乎?」答曰：「水之以涯，其無水者也；富之以涯，其富已足者也。人不能自止於足而亡，其富之涯乎!」
>
> 老聃有言曰：「知足不辱，知止不殆。」夫以殆辱之故而不求於足之外者老聃也；今以為足民而可以治，是以民為皆如老

㉙ 《韓非子・備內》。

> 聃也。故桀貴為天子而不足於尊，富有四海之內而不足於寶。君人者雖足民，不能足使為天子，而桀未必以為天子為足也；則雖足民，何可以為治也？故明主之治國也：適其時事以致財物，論其稅賦以均貧富，厚其爵祿以盡賢能，重其刑罰以禁姦邪，使民以力得富，以事致貴，以過受罪，以功致賞，而不念慈惠之賜，此帝王之政也。

韓非從人皆好利且永無止境的倫理道德觀念出發，認為以為使民眾財產富足就可以治理好國家的看法是不現實的，必須使民眾因自己的氣力而得到富裕，因對國家辦事有功而獲得尊貴，因立功而獲得獎賞，也因犯罪而受到懲罰，這才是帝王的治國之道。

(3)利害相反，同利相殘。

《韓非子・內儲說下》云：

> 魏王遺荊王美人，荊王甚悅之。夫人鄭袖知王悅愛之也，亦悅愛之，甚於王，衣服玩好，擇其所欲為之。王曰：「夫人知我愛新人也，其悅愛之甚於寡人，此孝子之所以養親，忠臣之所以事君也。」夫人知王之不以己為妒也，因謂新人曰：「王甚悅愛子，然惡子之鼻，子見王，常掩鼻，則王長幸子。」於是新人從之，每見王，常掩鼻。王謂夫人曰：「新人見寡人常掩鼻，何也？」對曰：「不知也。」王強問之，對曰：「頃嘗言惡聞王臭。」王怒曰：「劓之！」夫人先誡御者曰：「王適有言，必可從命。」御者因揄刀而劓美人。

這是韓非從人皆好利的倫理道德視角，對同利者相殘害以保己利現象的揭示。楚懷王的愛妾鄭袖因懷王又愛上了魏王送來的新美人，從維護己利出發，唆使新美人在王面前掩鼻並告懷王說：新美人討厭嗅到王的氣味，致使新美人受到割鼻酷刑。韓非認為由於人在道德倫理上都是唯利的，所以當兩個人的利益相抵牾時，一方便會不擇手段地殘害另一方，而獲取己利。例如《韓非子·內儲說下》篇還講到：有人為了當晉平公的廚師，便設計陷害以前的廚師，置其死地而代之。有人為了當主管韓昭侯沐浴的官，設法誣陷以前的沐浴官，使昭侯辭之而代替。這些事例表明了韓非認為人類之間的相殘、相害、相殺，是由人的欲利的本性所決定的。

⑷利害相權，取重捨輕。

韓非從人皆欲利的倫理道德出發，認為趨利避害，為人所必然。然而，利害有輕重之分，所以人們就要權衡利害的輕重，決定取捨。當利重害輕時，即使是庸人，也會承受小害而謀大利；當利輕害重時，雖窮途潦倒之人，也會謹慎計較可取與否。韓非在《內儲說上》篇舉了兩個例子，加以說明。一個例子講：楚國南部有個地方產金子，許多人偷偷地去撿金子。於是，國家頒布禁令：偷金者在鬧市執行死刑，並將屍體暴露街頭，分屍示眾的人很多，屍體使水壅不流，然而，偷金者仍然很多。這是因為竊金者不一定會被抓住分屍而死。可見，得金是重利，雖然有喪生之害，但亦有免害的可能，故此，人們懷著僥倖去取巨利。但如果說：「給你天下而把你殺掉」，就是庸人，也不為也。另一個例子說：齊國喜歡奢華地舉行葬禮，布帛全做了死人的衣服和被子，好木料都做了棺材。齊桓公對此事很憂慮，請管仲想辦法加以禁止。管仲想：人的所作所為，不是為名，就是為利。於是下令說：衣衾棺槨超過規定的，斬斷死者的屍體，並責罰主持喪事的人。令一下，厚葬之風被禁止。因為屍體被戮死，無名也；主喪人受罰，無利也。害重無利，人弗為也。

韓非舉這兩個例子的目的，旨在說明作為道德活動主體的人，好利皆其本性，順之則成，逆之則亂。故君主應該利用這點施行治理：應禁止之事，不可予人以方便，而使其於禁中得利；與眾人有利之事，不可禁之，禁之亦必致亂。這就猶如有門而不讓人出入，必招致大亂。這就是韓非所說的「利所禁，禁所利，雖神不行；譽所罪，毀所賞，雖堯不治。夫為門而不使入，委利而不使進，亂之所以產也。」㉚

以上論述表明了，在韓非思想中，人們的道德倫理建築在「利」的基礎之上。這就是說，「利」將社會中各個不同階層、各種不同類型、各行各業不同職業的人，聯結起來，維繫在一起。「利」是人際關係網絡上的扣結。為了「利」，人與人可以結合在一起；為了「利」，人與人也可以相互殘害。趨利避害、取大利受小害，這是道德活動主體的利害價值取向。㉛

第二，社會倫理。

所謂社會倫理，是指人與社會的道德規範和道德原則，即人對社會的責任感、道義感、關懷感、事業感、參與感等的集合。韓非社會倫理思想的主要內容是以是否對國家、對君主有利為評判社會倫理的依據。他認為有利於國、於君的人，當賞之；而無利於國、於君的人，當除之。例如《韓非子・說疑》篇云：

> 昔者有扈氏有失度，讙兜有孤男，三苗有成駒，桀有侯侈，紂有崇侯虎，晉有優施，此六人者，亡國之臣也。言是如非，

---

㉚　《韓非子・外儲說左下》。

㉛　參閱謝雲飛：《韓非子辯析》附錄一，東大圖書公司1980年版。

言非如是，內險以賊，其外小謹，以徵其善，稱道往古，使良事沮；善禪其主，以集精微，亂之以其所好：此夫郎中左右之類者也。往世之主，有得人而身安國存者，有得人而身危國亡者。……

若夫許由、續牙、晉伯陽、秦顛頡、衛僑如、狐不稽、重明、董不識、卞隨、務光、伯夷、叔齊，此十二人者，皆上見利不喜，下臨難不恐，或與之天下而不取，有萃辱之名，則不樂食穀之利。夫見利不喜，上雖厚賞，無以勸之，臨難不恐，上雖嚴刑，無以威之：此之謂不令之民也。此十二人者，或伏死於窟穴，或槁死於草木，或饑餓於山谷，或沉溺於水泉。有民如此，先古聖王皆不能臣，當今之世，將安用之？

若夫關龍逢、王子比干、隨季梁、陳泄冶、楚申胥、吳子胥，此六人者，皆疾爭強諫以勝其君。言聽事行，則如師徒之合；一言而不聽，一事而不行，則陵其主以語，從之以威，雖身死家破，要領不屬，手足異處，不難為也。如此臣者，先古聖王皆不能忍也，當今之時，將安用之？

若夫齊田恒、宋子罕、魯季孫意如、僑如、衛子南勁、鄭太宰欣、楚白公、周單荼、燕子之，此九人者之為其臣也，皆朋黨比周以事其君，隱正道而行私曲，上逼君，下亂治，援外以撓內，親下以謀上，不難為也。如此臣者，唯賢王智主能禁之，若夫昏亂之君，能見之乎？

……

若夫周滑伯、鄭公孫申、陳公孫寧、儀行父、荊芋尹申亥、隨少師、越種干、吳王孫頟、晉陽成泄、齊豎刁、易牙，此十二人者之為其臣也，皆思小利而忘法義，進則揜蔽賢良以陰闇其主，退則撓亂百官而為禍難；皆輔其君，共其欲，苟得一說於主，雖破國殺眾，不難為也。有臣如此，雖當聖主尚恐奪之，而況昏亂之君，其能無失乎？有臣如此者，皆身死國亡，為天下笑。

《韓非子·八說》篇云：

博習辯智如孔、墨，孔、墨不耕耨，則國何得焉？修孝寡欲如曾、史，曾、史不攻戰，則國何利焉？

《韓非子·忠孝》篇云：

世之所為烈士者，離眾獨行，取異於人，為恬淡之學，而理恍惚之言。臣以為恬淡，無用之教也；恍惚，無法之言也。言出於無法，教出於無用者，天下謂之察。臣以為人生必事君養親，事君養親不可以恬淡；人生必言論忠信法術，言論忠信法術不可以恍惚。恍惚之言，恬淡之學，天下之惑術也。

《韓非子·五蠹》篇云：

今境內之民皆言治，藏商、管之法者家有之，而國愈貧，言耕者眾，執耒者寡也。境內皆言兵，藏孫、吳之書者家有之，而兵愈弱，言戰者多，披甲者少也。故明主用其力，不聽其言，賞其功，必禁無用，故民盡死力以從其上。

《韓非子・六反》篇云：

> 畏死遠難，降北之民也，而世尊之曰「貴生之士」。學道立方，離法之民也，而世尊之曰「文學之士」。游居厚養，牟食之民也，而世尊之曰「有能之士」。語曲牟知，詐偽之民也，而世尊之曰「辯智之士」。行劍攻殺，暴憿之民也，而世尊之曰「磏勇之士」。活賊匿姦，當死之民也，而世尊之曰「任譽之士」。此六民者，世之所譽也。赴險殉誠，死節之民也，而世少之曰「失計之民」也。寡聞從令，全法之民也，而世少之曰「樸陋之民」也。力作而食，生利之民也，而世少之曰「寡能之民」也。嘉厚純粹，整穀之民也，而世少之曰「愚戇之民」也。重命畏事，尊上之民也，而世少之曰「怯懾之民」也。挫賊遏姦，明上之民也，而世少之曰「諂讒之民」也。此六民者，世之所毀也。姦偽無益之民六，而世譽之如彼；耕戰有益之民六，而世毀之如此：此之謂「六反」。

據以上各節所載，可知韓非視口是心非、混淆黑白者，隱居之士、高士之流，居傲自恃、強辯之人，朋黨比周、奸私害公之輩，擾亂百官、意欲劫主之臣，統統是無利國之人，均在當除之列。韓非對於孔墨之辨智、曾史之修孝、烈士之恬淡之學與恍惚之言、小民之多言耕言戰而少執耒披甲，皆因不能利益國家、安上治民而受到斥責。韓非認為被社會尊稱為貴生之士、文學之士、有能之士、辯智之士、磏勇之士、任譽之士的六種人，實際是「姦偽無益之民」，而被社會貶低為失計之民、樸陋之民、寡能之民、愚戇之民、怯懾之民、諂讒之民的六種人，實際是「耕戰有益之民」。 韓非的這種價值觀，是以他的社會倫理為出發點和衡量標準。即在人倫道德上是否對國家有大功大利，為價值評判的尺度。例如失度、孤男、成駒、侯侈、崇侯虎、優施六人，言是為非，言非為是，內姦外善，乃亡國之臣，當除之。而許由、續牙、晉伯陽、秦顛頡、衛僑如、狐不稽、重明、董不識、卞隨、務光、伯夷、叔齊十二人，不臣天子，不友諸侯，耕田而食，掘井而飲，無上之名，無君之祿，無畏重誅，不利重賞，不可以罰禁，不可以賞使，於世無用，亦當除之。又如關龍逢、比干、季梁、泄冶、申胥、伍子胥等人，疾爭強諫以勝其君，言聽行事如師徒之勢，使先古聖王不能忍受，於國無利；齊國的田恒、宋國的子罕等人，援外撓內，親下謀上，逼君亂治，實屬害國之奸臣也；而鄭公孫申、越種干、齊豎刁、易牙等人，思小利而忘法義，蔽賢良而欺君主，為破國殺眾之小人。韓非認為這些人都是與君有害、與國無利之人，皆在誅殺之列。至於以文亂法、以武犯禁的儒俠，言出於無法、教出於無用的老莊之學，皆為天下之惑術，更在當禁當罰之列。與此相反，韓非認為那些順從法令、服從命令、善待公事、努力耕戰有益於國家的人，即使淺薄愚昧、蠢笨呆板、膽小怕事，亦沒有什麼不好。因為這樣的臣民，都是忠君守法、耕戰有益之人，即都是與國與君有利之人。

韓非的這種社會倫理思想表明了他把人與國家、人與君主的關係視為一種功利關係。對國家、對君主有利的人，便是符合他的社會倫理標準的人，即守法之人。否則，對國家、對君主無利有害之人，便是不符合他的社會倫理原則的人，即為亂法之人，應當罰之、除之。

第三，經濟倫理。

「經濟」二字，其中「經」為經國，即治理國家；「濟」為濟民，即康濟人民。經濟倫理就是指經邦弘化、康濟人民的活動中的人倫道德及其經濟價值的道德判斷。韓非的經濟倫理思想具有獨特的色彩，其基本內容如下：

⑴以利計巧。

韓非認為工巧之事，僅以其實用價值，即視與人、與國有利與否來計之，而不論其巧藝精細之價值。這就是說，韓非計巧，不以巧為巧，而以利為巧。故此《韓非子・外儲說左上》云：墨子用三年的時間製作了一隻能飛的木頭鷹，但只飛了一天就壞了。他的弟子說：「先生真巧，能使木鷹飛翔。」可是墨子卻說：「我不如製作車軏的人巧啊！用很短的木頭，不費一天時間製作的車軏，能牽引三十石的重量，走很遠的路，力量很大，並且可以用許多年。」惠子聽了以後說：「墨子真聰明，知道做車軏巧，做木頭鷹拙。」又云：宋王與齊國作對，為此，修築練習武藝的武宮。名叫癸的歌手唱歌，行路人停下來聽歌，建築人不感到疲倦。宋王聽說召而賜之。而癸卻說：「我的老師射稽的歌，唱得比我好。」於是召射稽歌，行者不停步，築者很疲倦。宋王問癸：「為什麼說射稽唱得比你好呢?」癸回答說：「大王可檢查一下我們兩人的功效。我唱歌時建築的人只築了四板，射稽唱歌時卻築了八板；再檢查牆的堅固程度，我唱歌時築牆能戳搗進去二寸。」

上述兩個例子明確揭示了韓非把經濟活動的功效或利益視為經濟價值的道德判斷標準。墨子製做的木鷹，十分精巧，從工藝角度看，很有價值，但是，它對人、對社會沒有實際益處。所以，從經濟倫理角度看，因為它沒有任何經濟價值，所以巧為不巧。而普遍工匠製做的車軏，能拉車、能載物，對人、對社會非常有利、有用，因此，從經濟倫理立場出發，其具有重要的經濟價值，可以說它是不巧為巧。同樣，從音樂價值評判，癸的歌比射稽的歌要悅耳得多。但是，以經濟價值審視，射稽的歌要比癸的歌有功效得多。因為癸唱歌時，建築者用心聆聽，不用力幹活，偷工減料；而射稽唱歌時，建築者不分心，一心用力幹活，工程質量又快又好。出發點不同則結論完全相反，這就涉及到了韓非的經濟倫理思想。韓非的道德觀，是以對國家、對君主是否有利益、有用處、有價值為有道德。從這樣的道德觀出發，韓非認為以利為巧、以功效為優美，即關鍵看其是否對國家有實利、有實用。這就是韓非判斷其是否具有經濟價值的道德標準。

⑵「反足民」論。

在對待民生問題上，中國先秦時期的儒、墨、道家，都持比較認同的觀點。如儒家提出對民要做到「富而後教」；墨家以饑、寒、勞為民之「三患」；道家以人民能「甘食」、「美服」、「安居」、「樂俗」為其理想社會。他們都在不同程度上主張滿足人民的物質生活要求。唯獨法家則不同。商鞅認為只有民貧，強力政治才能有所作為。韓非從理論上論證「足民」對國家不利，提出了「反足民」論。

從經濟倫理角度，檢討韓非的「反足民」論，他的邏輯是：韓非根據人皆挾「自為心」和「人性自利」的理論，認為人們的欲望是無止境的，是貪得無厭的。所以，儒、墨、道家的「足民」理論是「不察當世之實事」的書生之論。韓非認為作為社會的人，不可能像老聃那樣「知足」、「知止」，而君者又不能滿足每個人的欲望，故「足民」不可能實現。即使君主能使人們「財貨足用」，可是當人們財貨足用之後，便會產生「奢侈」和「怠惰」兩大害處，而這兩大害處又會使人陷入貧困。可見，「足民」論形成了一種惡性循環。由此，韓非提出了「反足民」論。所謂「反足民」論是以人的

「自為心」為依據，主張將人置於貧困之中，人在「自為心」的趨使下，會努力耕戰，創造財富，於個人、社會和國家都有利益。韓非這一思想，集中反映在《韓非子・六反》篇中：

> 今學者皆道書筴之頌語，不察當世之實事，曰：「上不愛民，賦斂常重，則用不足而下怨上，故天下大亂。」此以為足其財用以加愛焉，雖輕刑罰，可以治也。此言不然矣。凡人之取重罰，固已足之後也；雖財用足而厚愛之，然而輕刑，猶之亂也。夫富家之愛子，財貨足用，財貨足用則輕用，輕用則侈泰。親愛之則不忍，不忍則驕恣。侈泰則家貧，驕恣則行暴。此雖財用足而厚愛，輕刑之患也。凡人之生也，財用足則隳於用力，上治懦則肆於為非。財用足而力作者，神農也；上治懦而行修者，曾、史也，夫民之不及神農、曾、史亦已明矣。

韓非指出，有一種觀點認為君主不愛民眾，民眾會因財貨不足而怨恨君主，所以天下大亂。韓非認為，這是脫離事實的不正確的觀點。統治者靠「得民之心」、「愛民」、「足民」是治理不好國家的，「愛民」、「足民」就像「富家之愛子」一樣，嬌生慣養，使之驕橫放縱、行為暴虐；而貧困人家的子弟，因其財貨不足，反而發憤努力，長大後必有成效和收益。可見，「足民」會因財物足用而導致犯罪受重罰，而「反足民」會因財物不足而忠君守法耕戰，導致國家富強、社會安定。

(3)「反賑濟」論。

韓非在提出「反足民論」的同時，還提出了「反賑濟」論。其內容集中於《韓非子・難二》篇：

> 使桓公發倉囷而賜貧窮，論囹圄而出薄罪，非義也。……且夫發囷倉而賜貧窮者，是賞無功也；論囹圄而出薄罪者，是不誅過也。夫賞無功，則民偷幸而望於上；不誅過，則民不懲而易為非。此亂之本也。

韓非認為賑濟貧困者和釋放輕罪囚徒，是導致國家危亂的兩個主要因素。賑濟貧困者，實際上就是賞賜無功的人，這樣民眾就會懷著僥倖心理，希望從君主那裡獲得意外的賞賜而不努力從事生產勞動。其結果，人們不進行農事，則使國家變得貧窮。因此，韓非堅決反對賑濟貧困者。

韓非之所以提出「反賑濟」論，從經濟倫理角度分析，有以下三個理由。即：

理由之一：韓非認為從倫理學角度來看，人性自利、好逸惡勞、畏難苟安，所以就貧、就窮。「夫民之性，惡勞而樂佚。佚則荒，荒則不治，不治則亂。」㉜這是自然之理。所以，賑濟只能助長人的自利本性，只有反賑濟，才有助於改變人的好逸惡勞本性。

理由之二：韓非認為世上財產豐厚的人，不是由於勤勞就是由於節儉。而和別人條件相似，又沒有遇到荒年、久病、災難、犯罪等災殃，而偏偏貧窮者，不是由於奢侈，就是由於懶惰。例如「今家人之治產也，相忍以饑寒，相強以勞苦，雖犯軍旅之難，饑饉之患，溫衣美食者，必是家也；相憐以衣食，相惠以佚樂，天饑歲荒，嫁妻賣子者，必是家也。」㉝普通人家治理產業，用忍受饑寒相互強

---

㉜　《韓非子・心度》。

制，用吃苦耐勞相互監督，使家產逐漸豐厚，即使遇到饑饉之年，也能溫衣美食。而另一種人家平時用豐衣美食相互憐愛，用安佚享樂相互照顧，可是天饑歲荒之時，則賣妻賣子。可知，奢侈懶惰的人貧窮，勤勞節儉的人富裕，現在君主向富人徵收財物施捨給貧窮的人，這是剝奪勤勞節儉者的東西而給予奢侈懶惰的人。這種假富濟貧的做法，必然使勤者怨而惰者喜，使勤者變惰，惰者更懶，是違反人情的。所以，從經濟倫理角度看，賑濟的做法「是奪力儉而與侈惰也，而欲索民之疾作而節用，不可得也。」㉞

理由之三：韓非認為君主想通過賑濟的方法，以求得民眾努力耕作和省吃儉用，是不可能的，唯一正確的途徑是「主張自食其力」。如韓非在《韓非子・十過》中舉例說：「『寡人（趙襄子）行城郭……遺有奇人者使治城郭之繕。』……居五日而城郭已治，守備已具。」這裡的奇人即指沒有一定職業的餘人。官府將這些餘人組織起來，修繕城郭，僅五日便維修好了。韓非舉此例旨在說明賑濟，即給那些無功的貧窮者，發放囷倉之祿，是不明是非的措施。聰明的君主應該做到「使民以力得富，以事致貴，以過受罪，以功致賞，而不念慈惠之賜，此帝王之政也。」㉟

可知，韓非的經濟倫理思想視坐享其成、好佚惡勞、無功受祿是不道德的，而把自食其力、節儉看作是人應具備的美德，這是韓非倫理思想中的合理因素。

⑷重農輕工商。

韓非的經濟倫理思想還表現在重視農業而輕視商業和手工業。

---

㉝ 《韓非子・六反》。

㉞ 《韓非子・顯學》。

㉟ 《韓非子・六反》。

關於他重農輕工商的言論，主要有：

> 能趨力於地者富，能趨力於敵者強，強不塞者王。
>
> 倉廩之所以實者，耕農之本務也。
>
> 獄訟繁則田荒，田荒則府庫虛，府庫虛則國貧。
>
> 禁游宦之民，而顯耕戰之士。
>
> 富國以農，距敵恃卒。……夫明王治國之政，使其商工游食之民少而名卑，以趣本務而外末作。今世近習之請行，則官爵可買；官爵可買，則商工不卑也矣。奸財貨賈得用於市，則商人不少矣。聚斂倍農而致尊過耕戰之士，則耿介之士寡而商賈之民多矣。……其商工之民，修治苦窳之器，聚弗靡之財，蓄積待時，而侔農夫之利。㊱

上述論述表明了韓非之所以重視農業，是因為發展農業是國家致富的根本因素之一。所以，他視「農」為「本」，並反覆強調「富國以農」，不然，「田荒則府庫虛，府庫虛則國貧」。這一思想說明了韓非以是否對國家有利，作為經濟價值的判斷尺度。這種判斷尺度，也是韓非的所謂道德判斷。因為這個「利」不是對個人有利的小利、私利，而是使國家富強的大利、公利。從這樣一種道德判斷出發，韓非主張提高從事農耕之人的社會地位。他指出：英明君主治理國家的政策，總是使商人和手工業者盡量減少，而且使他們名位卑賤。不然，奸商搜刮所得成倍地超過農民的收入，社會地位又超過農耕之人，那麼農耕之人就會減少，而商人就會增多。由此使農田荒廢，

㊱ 《韓非子・心度》、《韓非子・詭使》、《韓非子・解老》、《韓非子・和氏》、《韓非子・五蠹》。

導致國家貧困。故韓非將商人和手工業者列為敗壞國家的「五蠹」之一。提高農耕之人的社會地位，貶低商人、手工業者的社會地位，反映了韓非的社會公德。即他認為的對國家有用、有利的人，就應受到社會的尊重，反之亦然。從經濟倫理角度看，韓非把人的社會地位根植於他所謂的經濟價值之上，也就是說他認為人倫關係、人倫道德取決於他所謂的經濟價值。而這個價值，就是韓非所謂的是否對國家、對社會有利益。

第四，教育倫理。

這裡的教育倫理指對教育者施行倫理道德教育。韓非從人性自利這一倫理觀出發，認為自利的人性必然導致個人的私利，而妨礙國家的公利。故此，在教育倫理方面，他主張應加強對人的節欲和知足教育。《韓非子・解老》篇說：

> 人有欲，則計會亂；計會亂而有欲甚；有欲甚，則邪心勝；邪心勝，則事徑絕；事徑絕，則禍難生。由是觀之，禍難生於邪心，邪心誘於可欲。可欲之類，進則教良民為姦，退則令善人有禍。姦起，則上侵弱君，禍至，則民人多傷。然則可欲之類，上侵弱君而下傷人民。夫上侵弱君而下傷人民者，大罪也。故曰：「罪莫大於可欲。」是以聖人不引於五色，不淫於聲樂；明君賤玩好而去淫麗。
>
> 人無羽毛，不衣則不犯寒；上不屬天而下不著地，以腸胃為根本，不食則不能活。是以不免於欲利之心。欲利之心不除，其身之憂也。故聖人衣足以犯寒，食足以充虛，則不憂矣。眾人則不然，大為諸侯，小餘千金之資，其欲得之憂不除也。胥靡有免，死罪時活，今不知足者之憂終身不解。故曰：「禍

莫大於不知足。」

故欲利甚則憂，憂則疾生；疾生而智慧衰；智慧衰，則失度量；失度量，則妄舉動；妄舉動，則禍害至；禍害至而疾嬰內；疾嬰內，則痛禍薄外；痛禍薄外，則苦痛雜於腸胃之間；苦痛雜於腸胃之間，則傷人也憯。憯則退而自咎，退而自咎也生於欲利。故曰：「咎莫憯於欲利。」

這裡，韓非在對《老子》的「罪莫大於可欲」、「禍莫大於不知足」、「咎莫憯於欲利」這三句話進行解釋的過程中，闡明了他對於欲望、自利的看法。他認為「可欲」、「不知足」、「欲利」，對於人來說，是最大的敵人和障礙。因為假如人犯了輕罪可以赦免，犯了死罪也可能得活，但不知足者為了利益的愁苦，卻終生不能解脫。更何況欲望、欲利這類東西，可以使好人為奸，使善人遭殃；奸人多則必然削弱君主勢力，使國家受害。所以，韓非認為要讓人人懂得這個道理，就必須進行節欲、知足的道德教育，做一個有道德的人。這就是韓非所說的「聖人不引於五色，不淫於聲樂；明君賤玩好而去淫麗」。對此，韓非反對像「慈母之於溺子」那樣的愛的教育，而主張施行「以法為教，以吏為師」的剛性教育。

「利」是韓非倫理哲學的重要範疇，韓非的倫理觀是唯利的倫理觀。但是，韓非倫理哲學中的「利」，具有一個重要的特點，即他把「利」區分為大利、公利和小利、私利之別。大利、公利指國家、君主之利，小利、私利指個人之利。韓非主張興國家、君主的大利、公利，認為這種利是具有價值的功利；而指責個人的小利、私利，認為這種利於國家和君主有害。但與此同時，韓非又把他的法治思想根植於這種個人的小利、私利之上。如他說：「凡治天下，必因人情。人情者，有好惡，故賞罰可用；賞罰可用，則禁令可立而治道具矣。」「好利惡害，夫人之所有也。賞厚而信，人輕敵矣；刑重而必，人不北矣。長行徇上，數百不一人；喜利畏罪，人莫不然。」[37]韓非指出，君主必須依據人情治理國家。人情就是好利惡害，因此賞賜和刑罰就可以使用，法令就可以建立起來，從而治理國家的辦法就完備了。賞賜多而守信用，人們就不怕敵人，敢戰；刑罰重而一定實行，人們就不敢觸犯法令。因為喜好利而厭惡害，是人之本性。韓非正是看到了趨利避害是人之本性這一點，將他的賞罰之法，紮根於人民好利之心。可見，「利」是韓非法治思想的重要根據之一。之所以這樣講，還有一個理由可以證明「利」是韓非法治思想的根據之一。即在韓非思想中，「利」有大小、公私之別，如何使個人小利、私利統一於國家、君主的大利、公利之中？韓非認為只有通過「法」，才可以將二者統合起來。王邦雄教授在《韓非子的哲學》中也表達了同樣的觀點。他說：「這一君國的公利，在人人自利之下，又如何有其實現的可能？各人之社會角色不同，立場亦相異，若人人自為，各圖己利，無可避免的必導致彼此間利害的尖銳對立。且民智如嬰兒，不知犯小苦而致長利，順乎各人的自為之性，豈非陷國家於混亂之局？故惟有透過君主之政治權力，將這一人人異利的衝突，加以消除，並統合國家公利之中。然後才能匯歸眾流，結合為一，朝著群體的公利，君臣上下共有的價值目標前進。這一價值目標，就在國之治強，與代表一國公利之君勢的固立。韓非重國輕民的國家至上主義，與崇上抑下的尊君思想，即基於此一價值觀而來。蓋內在人性既極端自私，實不可能成為價值的根源；而外在功利的價值，在人人異利之對立下，也不可能落在

[37] 《韓非子・八經》、《韓非子・難二》。

個人身上付諸實現。這一價值的根源，應該是超乎個人私心而統合君臣異利的『法』。」[38]可見，在韓非思想中，他倫理觀的「利」成為他法治學說的一個重要理論根據。

---

[38] 王邦雄：《韓非子的哲學》，頁122。

# 第四章　變論——韓非的歷史哲學

## 第一節　變與常

歷史哲學是對歷史是什麼，即歷史本體的探討；也是對歷史為什麼是這樣，即歷史發展根源的追究。關於這一問題，先秦思想家們圍繞著「因變」和「常勢」形成了兩種相對立的觀點。於是，「變」與「常」這對範疇成為反映先秦思想家歷史哲學的基本範疇。

「變」，本意是變更。《說文》：「變，更也。」變更就是改變、易常，《詩・七月》孔穎達疏：「變者，改常之名。」因此，「變」是指對「常」的更新、改易。

「常」，本意是下身的裙子。《說文》：「常，下帬也。」帬，裙的本字。段玉裁注：「引申為經常。」《玉篇》：「常，恒也。」《正韻》：「久也。」有恒常、經常、不變的意思。

「變」與「常」，作為一對哲學範疇，具有以下四方面涵義：

其一，常與變，是指事物的常住性和變動性。常住性（常）是一事物之所以區別於其他事物的內部所固有的規定性，沒有常住的規定性，此事物就不能成此事物，他事物亦不能成他事物。當然，事物的常住性亦是隨著自然、社會的發展而變化的，因此，要批判守常的、僵死的、凝固的觀點。變動性（變）是指一事物轉變為他事物，即事物是處在動態之中。事物的運動、變化、發展的活力，是通過量和質這兩種固有規定性的變化表現出來的。

其二，常與變，是指事物動態中的必然性和偶然性。必然性（常）是事物在聯繫和變化中合乎規律性的趨勢，是在一定條件下確定不移或不可避免的。列星隨旋，日月遞炤，都是事物所表現的一種必然聯繫，而不純是偶然的現象。這種聯繫便是「天行有常」，即必然性或規律性。偶然性（變）是指事物發展變化過程中呈現出來的某種變異或偏離，是可以這樣出現，也可以那樣出現的異常的情況。星墜木鳴，怪星爣見，便具有偶然性。事物的發展變化總是既包含著必然性，又包含著偶然性。

其三，常與變，是指事物發展變化的一般性和特殊性。一般性或普遍性（常）是事物在相互聯繫、相互矛盾中發展變化，任何事物都不例外，並貫穿事物的始終，沒有不發展變化的事物，亦沒有不通貫過程始終的發展變化。特殊性（變）是指事物發展變化的形式、進程、結果是多樣的、各不相同的。

其四，常與變，是指社會的守常和改革。守常是指社會、倫常的不變性，「天亦不變，道亦不變」，「祖宗之法不可變」。改革是指社會的發展變化，並適應這種發展變化而進行社會的變法，即「祖宗不足法」。

變與常的這四種意義，貫徹自然和社會之中。例如：

殷周時期，人們對於日月盈昃，四時更迭，風雨雷電，寒暑消長的認識和把握，便蘊含著變與常的觀念。在具有原始整體化形式而孕育著各種思想胚胎的《周易》中，便有「變」的思想萌芽。《周易》作者以《易》命名，其中含有變易之義。從形式上看，六十四卦任何一卦，只要變動其中一爻，便由此卦變為彼卦。因此，「變」的觀念是《周易》的中心課題。「履霜，堅冰至」，秋霜與堅冰從時間順序上構成了一種聯繫，從履霜轉化為堅冰，中間有一個變化發展的過程。這個過程，便是對於對待雙方相互轉化思想的猜測。「坎不盈，祇既平。」❶「無平不陂，無往不復。」❷坎與盈、祇與平、平與陂、往與復，都可向其對待方面轉化。而這一轉化過程就是變易過程。

在《尚書》和《詩經》中，常與變的觀念也有所反映。《尚書・高宗肜日》中說：「惟天監下民，典厥義。降年有永有不永。非民夭民，民中絕命。」上帝監視下民，主其善道。上帝降命有永久，有不永久。永久是常，不永久是變。常變的標準是，政事修與不修，德行正與不正。周統治者宣稱自己是遵照天命，取商而代之。既然天改變了原來授命於殷的旨意，便見天命是靡常的。「上帝既命，侯於周服；侯服於周，天命靡常。」❸靡常即無常，是對常的否定。若天永命而不靡常，周就不能代商而有天下。為了取得天下，周統治者主張變易。可是當周人取得政權後，為長治久安，又提出「祈天永命」，即又主張常。可見，變與常和社會的政治變革開始聯繫在一起。

春秋戰國時期，「社稷無常奉，君臣無常位」，社會處在急劇變化之中。新的要突破舊的，要變，要改革；舊的要拖住新的，要常，要反對變革。❹可見，變與常和先秦激烈的變法與反變法的政治鬥

---

❶ 《周易・坎》九五爻辭。

❷ 《周易・泰》九三爻辭。

❸ 《詩經・大雅・文王》。

❹ 參閱張立文：《中國哲學範疇發展史》（天道篇），中國人民大學出版

爭緊密地交織在一起。

先秦時期出現的變法與反變法政治鬥爭的哲學意義主要表現在對歷史發展根源的探究這一歷史哲學方面。就這一歷史哲學問題，形成了兩種基本觀點，即儒家主張的守常觀和法家主張的因變觀。

關於守常的歷史觀，孔子曾說過：「殷因於夏禮，所損益，可知也；周因於殷禮，所損益，可知也。」❺孔子的意思是說，因為殷朝沿襲夏朝的禮儀制度，而周朝又沿襲殷朝的禮儀制度，所以，其中所廢除、所增加的，都是可以預先知道的。而孟子則明確地主張法古、守常。他說：「《詩》云：『不愆不忘，率由舊章。』遵先王之法而過者，未之有也。」❻「率由舊章」就是守常的意思。

關於因變的歷史觀，法家代表商鞅說過這樣的話：

> 天地設而民生之。當此之時也，民知其母，不知其父。其道親親而愛私。親親則別，愛私則險，民眾而以別險為務則民亂。當此時也，民務勝而力征。務勝則爭，力征則訟，訟而無正，則莫得其性也。故賢者立中正而民說仁。當此時也，親親廢而尚賢立矣。凡仁者以愛利為務，而賢者以相出為道。民眾而無制，久而相出為道，則有亂。故聖人承之，作為土地貨財男女之分。分定而無制，不可，故立禁。禁立而莫之司，不可，故立官。官設而莫之一，不可，故立君。既立君，則上賢廢而貴貴立矣。然則上世親親而愛私，中世上賢而說仁，下世貴貴而尊官。上賢者，以贏相出也；而立君者使賢

社1988年版，頁117、118。

❺ 《論語・為政》。

❻ 《孟子・離婁上》。

> 無用也。親親者，以私為道也；而中正者，使私無行也。此三者非事相反也，民道弊而所重易也，世事變而行道異也。❼

這裡，商鞅把歷史分為「上世」、「中世」、「下世」，三世蟬聯而來，世世境況不同。「上世」指以女性為中心的原始社會的母系氏族階段。商鞅認為那時是「民知其母不知其父，其道親親而愛私」。上世演變的結果是進入到了原始社會的父系氏族階段，即「中世上賢而說仁」。所謂「上賢」的「賢」是指部落氏族首領。他認為「上賢者，以道相出也」。說明此時還沒有強制手段，是用道德觀念的「仁」來維持社會秩序的。但由於利益的爭奪，使社會秩序越來越混亂，於是出現了下世的聖人。「中世」也隨之演變為「下世」。下世景況與上世和中世大不一樣，此時出現了個體小家庭，土地和財貨都成為私有，官吏、法令、國家君主也都出現了。商鞅通過「上世」、「中世」、「下世」三世的演變，描繪出了他的社會發展變異的歷史觀。

商鞅的這一歷史觀，還表現在他與甘龍、杜摯關於「變」與「常」的辯論中。據《商君書・更法》篇記載：公元前365年（秦孝公六年），為秦孝公推行變法作準備，商鞅與反對變法的代表甘龍和杜摯展開了一場激烈的辯論。所辯論的內容，是「慮世事之變，討正法之本，求使民之道」。「慮世事之變」，就是說，要考慮當時大轉變時期形勢的變化。當時的東方各諸侯國都已先後進入封建制，秦國落後了，國家衰弱了，在這個新的形勢下秦國怎麼辦？秦國應該採取些什麼措施？怎麼樣改革政治上、社會上的制度？怎樣統治老百姓？這是商鞅變法的三個方面。他要從這三個方面決定應該朝

---

❼　《商君書・開塞》。

什麼方面走。當時的形勢變了，客觀的形勢決定方向的選擇。

秦孝公首先表示了他的決心，說：「今吾欲變法以治，更禮以教百姓，恐天下議我也。」就是說，他變法的意願已經決定了，但需要一番辯論，以對付那些反對的人。

商鞅回答說：「臣聞之，疑行無成，疑事無功。君亟定變法之慮，殆無顧天下之議也。且夫有高人之行者，固見負於世。有獨知之慮者，必見鶩於民。語曰：『愚者闇於成事，智者見於未萌。民不可與慮始，而可與樂成。』郭偃之法曰：『論至德者不和於俗，成大功者不謀於眾。』法者所以愛民也，禮者所以便事也。是以聖人苟可以強國，不法其故；苟可以利民，不循其禮。」意思是說，孝公既然已經決定變法，那就不必顧慮守舊者的反對和誹謗。凡是創新的事情，開始總是有人反對的。一般的人對於創新的事物，開始總是不習慣，但是等到後來有成績的時候，他們就高興了。商鞅由此得出結論說：法和禮都是適應形勢的需要和老百姓的願望，如果能夠強國，合乎老百姓的利益，法和禮都是可以變的。

上述商鞅的這段話，是他提出的變法改革的總綱。它既代表了一個政治方向問題，也代表了一種歷史觀。這種歷史觀的要點是向前看，不向後看；要創新，不要守舊；要有所創造，有所作為，不要停止不前，更不要倒退。守舊者的代表甘龍說：「聖人不易民而教，知者不變法而治。因民而教者，不勞而功成。據法而治者，吏習而民安。今若變法，不循秦國之故，更禮以教民，臣恐天下之議君，願孰（熟）察之。」其意思是說：照著舊習慣、舊辦法辦事，最容易為官吏和老百姓接受，所以最為方便。甘龍的這個論點，為墨守陳規的保守觀點作辯護，同時也是一種歷史觀的表現。這種歷史觀表現為因循守常，苟安戀舊。

對此，商鞅反駁說：「子之所言，世俗之言也。夫常人安於故習，學者溺於所聞。此兩者，所以居官而守法，非所與論於法之外也。三代不同禮而王，五霸不同法而霸。故知者作法，而愚者制焉；賢者更禮，而不肖者拘焉。拘禮之人不足與言事，制法之人不足與論變。君無疑矣。」意思是說，有兩種人，一種是立於法之外而制法的；一種是為法所制，拘於法之內而守法的。前者是智者，後者是愚者。智者是變禮的人，愚者是被禮所拘的人。

代表守舊的另一個人杜摯又說：「臣聞之：『利不百，不變法；功不十，不易器。』臣聞法古無過，循禮無邪。君其圖之!」這是反對變法的另一種說法。意思是說，變法可能有利，但是變法的利究竟有多大，還是一個問題。新法的利益如果不比舊法的利益大一百倍，就不變法；如果一個新工具的效率不比舊工具的效率多十倍，就不換工具。向來都是這樣說的。可見，以古為法是不會錯的，照著周禮辦事是不會走到邪路上去的。

對此，商鞅駁斥說：「前世不同教，何古之法？帝王不相復，何禮之循？伏羲、神農，教而不誅。黃帝、堯、舜，誅而不怒。及至文、武，各當時而立法，因事而制禮。禮、法以時而定。制令各順其宜。兵甲器備，各便其用。臣故曰：治世不一道，便國不必法古。湯、武之王也，不循古而興。殷、夏之滅也，不易禮而亡。然則反古者未必可非，循禮者不足多是也。君無疑矣。」 這是說，所謂古是一個籠統的名詞，古也有不同的時代。在不同的時代中，有不同的文化，有不同的制度。要說「法古」、「循禮」究竟以哪個時代為法呢？古代的帝王，像伏羲、神農、黃帝、堯、舜以及周朝的文王、武王，都各自照著他們時代的需要，而立他們自己的法，為事情的方便而制定他們自己的禮。禮和法都是隨著時代的需要而變的，命令各有其自己要解決的問題。解決一個時代的問題，不止一條路，只要與國家有利就可以了，不一定要法古。湯、武並沒有照著古代的陳規辦事，但他們還是興起。他們的後人並沒有變禮，但他們還是滅亡。所以，反古不一定就錯，循禮也不一定就對。❽

商鞅的這種因變的歷史哲學對韓非有一定的影響作用。韓非也主張因變、變異、變古。例如「宋人守株待兔」、「鄭人買履取度」、「嬰兒塵塗為戲」三則寓言，清楚地表明了韓非關於「變」與「常」的觀點。

《韓非子・五蠹》篇說：

> 宋人有耕田者，田中有株，兔走觸株，折頸而死，因釋其耒而守株，冀復得兔，兔不可復得，而身為宋國笑。今欲以先王之政，治當世之民，皆守株之類也。

這是講一個農夫偶爾得到了一隻觸樹而亡的兔子。農夫因此守常不變，每日守樹等待兔子，以為還會得到觸樹而亡的兔子，但一直未遂願。農夫的這種因循不變的守常行為，成為世人笑柄。韓非以此寓言告誡人們：如果現在還有人想用先王的政治來治理當代的民眾，那就像守株待兔的農夫一樣的可笑。

《韓非子・外儲說左上》篇說：

> 鄭人有且置履者，先自度其足而置之其坐，至之市而忘操之。已得履，乃曰：「吾忘持度。」反歸取之。及反，市罷，遂不得履。人曰：「何不試之以足?」曰：「寧信度，無自信也。」

❽ 參閱馮友蘭：《中國哲學史新編》（二冊），頁5–8。

鄭國有一人想買鞋，量了自己腳的尺寸卻忘帶量度，便去集市。到了鞋店才發現量度未帶，急忙回家去取，趕到鞋店時已關店了。別人問他：「為什麼不用腳試試?」鄭人回答說：「我寧可相信尺度，而不相信自己的腳。」韓非藉這個寓言想說明：那些因襲不變、一味則古稱先的人就好比是這位鄭人，不相信現實社會的一切，而只盲目信仰古人先王。

《韓非子・外儲說左上》篇還說：

> 夫嬰兒相與戲也，以塵為飯，以塗為羹，以木為胾，然至日晚必歸饟者，塵飯塗羹可以戲而不可食也。夫稱上古之傳頌，辯而不愨，道先王仁義而不能正國者，此亦可以戲而不可以為治也。夫慕仁義而弱亂者，三晉也；不慕而治強者，秦也，然而未帝者，治未畢也。

兒童做遊戲時，把土當成飯、把稀泥當成濃汁、把木塊當成肉。然而到晚上，必回家去吃飯。土和木塊只可以做遊戲玩而不可以信以為真。以此類推，稱說上古傳頌的東西，動聽而不真實，稱道先王的仁義但不能使國家走上正路，這些也就是只可以用來做遊戲而不可以用來治理國家。因追求仁義而使國家衰弱混亂的，是韓、趙、魏三國；不追求仁義而把國家治理強盛的，是秦國。然而秦國還沒有稱帝，是因為治理還不完善。韓非通過這個寓言要告訴世人：上古先王的東西，對現在的人們來說，如同兒童手中的玩具，只可玩不可用。因此，必須變更之，才能使之為現實社會所利用。

通過上述三則寓言，可以看到，韓非反對因循守舊之「常」，而主張破舊更新之「變」。他認為守常之「常」，只有通過改造、變異、革新，才能成為因變之「變」。這種「變」，方可以治國、理民、利民，成為歷史演變的根源之一。

對於韓非這種主變的歷史哲學，學術界有一種觀點，認為韓非在很大程度上受了其師荀子「法後王」思想的影響。其實，這種觀點是對荀子「法後王」思想的一種誤解。關於這一點，馮友蘭先生做過詳細的論述。他說：

> 在一個時期內，有人認為，孟軻主張「法先王」，荀況主張「法後王」，這是二人之間的一個主要的不同。這個說法是不對的。
>
> 荀況對於齊國和秦國的霸業的評價，可以幫助我們理解他所講的「法後王」的意義。如果說，他所說的「後王」就是春秋戰國以來代表地主階級利益的統治者，那麼齊桓、管仲和當時秦國統治者應該就是最可以為法的了。可是，荀子也明確地表示他們好是好，但還不足為法。而且，在《荀子》書中，講「法後王」有幾處，講「法先王」的地方也不少。在他評論鄧析、惠施的時候，明確地指責說，他們「不法先王」，如果不法先王是錯誤的，如果「後王」指的就是春秋戰國以來的霸主，那麼，法後王豈不就是不法先王嗎？
>
> 荀況說：「王者之制，道不過三代，法不貳後王，道過三代謂之蕩，法貳後王謂之不雅。衣服有制，宮室有度，人徒有數，喪祭械用皆有等宜。聲則凡非雅聲者舉廢。色則凡非舊文者舉息。械用則凡非舊器者舉毀。夫是之謂復古，是王者之制也。」如果說他所講的「後王」就是春秋戰國以來的霸主，為什麼又說「復古」，這豈不是在一段話之內自相矛盾嗎？

荀況說：「故曰欲觀聖王之跡，則於其粲然者矣，後王是也。彼後王者，天下之君也，捨後王而道上古，譬之是猶舍己之君而事人之君也。故曰：欲觀千歲，則數今日；欲知億萬，則審一二；欲知上世，則審周道；欲知周道，則審其人，所貴君子。」在這裡，荀況明確地說明，他所說的「後王」指的就是周朝的文王、武王。「欲知上世，則審周道」，「周道」就是周文、武之道。周道是就上世而言，不可能有別的解釋。「後王」指的是三代之王中最後之王。那就是周文王、周武王。

在同一篇中，荀況說：「五帝之外無傳人，非無賢人也，久故也。五帝之中無傳政，非無善政也，久故也。禹湯有傳政而不若周之察也，非無善政也，久故也。傳者久則愈略，近則愈詳，略則舉大，詳則舉小。愚者聞其略而不知其詳，聞其詳而不知其大也。是以文久而滅，節之矣久而絕。」這一段話就是荀況在《王制》篇中所說的「道不過三代，法不貳後王」的解釋。

總的說起來，荀況所說的「先王」和「後王」都是指周文、武。荀況在有些地方稱他們為「先王」，因為他們距離戰國時代有七八百年之久。在有些地方稱他們為「後王」，因為他們是三代之王中的最後之王。所以，荀況所說的「先王」和「後王」稱呼不同，但都是指周文、武。

所以荀況批判孟軻，並不是說他法先王而不法後王，而是說他「略法先王而不知其統」。意思就是說，孟軻僅知法先王的枝葉皮毛而不知先王的精神，不知先王的根本意思。荀況和孟軻的對立，並不在於「法先王」或「法後王」這兩個名詞

上。他們的意思都是說要法周文、武，都是要法周道。❾

對此，王邦雄教授也有相似的論述。他說：「荀子法後王之說，並不是為了先王之法，因時而有，不適於今；而是基於先王之政，文久而滅，已不可考，無以知其詳，得其統。荀子反對『古今異情，其所以治亂者異道』之說，以為此乃妄人之見，而以為『古今一也』，『雖久同理』，韓非上承乃師之說，而反其道而行，由相同的論證出發，卻獲致相反的結論，失之遠矣。在這一方面韓非實近於商君而遠離荀子。」❿

在「變」與「常」問題上，韓非承襲商鞅思想，主「變」而破「常」。這種常變觀成為先秦法家歷史哲學的出發點，也是他們變法主張的理論根據之一。

## 第二節　變古的歷史哲學

筆者之所以將韓非的歷史哲學定位於「變古」，其意圖旨在表明，在歷史觀上，韓非並非「疑古」、「反古」，他只是認為隨著歷史的發展、時代的變遷，不應以古為法、以古為常，而應隨著事物和時態的變化而變易、更化古代的規章制度，以適應現時代社會的需求。至於這種歷史觀，在性質上屬於進化論，還是屬於演化論，⓫筆者無意於作更多理論的分析，只是客觀地將韓非歷史哲學的內容

---

❾ 馮友蘭：《中國哲學史新編》(二冊)，頁364–366。

❿ 王邦雄：《韓非子的哲學》，頁142。

⓫ 參閱王邦雄：《韓非子的哲學》，頁141。王邦雄先生認為韓非的歷史觀只能是演化，而不是像有人說的是進化論。

和原則進行概述和歸納。

韓非變古的歷史哲學的內容，可概括為以下三點。

## ㈠變古論

韓非主張變古的歷史觀，最明顯地反映在《韓非子・五蠹》篇中。他說：

> 上古之世，人民少而禽獸眾，人民不勝禽獸蟲蛇。有聖人作，構木為巢以避群害，而民悅之，使王天下，號之曰有巢氏。民食果蓏蚌蛤，腥臊惡臭而傷害腹胃，民多疾病。有聖人作，鑽燧取火以化腥臊，而民悅之，使王天下，號之曰燧人氏。中古之世，天下大水，而鯀、禹決瀆。近古之世，桀、紂暴亂，而湯、武征伐。今有構木鑽燧於夏后氏之世者，必為鯀、禹笑矣；有決瀆於殷、周之世者，必為湯、武笑矣。然則今有美堯、舜、禹、湯、武之道於當今之世者，必為新聖笑矣。是以聖人不期修古，不法常可。

上古之世，相當於原始社會的原始群居時期。那時，人少禽獸多，人類不能戰勝禽獸。有聖人出，發明了用樹枝搭成像鳥窩一樣的住宅，人民很高興，讓他統治天下，稱之為「有巢氏」。那時，人吃生的植物和蛤蜊，又腥又臭傷害腸胃。有聖人出，發明了鑽木取火的方法，使人類可以吃上熟食，人民很高興，讓他統治天下，稱之為「燧人氏」。中古之世，相當於原始社會的氏族公社時期。那時大水泛濫，鯀、禹父子治水有功。近古之世，相當於奴隸社會。夏桀、商紂王施行暴政，被商湯王、周武王推翻。如果夏朝還有人構木、鑽燧，必定會被鯀和禹父子所嘲笑；如果殷周之時，還有人像鯀禹一樣決瀆，必定會被湯王、武王所嘲笑；如果現在，有人企圖用堯、舜、禹、湯、武這些原始社會末期傑出首領的方法，治理當今之世的話，必定會受到新聖的嘲笑。所以，當今的新聖人不羨慕遠古，也不效法陳規。

韓非將歷史劃分為上古、中古、近古、現今四個階段。並指出，上古之世，有巢氏和燧人氏不法古，設計了鳥巢供人居住，發明了鑽木取火法以改人吃生食的陋習。中古之世，鯀禹父子不法古，敢於更新，以決瀆法治理大水，大獲成功。近古之世，商湯王、周武王亦不法古，而對夏桀、商紂的暴亂，敢於征伐，最終取勝。韓非認為，有巢氏、燧人氏、鯀禹父子、商湯王、周武王之所以能取得功績，就是因為他們不法古，敢於變古的結果。反之，如果不變古，一味地擬古、法古，那麼就不會有有巢氏和燧人氏出現，人類也將永遠像野獸一樣，住在野外荒郊，吃生食野果；如果不變古，因古守舊，那麼鯀禹父子也就不能治水成功；如果不變古，以古為法，以古為常，那麼商湯就不敢征伐夏桀，周武就不敢征伐商紂，歷史也就不會發生演變、發展。韓非以此類推，尖銳地指出，現今之世，如果有人法堯、舜、禹、湯、武之道，那麼必定會受到世人的嘲笑，一事無成。所以，有作為的人，不以古為法，不以古為常，而是敢於破古之常規，勇於改古之陋習。

可見，法古、擬古、守古，歷史將不會演變、發展，而變古、更古、破古，即創新、變異，將成為歷史發展、演變的重要根源之一。這是韓非變古論的基本內容。

至於為什麼不應該法古，韓非指出：

孔、墨之後，儒分為八，墨離為三，取捨相反不同，而皆自謂真孔、墨，孔、墨不可復生，將誰使定世之學乎？孔子、墨子俱道堯、舜，而取捨不同，皆自謂真堯、舜，堯、舜不復生，將誰使定儒、墨之誠乎？殷、周七百餘歲，虞、夏二千餘歲，而不能定儒、墨之真；今乃欲審堯、舜之道於三千歲之前，意者其不可必乎！無參驗而必之者，愚也；弗能必而據之者，誣也。故明據先王，必定堯、舜者，非愚則誣也。愚誣之學，雜反之行，明主弗受也。⓬

孔子和墨子死後，儒學分為八派，墨學分為三派，對孔、墨學說的取捨相互矛盾，各不相同，卻都說自己是得了孔墨真傳，孔丘、墨翟不能復活，叫誰來判斷這些學派的真偽呢？孔、墨都講堯、舜，他們對堯、舜的取捨相互矛盾，但都稱自己是真堯、舜，而堯、舜不能復活，誰能判定孔、墨那個是真實的呢？殷、周距現在七百多年，虞、夏距現在兩千多年，尚且不能斷定儒家所說的周道和墨家所說的夏道的真實性，而要弄清三千多年前的堯、舜之道，就更不可能了。不用事實加以檢驗就對事物作出判斷，那是愚蠢；不能斷定正確與否，就引為根據，那是欺騙。所以，那種公開宣稱依據先王之道，武斷地肯定堯、舜的一切的觀點，不是愚蠢就是欺騙。因此，先王之法不可循，先王之道不可行。

## ㈡人口論

關於歷史變動、演變的根源問題，韓非在他的論述中本能地觸及到了這一問題。「人口論」便是韓非從經濟學角度，對歷史變動

⓬　《韓非子・顯學》。

根源問題的一種探究。

誠如馮友蘭先生所云：「韓非認為決定歷史變動的主要因素是人口的增長。」⑬關於這一點，韓非在《韓非子・五蠹》篇中有明確的論述。他說：

> 古者丈夫不耕，草木之實足食也；婦人不織，禽獸之皮足衣也。不事力而養足，人民少而財有餘，故民不爭。是以厚賞不行，重罰不用，而民自治。今人有五子不為多，子又有五子，大父未死而有二十五孫。是以人民眾而貨財寡，事力勞而供養薄，故民爭，雖倍賞累罰而不免於亂。

在這裡，韓非接觸到了一個真理，即他試圖用物質生活方面的原因也就是經濟原因去解釋社會治亂、歷史變動的根源。當然，韓非關於古代社會的生產情況的論述，有些與事實不符，但他畢竟尖銳地洞察到了由於人口增長速度快於社會物質財富的增長速度，因此會導致人與人之間為了爭奪經濟利益的鬥爭和矛盾。而這一鬥爭和矛盾是引發社會動亂和歷史變化的根本原因之一。

韓非從「人口論」觀點闡釋歷史變動的根源，雖然他的觀點不甚科學，論述不甚準確，但這一思想的深刻性卻受到當今許多學者的重視。如：

馮友蘭先生將韓非的歷史觀定位於「人口論的歷史觀」。⑭

張純、王曉波先生在引用上述引文後，評價說：韓非的這段話誠然有商榷之餘地，不能概括地說明歷史之演化，但是，他卻以經

---

⑬ 馮友蘭：《中國哲學史新編》(第二冊)，頁415。

⑭ 參閱馮友蘭：《中國哲學史新編》(第二冊)，第二十三章第一節。

濟的因素來解釋了荀子所說的「爭奪」，因此「爭奪」不是天生之人性，而是被經濟因素所決定的。此亦韓非之不同於荀子的性惡論。再者，他先馬爾薩斯(T. R. Malthus, 1766–1834)二千多年提出人口之增加為幾何級數，且為造成經濟困乏之因素。⑮

汝信先生在《韓非評傳》中，對韓非的這一觀點，有如下說：在韓非看來，古今社會的變化決定於人口和財貨的比例關係，人口再生產的速度，高於生活資料再生產的速度，人口多，財富少，這是造成社會爭亂的根源。無論在中國或世界思想史上，明確地提出人口繁殖速度超過生活資料增長速度以致引起社會問題的，恐怕還是以韓非為最早。韓非以前的先秦思想家們談到人口問題時，一般都著眼於如何增加人口，沒有考慮過人口過多的問題。韓非看到了人口問題的另一方面，這可能和韓國當時人多地少的具體情況有關。當然，他的這種人口論的觀點還很幼稚粗淺。他所說的古代人口少、物質財富充裕的情況，並不符合歷史的事實。他所假定的人口繁殖速度（數十年內可能增加許多倍），也毫無科學的根據。但是，他試圖用物質生活的原因去解釋社會治亂，這應該說是一種樸素的唯物主義觀點。⑯

## ㈢務力論

關於歷史變動的根源問題，韓非一方面指出這是由於人口增長速度過快而導致社會財富相對減少所致；另一方面他又認為這是人類互相爭奪財富、爭奪利益的結果。為此，韓非總結出了他所謂的社會歷史變動規律。這就是：

⑮ 張純、王曉波：《韓非思想的歷史研究》，頁93。

⑯ 《中國古代著名哲學家評傳》，齊魯出版社1980年版，頁30。

上古競於道德，中世謀於智慧，當今爭於氣力。

古人亟於德，中世逐於智，當今爭於力。……⑰

韓非認為歷史的發展已經歷了上古時代、中世時代和當今時代。由於社會情況不同，治理社會的措施也各異。例如上古時代，韓非認為那時民風淳厚，實行的是揖讓制；中世之時，以才智為主，智者治世；而當今社會由於人口多、財富寡，引起人與人、國與國之間的爭奪。在激烈的競爭過程中，只有民富兵強者，即注重生活資料生產者才能取勝。這就是「爭於力」。所以，韓非在《韓非子・顯學》篇中提醒君主說：「是故，力多則人朝，力寡則朝於人，故明君務力。」

韓非在《韓非子》一書中例舉了許多史實，以闡明「當今爭於氣力」的觀點。其中著名的例子有：

《韓非子・五蠹》篇云：

齊將攻魯，魯使子貢說之。齊人曰：「子言非不辯也，吾所欲者土地也。非斯言所謂也。」遂舉兵伐魯，去門十里以為界。故偃王仁義而徐亡，子貢辯智而魯削。以是言之，夫仁義辯智，非所以持國也。去偃王之仁，息子貢之智，循徐、魯之力使敵萬乘，則齊、荊之欲不得行於二國矣。

意思是說，齊國將攻打魯國，魯國派子貢遊說齊國。齊人說：「你說得很動聽，但我們想要的是土地，不是你所說的那些。」於是，舉兵攻魯，將齊、魯之間的國界劃到距魯國都城十里之處。所以，

---

⑰ 《韓非子・五蠹》、《韓非子・八說》。

徐偃王興仁義而使徐國滅亡，子貢辯智而使魯國土地削小。因此，仁義、辯智是不能保全國家的。去掉偃王的仁義、子貢的辯智，努力增強徐國、魯國的國力，那麼，齊國、荊國的欲望就不能得逞了。

《韓非子・十過》篇云：

> 奚謂內不量力？昔者秦之攻宜陽，韓氏急。公仲朋謂韓君曰：「與國不可恃也，豈如因張儀為和於秦哉！因賂以名都而南與伐楚，是患解於秦而害交於楚也。」公曰：「善。」乃警公仲之行，將西和秦。楚王聞之，懼，召陳軫而告之曰：「韓朋將西和秦，今將奈何？」陳軫曰：「秦得韓之都一，驅其練甲，秦、韓為一以南鄉楚，此秦王之所以廟祠而求也，其為楚害必矣。王其趣發信臣，多其車、重其幣以奉韓，曰：『不穀之國雖小，卒已悉起，願大國之信意於秦也。因願大國令使者入境視楚之起卒也。』」韓使人之楚，楚王因發車騎陳之下路，謂韓使者曰：「報韓君，言弊邑之兵將入境矣。」使者還報韓君，韓君大悅，止公仲。公仲曰：「不可。夫以實告我者，秦也；以名救我者，楚也。聽楚之虛言而輕強秦之實禍，則危國之本也。」韓君弗聽。公仲怒而歸，十日不朝。宜陽益急，韓君令使者趣卒於楚，冠蓋相望而卒無至者。宜陽果拔，為諸侯笑。故曰：內不量力，外恃諸侯者，則國削之患也。

其意為，什麼叫作內不量力？如從前秦國攻打韓國的宜陽，韓王很著急。韓相公仲朋對韓王說：「盟國楚國不可以依賴，不如通過張儀去和秦國講和。用一個城市去賄賂秦國而和秦國一起南伐楚國，這樣就解除了秦國對韓國的禍害而把災禍轉嫁給楚國。」韓王說：

「好。」 於是派遣公仲朋出使秦國，講和。楚懷王聽說後很害怕，召見謀臣陳軫說：「韓國的公仲朋要同秦國和好，我們怎麼辦?」陳軫說：「秦國得到韓國的一座名城，驅使它的精銳軍隊，和韓國聯合起來向南攻打楚國，這是秦王在宗廟中祭祀所祈求的東西，它必然會成為楚國的禍害。大王趕快派遣可靠的使臣，多帶些厚禮以奉獻韓國，說：『敝國雖小，士卒都已發動起來，希望貴國向秦國表明你們不屈服的意圖。為此，希望貴國派使者到我們國境來視察楚國動員起來的士卒。』」韓王派人到楚國，楚王在韓使者路過的地方排列布滿了士兵，並對韓國使者說：「請報告韓王，楚國的士兵將奔赴韓國參戰。」 使者如實向韓王做了匯報。韓王很高興，命令公仲朋不要去和秦。公仲朋說：「不行。如果聽信楚王的虛言而輕視強秦的實際危害，那是危害韓國的根本啊。」 但韓王不聽。於是公仲朋拂袖而去，十日不上朝。不出公仲朋所料，宜陽告急，韓國去楚國求援的使者去了一個又一個，但楚國的援兵卻遲遲不到。不久，秦國攻取宜陽。韓王成為各諸侯的笑料。所以說，不增強自己的實力，只依靠外人援助，這是國家削弱的一個原因。

韓非通過上述兩個例子，旨在說明當今的社會是「爭於氣力」的強力社會，即力與力較量的社會。韓非這裡所說的「力」實質上指的是國家的實力，也就是國家的富強、壯大。他認為只有把國家治理好，使國家強盛，才能在激烈的諸侯競爭中，立於不敗之地，且越來越壯大。韓非的這種歷史觀，是從社會學角度闡述歷史發展的根源。

從韓非關於歷史哲學的主要內容中，可以歸納出韓非歷史哲學的四項基本原則。這就是「變革原則」、「求實原則」、「價值原則」和「法治原則」。下面，分別簡述之。

第一,「古今異俗，新故異備」的變革原則。

韓非歷史哲學的基本內容是「變古論」，他認為由於時代的不同，民情會發生變化，物質條件也會產生差異，所以，就不能用舊時代的治理方法治理一個與舊時代不同的新的社會。這一思想從法則角度來講，就是變革的原則。用韓非的話來說即是「古今異俗，新故異備」⑱，古代社會和現實社會的民俗風情不同，這就決定了新的治國措施應該取代舊（故）的治國方法。因此，「新故異備」就是「變革」。韓非舉例說，如果君主不能把握歷史變革這一原則，那就如同用寬大和緩的仁政去治理處在急劇變動時代的民眾，其結果就好像沒有繮繩和鞭子，而硬要駕馭烈馬一樣，是不明智的禍害。而明智的君主則是自覺利用變革原則，因地制宜，因勢利導。

「古今異俗，新故異備」的變革原則是韓非歷史四原則的第一原則。這一原則決定了韓非變法治國、以法治國的法治思想。

第二,「論世之事，因為之備」的求實原則。

「變革原則」是韓非歷史哲學的一個基本原則。「變革」的精義，就是根據已經變化了的實際情況，進行實事求是的調整、修正、改革。這樣，從「變革原則」就引出了韓非歷史哲學的第二個基本原則，即「求實原則」。

「求實原則」有兩個要點，其一是「世異則事異」。用韓非的話來解釋，就是：

> 古者文王處豐、鎬之間，地方百里，行仁義而懷西戎，遂王天下。徐偃王處漢東，地方五百里，行仁義，割地而朝者三十有六國。荊文王恐其害己也，舉兵伐徐，遂滅之。故文王

---

⑱　《韓非子・五蠹》。

> 行仁義而王天下，偃王行仁義而喪其國，是仁義用於古不用於今也。故曰世異則事異。⓳

古代文王有地百里，在豐、鎬之間，施行仁義而感召西北部少數民族，於是稱王天下。徐國偃王有地五百里，在漢東一帶，施行仁義而有許多國朝拜。荊文王恐怕危害自己利益，出兵攻之，滅掉了徐國。可見，文王行仁義而興國，偃王行仁義而被滅國，表明仁義只能行於古，而不能用於今。所以說，時代不同了，事情就要隨之發生變化。韓非通過文王行仁義則興，而偃王行仁義則亡的事例，企圖說明不論是做事還是治國，都要根據變化了的實際情況，從實際出發，實事求是地治理國家或辦理事情，這樣才能有所收益。否則，不顧當前實際情況，而只是一味地效仿古人，脫離實際的後果必然是適得其反。

「求實原則」的第二個重點是「事異則備變」。關於這一重點，《韓非子・五蠹》篇說：

> 當舜之時，有苗不服，禹將伐之。舜曰：「不可。上德不厚而行武，非道也。」乃修教三年，執干戚舞，有苗乃服。共工之戰，鐵銛距者及乎敵，鎧甲不堅者傷乎體。是干戚用於古不用於今也。故曰：事異則備變。

舜稱王時，有苗少數民族不服，禹準備攻打之。舜說：「不行。不努力崇尚道德而動用武力，是不正確的方法。」於是，進行了三年德教，將武器作為跳舞的道具，有苗少數民族被降服了。共工之戰

⓳ 《韓非子・五蠹》。

時，持短兵器的人被打中，鎧甲不堅固的人身體被傷害。表明執干戚作為跳舞道具進行教化的方法，只能適於古代而不適於現代。所以說，情況變了，措施也要隨著改變。韓非的意思是講人們要根據改變了的事情、情況而使用與變化了的事情、情況相適應的措施，才會收到有益的效果。這一思想也體現了實事求是的原則。

「世異則事異」，「事異則備變」的另一種提法是「事因於世，而備適於事」[20]。這裡的關鍵詞是「世」、「事」、「備」。「世」指時代、社會，「事」指情況、事情，「備」指措施、方法。「世」、「事」、「備」三個關鍵詞的關係，在韓非思想中是「世$\xrightarrow{\text{變}}$事$\xrightarrow{\text{變}}$備」或是「備$\xrightarrow{\text{適於}}$事$\xrightarrow{\text{因於}}$世」。從這一邏輯關係中可以看出，韓非認為治理國家的措施、方法，應該適應於具體的事情或情況，而特定的事情或情況又出於不同的時代或社會，即備適於事，而事又因於世；所以，當時代變化了，情況也會隨之變化，而措施或方法亦因變化了的情況而變化，即世變則事變，事變則備變。「世」、「事」、「備」之間的這種邏輯關係是歷史變化的一種反映。這種反映，作為一種法則，就是韓非歷史哲學的求實原則。

第三，「變與不變，正治而已」的價值原則。

韓非求實原則的目的，就是根據變化了的情況，實事求是地採取相應的措施，收到治理國家的效益。所以，求實原則的遞衍是價值原則。

價值原則的內容，《韓非子·南面》篇說：

> 不知治者，必曰：「無變古，毋易常。」變與不變，聖人不聽，正治而已。然則古之無變，常之毋易，在常古之可與不可。

---

[20] 《韓非子·五蠹》。

> 伊尹毋變殷，太公毋變周，則湯、武不王矣。管仲毋易齊，郭偃毋更晉，則桓、文不霸矣。凡人難變古者，憚易民之安也。夫不變古者，襲亂之跡；適民心者，恣姦之行也。

這段話的內容，可分為四層意思理解。第一層意思即「不知治者，必曰:『無變古，毋易常。』」不懂得治理國家的人，一定會說:「不要改變古法，不要更改常規。」 韓非指出，主張守常的人，有一類是不懂得治理國家的人。這種人不明白變古、變法的目的，是為了治國理民這一道理，因此一味地抱古守常。

第二層意思即「凡人難變古者，憚易民之安也。夫不變古者，襲亂之跡；適民心者，恣姦之行也。」 不改變古法，是重蹈亂國的覆轍；而迎合民心，是放縱奸邪的行為。這裡，韓非又指出主張守常的另一類人，是不從國家立治的需要出發，而只以人民之好惡為出發點。只迎合民心而不改變古法的結果必然導致社會混亂，國家破滅。韓非認為上述兩類人，都不以國家的利益為最高價值，也都不懂得變古、變法的價值所在。由此引出了韓非對變古重要價值論述的第三層意思。

第三層意思即「然則古之無變，常之毋易，在常古之可與不可。伊尹毋變殷，太公毋變周，則湯、武不王矣。管仲毋易齊，郭偃毋更晉，則桓、文不霸矣。」 古法常規的變還是不變，在於它們可行還是不可行。如果伊尹不協助商湯王治殷，姜太公不幫助周武王治周，那麼，商湯王和周武王就不能統治天下。如果管仲不在齊國施行變法改革，郭偃不在晉國改革法制，那麼齊桓公和晉文公也就不可能成為一代霸主，建立霸業。韓非從這一歷史史實中指出，改變古法常規的目的就是為了更好地治理國家，使國家富強。

第四層意思即「變與不變，聖人不聽，正治而已。」 古法常規變還是不變，聖人是不聽的，只是看能否正確地治理國家。最後，韓非指出變古的唯一標準，就是看是否對國家有好處，即是否能夠正確地治國理民。除此之外，沒有其他的標準。可見，韓非把正確地治理國家視為變古的唯一標準和最高價值。

將上述四層意思貫穿起來，可以明晰地看到韓非把能否正確地治理國家，能否使國家富強，作為變古的最終目的和最高價值。只要對治理國家有益處的措施和法令，韓非認為就應該按照這種措施和法令辦事，而更改舊的措施和法令。新的措施和法令的運用，又會促使國家和社會的發展。國家和社會的發展，亦標示著歷史的變更和發展。這就是韓非歷史哲學的價值原則。

第四、「法與時轉則治」的法治原則。

韓非價值原則的準則是改變對國家、社會沒有益處的舊的措施、法令，而使用能夠正確治理國家的措施、法令。可見，法治原則亦是韓非歷史哲學的一個重要內容。

關於法治原則，韓非說：

> 治民無常，唯法為治。法與時轉則治，治與世宜則有功。故民樸而禁之以名則治，世知而維之以刑則從。時移而法不易者亂，世變而禁不變者削。故聖人之治民也，法與時移而禁與世變。㉑

這段話的意思是說，治理民眾沒有一成不變的常規，只有法制才能治理好國家。法令隨著時代而變化，國家就能治理好；治理的措施

㉑　《韓非子・心度》。

能適應社會的情況，就會見功效。因此，民眾質樸，只要用稱譽或貶斥來約束他們就可以治理好；社會上的人崇尚智巧，用刑罰束縛他們才會服從。時代變化了，治理方法不改變的國家必然危亂；玩弄智巧的人多了，禁令不隨之改變的國家必然削弱。所以，聖人治理民眾，法制隨著時代的發展而變化，禁令隨著玩弄智巧人的表現而改變。這裡，最能體現韓非法治原則的話有兩句。一句是「治理民眾沒有一成不變的常規，只有法制才能治理好國家。法令隨著時代而變化，國家就能治理好。」另一句是「聖人治理民眾，法制隨著時代的發展而變化。」這兩句話說明了一個道理，即韓非認為只有運用法治，才能治理好國家，而法令、法制又要隨著時代的變化而變化。所以，沒有一成不變的法令、法制，亦沒有不用法治治理好的國家。

綜觀韓非歷史哲學的三項基本內容和四項基本原則，可以看到「變古」，是韓非最基本的歷史觀。他反對因循守常，認為時代發展了，社會變化了，治理國家的法令、措施亦因隨之變易，這樣才能正確地治理社會，才能促成歷史的發展。這表明變更法令、更新法制是韓非「變古」歷史觀的一項重要內容。韓非之所以強調「變古」，就是因為他要改變儒家以「仁義」治國之古制，而提倡以「法令」整治國家。可見，韓非主張「變古」的歷史觀是他法治思想的理論基石之一。

# 第五章　法論——韓非的政治哲學

## 第一節　法勢術的詮釋

政治哲學是韓非哲學的基礎和核心。法、勢、術又是韓非政治哲學的基本概念和範疇。所以，要理解韓非政治哲學的內容，就必須明析韓非對法、勢、術的詮釋。

首先，詮釋「法」。

我國上古時代的「法」字為「灋」。從「灋」字可以清楚地看出早期中國人對法的最初觀念。

「灋」字由三個部分組成。首先是「氵」(水)，據東漢學者許慎的解釋，這是象徵法「平之如水，(故) 从水」，亦即象徵法的公平性。其次是「廌」(音志)，這是傳說中的神獸，有說像牛，有說像羊，不一足論。許慎說像「山羊」，獨角，「古者決論，令觸不直」，是法官用來判斷是非曲直、懲罰罪犯的一種活的工具。再次是「去」，表示驅除的動作。

「法」是什麼?

「灋」字本身就是上古人們對法下的定義或概念。在先民們看來，法就是像「廌」犀利的獨角一樣的刑具或「觸而去之」那樣的刑罰方式。故東漢人許慎說：法就是刑，就是罰。

然而許慎也沒有完全猜對。在對「氵」（水）的解釋上，他顯然是把他那個時代的思想強加給了上古的先民。「氵」（水）象徵公平、公道、公理，顯然是人們的抽象思維達到相當高的程度的結果，這在上古造字時期的先民那裡顯然是不可能的。除這個有爭議的「灋」字外，我們至今還沒有找到第二個帶「氵」而這個「氵」又象徵「公平」的古字。所以，幾年前去世的當代著名學者蔡樞衡先生積二十餘年研究得出了結論，他說：「平之如水」四個字，是「後世淺人所妄增」。他認為，這個字的意義構成是，「水」的含義不是象徵性的，而純粹是功能性的。它指把犯罪者置於水中，隨流漂去，就是現在所謂的驅逐。

所以，從「灋」字的意義構成，我們可以得出這樣的結論：中國上古時代的先民們是從功能或用途方面去理解法、認識法、給法下定義或概念的。他們起初並未把法當作一種是非善惡判斷原則或標準，並未把法當成一種形而上的東西。在他們看來，法只是形而下的。❶

春秋前期，對法進行理論的闡釋，而使法成為形而上者的代表人物，當屬齊相管仲。

「法」是什麼？通過管子關於法的論述，可將法意解釋為下面這樣三個方面的意義：

第一，以法矯禮。

> 夫法者，上之所以一民使下也。私者，下之所以侵法亂主也。故聖君置儀設法而固守之。……故法者，天下之正道也，聖

---

❶ 參閱衛東海：《中國法家》，宗教文化出版社，1996年版，頁3。

君之實用也。

夫法者，所以興功懼暴也。律者所以定分止爭也。令者所以令人知事也。法律政令者，吏民規矩繩墨也。

君臣父子人間之事謂之義，登降揖讓、貴賤有等、親疏之體謂之禮，簡物小大，一道殺僇禁誅謂之法。……義者，謂各處其宜也；禮者，因人之情，緣義之理，而為之節文者也。故禮者，謂有理也。理也者，明分以諭義之意也。故禮出乎義，義出乎理，理因乎宜者也。法者，所以同出不得不然者也。故殺僇禁誅，以一之也。❷

如上所述，先秦時代社會大變動在政治思想方面的反映，便是「禮」與「法」的對立和鬥爭。管子法治思想中的「法」打破了儒家「禮」一統天下的局面。故黃公偉先生稱這種情況為「禮法並重」，姚蒸民先生視這種現象為「以法輔禮」。❸其實，法在這裡起到了輔助、修正禮的作用。如上述第一、二段引文中的「故聖君置儀設法而固守之」和「法律政令者，吏民規矩繩墨也」，說的就是君主設訂「儀」(禮）和「法」，以法補禮，因為法律政令是規矩官民行動的準繩（繩墨也)。而上述第三段引文則更加詳細地論述了法的出現是必然的，法具有禮起不到的重要作用。按照馮友蘭先生的解釋：萬物各有一定的性質，就有一定的作用，就是各有所宜。在社會中，在一定的制度下，各種人如君臣、父子等也各有所宜。這種「宜」的表現叫作「義」。禮就是義的具體表現而又加上一定的具體的制

❷　《管子・任法》、《管子・七主七臣》、《管子・心術上》。

❸　參閱黃公偉：《法家哲學體系指歸》，臺灣商務印書館1983年版，頁37；姚蒸民：《法家哲學》，東大圖書公司，1986年版，頁34。

度（因人之情，緣義之理，而為之節文者也）。禮以義為基礎（禮出乎義），義以理為基礎（義出乎理）。而「法者所以同出」，「出」就是參差不齊；「同出」就是把參差不齊的東西整齊劃一起來。這也就是「簡物小大，一道殺僇禁誅謂之法」。「物」是繁雜之意，就是說，無論事物的簡、繁、小、大，要用一個規定把它們劃一起來，其具體辦法就是刑罰，即「法」。這就是所謂「殺僇禁誅，以一之也」。「殺僇禁誅」是不可少的，所以有「法」是「不得不然的」。❹法是一定會出現的，因為隨著社會的變化、發展，「禮」（舊有的規矩）對社會的規範作用不行了，所以必然要求「法」的產生，因為它可以起到禮不能起的作用。

第二，任法尊君。

> 有生法，有守法，有法於法。夫生法者君也，守法者臣也，法於法者民也。……人君也，故從而貴之，不敢論其德性之高卑。
>
> 威不兩錯，政不二門，以法治國，則舉措而已。❺

管子這兩段引文中的「法」，具有尊君、君貴、君威的意思。君是制訂法的（生法者），臣是執行法的（守法者），民是服從法的（法於法者）。這樣，人君憑藉著法，不論其德性高尚或卑下，其地位都是絕對的尊貴。所以，法治的結果是「威不兩錯，政不二門」。這誠如王邦雄先生所言：管子之法治思想，大要在尊君任法，富國重農兩端。❻任法尊君的主旨是要建立「一君專制」的國體。

---

❹ 馮友蘭：《中國哲學史新編》（第二冊），頁220。

❺ 《管子・任法》、《管子・明法》。

第三，憑法稱霸。

> 夫豐國之謂霸，兼正之國之謂王。
>
> 尊賢授德則帝；身仁行義，服忠用信則王；審謀章禮，選士利械則霸。定生處死，謹賢修伍則眾；信賞審罰，爵材祿能則強。計凡付終，務本飭末則富；明法審權，立常備能則治。❼

管子是春秋時期開霸術風氣之先者，而管子稱霸的手段則是法治。具體說，為了實施霸政，對內運用法治，以提高國君專政的權威，最終達國富兵強的目的。這就是「信賞審罰，爵材祿能則強」；「明法審權，立常備能則治」。對外，在法治基礎上建立優越的強國武力，以君臨諸侯使各國畏服。這就是「審謀章禮，選士利械則霸」，「豐國之謂霸」。管子作為齊相，其政教施策的目的，是使齊國稱霸於諸侯各國之先。為此，管子法治思想中的「法」，是稱霸稱雄的憑藉和依據。

可見，管子所謂「法」，是對「禮」的補充和修正，這是就法體而言；法亦是尊君和稱霸的依據，這是就法治的目的而言。

春秋霸政時代後管仲的大政治家，當為鄭國的子產。子產的法思想最突出的有兩點，一是中國歷史上第一個「鑄刑書」的人，由此，使中國有了第一部成文法；二是主張「嚴刑」。子產把刑法鑄在鐵上，公布出來。這就是公布法、成文法。這在當時是件劃時代的大事，是當時社會經濟的變革在法權方面的反映。

---

❻ 參閱王邦雄：《韓非子的哲學》，東大圖書公司1979年版，頁78。

❼ 《管子·霸言》、《管子·幼官》。

以上表明,「法」在子產思想中，一是成文法，二是嚴刑。

戰國初期對「法」作出進一步貢獻者，是魏國的李悝。他的主要貢獻表現為製《法經》。

「法」在李悝思想中，主要是成文法的意思。不過李悝的成文法與子產的成文法內容和意義不同。子產「鑄刑書」的內容是對貴族的刑法加以整理和編輯，是維護貴族利益的刑法。而李悝的《法經》是為新興地主服務的，是保護封建私有權的，是封建制的刑法。所以,「商鞅受之以相秦，漢承秦制」。這部《法經》在中國封建社會中，一直是歷朝法律的基礎。在這個意義上說，李悝的《法經》具有承前啟後的劃時代的意義。

戰國中期言法最盛者為商鞅。商鞅的法治理論具體可分為以下五點論述。

1.法為刑政。

《史記・商君列傳》記載了商鞅的變法令:「令民為什伍，而相牧司連坐。不告姦者腰斬，告姦者與斬敵首同賞，匿姦首與降敵同罰。民有二男以上，不分異者，倍其賦。有軍功者，各以率受上爵。為私鬥者，各以輕重被刑。大小僇力本業耕織，致粟帛多者，復其身。事末利及怠而貧者，舉以為收孥。宗室非有軍功，論不得為屬籍。明尊卑爵秩等級，各以差次，名田宅臣妾衣服，以家次。有功者顯榮。無功者雖富無所芬華。」

第一變法令包含了這樣幾層意思:

第一，以法易禮。

從這個變法令的具體規定中可以看出，商鞅的變法具有深遠的歷史意義。商鞅的變法，是對於當時舊社會的一次深刻的改革，有移風易俗的意義。蔡澤稱讚商鞅用「一其俗」三個字。這是屬於商鞅在《更法》篇中所說的「禮」的範圍。變法的意義不止於變法，而且是易禮，他所要易的「禮」就是宗法。

商鞅的變法令，第一項就是把老百姓組織起來，叫他們互相監視。這個組織不是以宗法為基礎，而是以國家的編制為基礎。如果某一組織中有違反法令的事，這一組織的人就要不分親疏、不管同族同宗的關係，互相告發。孔子講：「父為子隱，子為父隱。」這是儒家「親親」的原則，是以宗法為基礎的。法家根本反對這個原則，要取消這個基礎，商鞅的變法令就是一個例子。

從統治者這一方面說，變法令規定：國君宗室的人如果沒有軍功，就要把他的名字從宗室的名冊中除去。這也是破壞「親親」的原則。

變法令又規定：老百姓有兩個兒子以上的，就必須分家。如果不分家，就要加倍收人口稅，加倍派他徭役。商鞅的第二次變法又規定：「令民父子兄弟同室內息者為禁。」這就更加強調必須分家，各自獨立生產，即使加倍出人口稅、加倍徭役也不行。這是進一步地破除宗法，反對儒家的「親親」原則。

儒家擁護宗法，他們把人看成首先是在他們的宗族中占一定地位的成員。是父或是子，是兄或是弟，是夫或是妻。他的道德義務，首先是當個好兒子、好父親、好兄長、好弟弟、好丈夫、好妻子；而法家則把人看成首先是一個能生產的勞動力，一個能打仗的士兵。法家不管宗法那一套，對老百姓是如此，對於奴隸主貴族也是如此。這是對於當時的舊傳統比較徹底的一個改革。❽

「親親」原則是禮（周禮）的根本精神和基本內容。商鞅變法，通過對宗法制（禮的社會基礎）的改革，變易周禮。

---

❽ 參閱馮友蘭：《中國哲學史新編》（第二冊），頁14、15。

第二，以法統政。

黃公偉先生認為商鞅的執政原則是「法、信、權」。如他說：「商鞅言變法……盡除禮儀，乃為新法，是為變法。因而商君所謂法令，有三項要素，即法、信、權。」❾他的依據是《商君書・修權》篇所說：「國之所以治者三，一曰法，二曰信，三曰權。法者，君臣之所共操也。信者，君臣之共立也。權者，君之所獨制也。」國君以法治國，尚需信（信用）和權（權力）的輔佐，才能治理好國家。法、信、權的結合，就是法與政治的結合。從上文商鞅的變法令來看，他的變法觸及到了社會的根本政治——宗法制。通過對宗法制「親親」原則的變易（即對禮的變易），而對社會的經濟、軍事等各個方面進行變法改革。這樣，商鞅就將管子用以輔佐「禮治」的「法」，推展至一切政事。

第三，以法用刑。

商鞅的變法令明文對觸犯刑法的情況作了規定。例如一家有兩個兒子的要分家，否則要加倍收人口稅，加倍派徭役。又如連坐法規定：不告姦者腰斬，匿姦者與降敵同罰等。通過以法量刑可達以法統制。所以，在商鞅的法治思想中，「法為設政施治齊民使眾之準繩，刑則為對違法者所加之制裁。但刑亦有其明確標準。故言法，可以概括刑，而刑則非法之整體。此後，『法』之觀念，即演進為『政』與『刑』之總稱。」❿

上述以法易禮、以法統政、以法用刑都是說的法與刑，法與政的關係。它們的關係即像姚蒸民先生所言，「法」是「政」與「刑」的總稱。這就是說，「法」既是規定、制約人們的行為的準則，同

---

❾ 參閱黃公偉：《法家哲學體系指歸》，頁308。

❿ 姚蒸民：《法家哲學》，頁50。

時又是對不遵守這一準則人們的裁制。為此，商鞅的「法」就是「刑政」。

2.法重功利。

商鞅變法的目的很明確，就是要國富兵強。所以，商鞅認為「法」不能像儒家含糊主觀的「德」和繁縟迂腐的「禮」那樣，與實際功利不沾邊，而要直接繁捷地收到治國的實際利益。要達這一目的，商鞅主張必用刑賞，即「法」。為此，他頒布了一系列法令，如《墾令》、《農戰令》等，都是通過「法」的運作，即利用刑、賞手段，調動農民的生產積極性和士兵奮勇作戰的積極性，以此達到國富兵強。「民信其賞則功成，信其刑則姦無端。」⑪老百姓相信刑賞（法），按照法去實行，則國家就功成姦無，就會平安富強。否則，不以法治國，只講禮、講德，那麼便會削弱國力。「國有禮有樂，有詩有書，有善有修，有孝有悌，有廉有辯，國有十者上無使戰，必削至亡，國無十者上有使戰，必興至王。」⑫如果以儒家的禮、樂、詩、書、善、修、孝、悌、廉、辯治理國家，而不主張耕戰，那麼國力就會削亡。所以，要想使國家富強，必須實行法治，講耕講戰。

3.法貴平等。

「禮」的「親親」原則規定：「禮不下庶人，刑不上大夫」。商鞅以「法」對此進行了變易，具體表現為人人法律地位平等。這就是商鞅提出的「壹賞、壹刑、壹教。壹賞則兵無敵，壹刑則令行，壹教則下聽上。……所謂壹賞者，利祿官爵，摶出於兵，無有異施也。……所謂壹刑者，刑無等級，自卿相將軍以至大夫庶人，有不

---

⑪　《商君書・修權》。

⑫　《商君書・去彊》。

從王令、犯國禁、亂上制者，罪死不赦。有功於前，有敗於後，不為損刑；有善於前，有過於後，不為虧法。」⓭可見，商鞅的壹賞、壹刑、壹教的實質是主張壹刑平等。不論是高官還是小民，不論是有功者還是有敗者，也不論是有善者還是有過者，只要觸犯了法令，便以法論刑，壹刑平等。商鞅本人曾嚴格地執行過壹刑平等這一法令。如太子犯法刑其師公孫虔就是一例。

4.法倡重刑。

在刑罰問題上，商鞅主張嚴刑峻法。關於重刑的論述有：

> 王者刑九賞一，強國刑七賞三，削國刑五賞五。
>
> 故行刑重其輕者，輕者不生，則重者無從至矣。此之謂治之於其治也。行刑重其重者，輕其輕者，輕者不止，則重者無從止矣。此之謂治之於其亂也。故重輕，則刑去事成，國強。重重而輕輕，則刑至而事生，國削。
>
> 治國刑多而賞少。……夫過有厚薄，則刑有輕重，善有大小，則賞有多少；此二者，世之常用也。刑加於罪所終，則姦不去；賞施於民所義，則過不止。刑不能去姦，而賞不能止過者，必亂。故王者刑用於將過，則大邪不生；賞施於告姦，則細過不失。治民能使大邪不生，細過不失，則國治。國治必強。
>
> 故禁姦止過，莫若重刑。刑重而必得，則民不敢試。故國無刑民。國無刑民，故曰：明刑不戮。
>
> 故善治者，刑不善而不賞善，故不刑而民善。不刑而民善，刑重也。刑重者，民不敢犯，故無刑也，而民莫敢為非，是

⓭ 《商君書・賞刑》。

一國皆善也。故不賞善而民善。賞善之不可也，猶賞不盜。⓮

可見，商鞅提倡法貴重刑的原因，是因為如果犯法施以重刑的話，那麼就會引起百姓的畏懼，不要說犯重刑之法的人少了，就連犯輕刑之法的人也會大大減少。這樣，「治民能使大邪不生，細過不失，則國治。國治必強。」

5. 法則鮮明。

商鞅認為要想使人民遵守法律，使郡縣官吏不敢以非法待民，就必須公開法律，廣布法律知識。為此，他說：「故天下吏民無不知法者。吏明知民知法令也，故吏不敢以非法遇民，民不敢犯法以干法官也。遇民不修法，則問法官，法官即以法之罪告之。民即以法官之言，正告之吏。吏知其如此，故吏不敢以非法遇民，民又不敢犯法。如此，天下之吏民，……智詐愚能者，皆作而為善，皆務自治奉公。」⓯商鞅立法，主張法則鮮明易懂，使天下吏民無不知法，無不懂法，無不守法。這樣，就會達到法治的理想效果。

由此可知，商鞅的法思想內容比較豐富。在商鞅思想中，「法」是重刑與政治的結合，這是就法的實質而言。「法」是平等，這是就法的性質而言，是平等法。「法」是功利，這是就法的功效、作用而言。

戰國後期對「法」的論述又有新義者為荀況。荀況字卿，亦稱孫卿子（約公元前298～238年）。戰國時期趙國人，曾在齊國遊學，是「稷下先生」之一。他曾到過秦國和楚國，楚國的春申君尊他為「蘭陵令」。

---

⓮　《商君書・去彊》、《說民》、《開塞》、《賞刑》、《畫策》。

⓯　《商君書・定分》。

荀子在中國哲學史上是位有爭議的人物。他或被視為法家，或被視為儒家，或被視為儒法過渡人物。不過，荀況自稱為儒，當時的人也稱他為儒。如韓非說：「世之顯學，儒墨也。儒之所至，孔丘也；墨之所至，墨翟也。自孔子之死也，……有孟氏之儒，……有孫氏之儒，……故孔墨之後，儒分為八，墨離為三，取舍相反不同，而皆自謂真孔墨。」⑯文中提到的孫氏之儒，就是荀況那一派儒學。荀子雖為儒家代表人物，但由於時代的變易，他對孔子思想也有所變更。其中，荀子的「禮法」思想便是對孔子儒學思想的變更之一。

人所共知，荀子思想的核心觀念是「禮」。荀子的「禮」是什麼?「禮」起於何自? 對此，荀子作了理性主義的解釋。他說:「禮起於何也? 曰人生而有欲，欲而不得，則不能無求，求而無度量分界，則不能不爭。爭則亂，亂則窮。先王惡其亂也，故制禮義以分之，以養人之欲，給人之求。使欲必不窮於物，物必不屈於欲，兩者相持而長，是禮之所起也。」「人之生不能無群，群而無分則爭，爭則亂。」「故先王案為之制禮義以分之，使有貴賤之等，長幼之差，知愚、能不能之分，皆使人載其事而各得其宜，然後使慤祿多少厚薄之稱，是夫群居和一之道也。」⑰李澤厚先生認為：在這裡,「禮」不再是僵硬規定的形式儀容，也不再是無可解釋的傳統觀念，而被認為是清醒理智的歷史產物。即把作為社會等級秩序、統治法規的「禮」溯源和歸結為人群維持生存所必須。在荀子看來，「禮」起於人群之間的分享（首要當然是食物的分享），只有這樣才能免於無秩序的爭奪。可見，第一，人必須生存在群體之中。第二，既然

⑯ 《韓非子・顯學》。

⑰ 《荀子・禮論》、《荀子・富國》、《荀子・榮辱》。

如此，如果沒有一定的規矩尺度來確定各種等差制度，這個群體也就無法維持，而這就是「禮」。總之，荀子對氏族血緣傳統的「禮」賦予了歷史的解釋。「禮」的傳統舊瓶裝上了時代新酒。所謂「舊瓶」，是說荀子依然如孔子那樣，突出「禮」的基礎地位，仍然重視個人的修身、齊家等等。所謂「新酒」是說這一切都具有了新的內容和含義，它實際已不是從氏族貴族或首領們的個體修養立場出發，而是從進行社會規範的整體統治立場出發。正因為此，它才不再僅僅著眼於個體的仁義孝悌，而是更強調整體的禮法綱紀，並認為前者是服從於後者的。從而，也就很自然地要「法後王，一制度」，「隆君權，主一尊」。荀子失去了氏族傳統的民主、人道氣息，卻贏得了對階級統治的現實論證，實際上是開創了後世以嚴格等級差別為統治秩序的專制國家的思想基礎。⓲荀子思想中的這種「禮」具有法家「法」的意義。對此，馮友蘭先生也說過：「表面上看起來荀子似乎是像孔子、孟子一樣主張「循禮」，但是，「實際上他是變禮或更禮。」⓳所以，在《荀子》中常常是「禮法」並用。如《王霸》篇說：「下之親上歡如父母，可殺而不可使不順，君臣、上下、貴賤、長幼，至於庶人，莫不以是為隆正。然後皆內自省以謹於分，是百姓之同也。而禮法之樞要也。」又說：「然後農分田而耕，賈分貨而販，百工分事而勸，士大夫分職而聽，建國諸侯之君分土而守，三公總方而議，則天子共己而已矣。出若入若，天下莫不平均，莫不治辨，是百工之所同也，而禮法之大分也。」文中的「禮法之大分」和「禮法之樞要」都是禮、法並舉。其意思是說禮和法都是規

---

⓲ 參閱李澤厚：《中國古代思想史論》，人民出版社，1985年版，頁110、112。

⓳ 參閱馮友蘭：《中國哲學史新編》（第二冊），頁367。

定社會秩序如貴賤、上下等的準則或原則。關於禮、法關係，荀子還有一句著名的話：「禮者，法之大分，類之綱紀也。」⑳荀子主張君、臣、父、子、士、農、工、商的等級劃分。每一個等級都是一「類」。每一類都應有一個規範或標準，這就是「法」。按照規範定出來的具體項目，就是「禮」。所以，禮是法的一部分。

作為儒者的荀子，由於時代的變異和現實的需要，他講「禮」也講「法」，禮法並用，是他的基本特徵；以法釋禮，是他對儒家思想的變更。

從管子至荀子，關於「法」思想的演變、發展、走向，可以作以下幾點總結：

一點：管子→子產→李悝→商鞅的法思想是韓非之前春秋戰國時代法脈的主流。這是因為他們自覺地把法作為治理國家的根本，人們言行的根據，如子產「鑄刑書」，李悝的《法經》，商鞅的「嚴刑峻法」。這標識著法作為「公布法」、「成文法」、「平等法」的觀念和形式，已經形成。此外，也是因為他們明確地將法作為尊君稱霸、重農富國的憑藉和保證。如管子的「任法尊君」思想，商鞅的「法為刑政」、「法重功利」思想，都是以法治建立一個稱雄於諸國之上的富國為目的。

二點：在法演變、發展的過程中，一直伴隨著禮與法的鬥爭和交合。例如管子「以法矯禮」，商鞅「以法易禮」，荀子「以法釋禮」。這些思想說明了兩個重要問題。一是表明了儒家的「禮」思想與法家的「法」思想具有密切關聯。禮和禮治是儒家治理國家的根本和依據，而法和法治則是法家治理國家的根本和依據。禮與法、禮治與法治兩者不能各自走向極端，兩者必須互相調節和協調，猶如寬

⑳《荀子・勸學》。

猛相濟一樣，使法在禮的制約下發揮其更大的社會功效。二是管子的「以法矯禮」、商鞅的「以法易禮」和荀子的「以法釋禮」，具有某些本質的區別。管子和商鞅側重於法，企圖用法改造禮、替代禮，所以提倡法就是刑罰，甚至是重刑、酷刑。而荀子從儒家立場出發，主張「禮法並用」。這一思想既不同於法家的嚴刑峻法，也有別於儒家的仁義禮治，具有剛柔並濟的意義。

三點：中國古代法脈理路的發展過程，至韓非法哲學的形成和出現，便是古代法家思想的集大成，也使法家理論趨向完善，並在回應現實衝突中，具有更廣泛的解釋空間和力度。

韓非的「法」思想，可分為法體（法的實質和本體）、法性（法的基本特性）、法用（法的作用和效用）加以論述。

關於「法體」，《韓非子》書中論述最詳細、最重要的有三段：

> 法者，憲令著於官府，賞罰必於民心，賞存乎慎法，而罰加乎姦令者也。此人臣之所以師也。
> 法者，編著之圖籍，設之於官府，而布之於百姓者也。
> 法不阿貴，繩不撓曲。法之所加，智者弗能辭，勇者弗敢爭。刑過不避大臣，賞善不遺匹夫。故矯上之失，詰下之邪，治亂決繆，絀羨齊非，一民之軌，莫如法。[21]

其中第一段是說：所謂「法」，就是法令由官府制定，刑罰制度在民眾的思想中紮根，獎賞守法的人，懲罰犯法的人。這是臣下要遵守的。

第二段是說：所謂「法」，就是編寫成文，設置在官府裡，並

[21] 《韓非子・定法》、《韓非子・難三》、《韓非子・有度》。

且公布到民眾中去。

這兩段論述表明韓非思想中的「法」，是「成文法」（「憲令著於官府」、「編著之圖籍」）和「公布法」（「賞罰必於民心」、「設之於官府，而布之於百姓者也」）。

關於「成文法」和「公布法」，如上文所述，是自子產始。不過，韓非在這裡作了理論的界定。他強調「法」必須要用文字寫定，無條文可據者，不得稱之法。所以，法必須是「成文法」。另外，「法」必須要頒布於眾，公布於世，未經公布周知者，也不得稱之為法。所以，法必須是「公布法」。「成文法」和「公布法」是相對於「習慣法」而言。所謂「習慣法」是指在社會生活中經過長期實踐而形成的為人們共同信守的行為規範。它是依靠傳統的力量和人們內心的信念來維持。韓非認為，在法理念上，只有「成文法」和「公布法」才是真正的法。而「習慣法」，沒有一種客觀的標準和依據，不能稱之為「法」。此外，韓非強調「法」的實質和本質必須是「成文法」和「公布法」，還因為「法」必須以社會的統一穩定為要。韓非指出，如果法沒有一定的條文規定，必然紛歧多端，那麼執法者則可以任意援用，而守法者則無所適從。如韓非言：

> 好以智矯法，時以私雜公，法禁變易，號令數下者，可亡也。凡法令更，則利害易；利害易，則民務變。民務變之謂變業。故以理觀之，……治大國而數變法，則民苦之。是以有道之君，貴虛靜而重變法。
>
> 韓者，晉之別國也。晉之故法未息，而韓之新法又生；先君之令未收，而後君之令又下。申不害不擅其法，不一其憲令，則姦多。故利在故法前令，則道之；利在新法後令，則道之。

> 利在故新相反，前後相悖。則申不害雖十使昭侯用術，而姦臣猶有所譎其辭矣。❷

所以，只有「成文法」才能使上有所據，使下有所守。由此，使社會統一、穩定於「法」。韓非還指出，「法」必須使人民易知易行。如：

> 明主之表易見，故約立；其教易知，故言用；其法易為，故令行。三者立，而上無私心，則下得循法而治。……如此，則上無私威之毒，而下無愚拙之誅。❸

只有「公布法」頒布天下，遍告臣民，使其表現易見、其教易知、其法易為，則臣可循法而治，民可依法而行。

韓非關於「法」引文第三段的意思是說：法不偏袒地位高貴的人，墨線不遷就彎曲的東西。受到法的制裁，有智慧的人不能用言辭辯解，勇敢的人也不敢用武力抗爭。懲罰罪過，對大臣也不饒恕；獎賞好事，連普通人也不遺漏。所以，矯正上面的過失，追究下面的奸邪活動，平定紛亂，判斷謬誤，統一人們行為的規定，沒有比法更好的了。這就是「法」。韓非關於法的這段論述，表明「法」除了是「成文法」、「公布法」之外，還是「客觀法」。韓非用「墨線」來界定「法」，意在表明「法」就像「墨線」那樣，是一種客觀的標準、客觀的準繩。「客觀法」是韓非「法」概念的一個重要內容。

---

❷ 《韓非子·亡徵》、《韓非子·解老》、《韓非子·定法》。

❸ 《韓非子·用人》。

至此,「成文法」、「公布法」、「客觀法」構成了韓非「法」的本質和實體,這就是韓非的「法體」。

關於「法性」, 研究韓非思想的諸多學者已作了精闢的論證。例如吳秀英先生在《韓非子研議》中指出:韓非之法具有普遍性與強制性,其特性有:時移性、統一性、標準性、周密性、權衡性等[24]。王邦雄先生在《韓非子的哲學》中分析韓非的法理特點為固定恆常性、客觀性、普遍性[25]。姚蒸民先生在《法家哲學》中認為韓非的法為成文法、公布法和平等法,所以法實體具有公正性、強制性與普遍性[26]。張純、王曉波先生的《韓非思想的歷史研究》則以公平性、一致性、多利性和客觀性為韓非「法」的性質[27]。

筆者以為透視韓非的「法體」(成文法、公布法、客觀法),可以明晰韓非的「法性」,即權威性、至正性、時移性。

權威性:

由於韓非的「法」是成文法、公布法、客觀法,所以法自身就是公正的,如「法不阿貴,繩不撓曲」; 是強制的,如「智者弗能辭,勇者不敢爭」;是普遍的,如「矯上之失,詰下之邪」,並又為「一民之軌」。 法自身的公正、強制和普遍,就構成了法的「權威性」。韓非認為法具有崇高無尚的權威,君臣上下貴賤皆須守法。即使人君,也應視法為絕對神聖,自身恪守之。這就是「人主者,守法責成以立功者也。」「明主使法擇人,……使法量功,……故主讎法則可也。」「人主使人臣,……不得背法而專制,……不得釋法而

[24] 吳秀英:《韓非子研議》,文史哲出版社1979年版,頁82。

[25] 王邦雄:《韓非子的哲學》,頁150、151。

[26] 姚蒸民:《法家哲學》,頁112。

[27] 張純、王曉波:《韓非思想的歷史研究》,頁111–113。

不禁，此之謂明法。」㉘人君不僅自己要守法，而且必須以法用人、以法量功、以法判刑，不得背法而專制。可見，「法」是社會文明的標準和人們行為的規範。

至正性：

韓非的「法」是客觀的。客觀法的意蘊就是平等和標準。平等是講「不避親貴，法行所愛」㉙，皆一視同仁。標準是講「一刑賞主義」，即商鞅的「刑無等級」說。一視同仁和一刑賞主義構成了韓非「法」的至正性。

時移性：

韓非「法」的一個重要特徵，是時移性，即法要適應時勢的需要而變易。韓非在《心度》中說：

> 治民無常，唯法為治。法與時轉則治，治與世宜則有功。故民樸而禁之以名則治，世知而維之以刑則從。時移而法不易者亂，世變而禁不變者削。故聖人之治民也，法與時移而禁與世變。

其意是說治理民眾沒有一成不變的常規，只有法治才能治理好國家。法如果能隨著時代而變化，國家就能治理好；治理的措施如果能適應社會的情況，就會見功效。因此，如果時代變化了，法不改變，國家必然危亂，法制要隨著時代的發展而變化。

權威性、至正性、時移性構成了韓非「法」的法性的主要內容。

關於「法用」，主要表現在兩個方面：一方面是「以法治政」，

---

㉘　《韓非子・外儲說右下》、《韓非子・有度》、《韓非子・南面》。

㉙　《韓非子・外儲說右上》。

另一方面是「以法施教」。

所謂「以法治政」，是講韓非「法」的價值目標是國強生於法。所以，韓非積極主張以法統政、以法治國。關於這方面的論述，在《韓非子》中很多。例如：

> 釋法術而任心治，堯不能正一國。去規矩而妄意度，奚仲不能成一輪。廢尺寸而差短長，王爾不能半中。使中主守法術，拙匠守規矩尺寸，則萬不失矣。君人者，能去賢巧之所不能，守中拙之所萬不失，則人力盡而功名立。㉚

據說奚仲是古代的一位善造車的人，但他造車必須憑藉圓規、方尺，否則連一個車輪子也造不出來。王爾是古代的一位巧匠，但他也必須按尺量度，不然就會發生錯誤。堯是古代善於治國的君主，但他必須以法治國，如不依靠法，專靠自己主觀能力，他連一國也不能治。這就表明做任何事情都需要一個客觀的準則，而君主治理國家的唯一準則就是法。因此，法的第一功能和效用，就是治國。

> 當魏之方明立辟，從憲令之時，有功者必賞，有罪者必誅，強匡天下，威行四鄰；及法慢妄予，而國日削矣。當趙之方明國律、從大軍之時，人眾兵強，辟地齊燕；及國律慢，用者弱，而國日削矣。當燕之方明奉法、審官斷之時，東縣齊國，南盡中山之地；及奉法已亡，官斷不用，左右交爭，論從其下，則兵弱而地削，國制於鄰敵矣。故曰：「明法者強，慢法者弱。」強弱如是明矣，而世主弗為，國亡宜矣。語曰：

---

㉚ 《韓非子・用人》。

「家有常業，雖饑不餓；國有常法，雖危不亡。」夫舍常法而從私意，則臣下飾於智能；臣下飾於智能，則法禁不立矣。是妄意之道行，治國之道廢也。[31]

這裡，韓非舉魏國、趙國、燕國法明則國治，法慢則國弱的實例，揭示了國家治強生於法這一真諦。

國無常強，無常弱。奉法者強，則國強；奉法者弱，則國弱。……故當今之時，能去私曲，就公法者，民安而國治；能去私行，行公法者，則兵強而敵弱。[32]

韓非這段話從理論上集中闡明了法的價值，即法強國則強，法弱國則弱；以法治政，則民安而國治，兵強而敵弱。

所謂「以法施教」，是講韓非「法」的價值理想是尚同於法。要想達到尚同於法的理想境界，韓非認為要通過以法訓民、以法教子、以治易俗的具體運作，故他說：

母之愛子也倍父，父令之行於子者十母；吏之於民無愛，令之行於民也萬父。母積愛而令窮，吏用威嚴而民聽從，嚴愛之筴，亦可決矣。且父母之所以求於子也：動作則欲其安利也；行身則欲其遠罪也。君上之於民也：有難則用其死；安平則盡其力。親以厚愛，關子於安利，而不聽；君以無愛利，求民之死力，而令行。明主知之，故不養恩愛之心，而增威

[31] 《韓非子・飾邪》。

[32] 《韓非子・有度》。

> 嚴之勢。故母厚愛處，子多敗，推愛也；父薄愛教笞，子多善，用嚴也。㉝

這是說父母以愛訓子，官吏以法訓民。其結果，厚愛之處子多敗，而法嚴之處民多善。對此，韓非的結論是：明主不養恩愛之心，要增威嚴之勢。

> 今有不才之子，父母怒之弗為改，鄉人譙之弗為動，師長教之弗為變。夫以父母之愛、鄉人之行、師長之智，三美加焉，而終不動，其脛毛不改。州部之吏，操官兵，推公法，而求索奸人，然後恐懼，變其節，易其行。故父母之愛，不足以教子，必待州部之嚴刑者，民固驕於愛，聽於威矣。㉞

這是說對於教子，父母之愛、鄉人之行、師長之智，三美加焉，均不能教育不才之子。而官吏以法教之，則恐懼、變其節、易其行。可見，以法教子，成效速見。

> 決賢不肖愚智之筴，在賞罰之輕重。且夫重刑者，非為罪人也，明主之法也。揆賊，非治所揆也，治所揆也者，是治死人也；刑盜，非治所刑也，治所刑也者，是治胥靡也。故曰：重一姦之罪，而止境內之邪，此所以為治也。重罰者，盜賊也；而悼懼者，良民也。欲治者，奚疑於重刑？若夫厚賞者，非獨賞功也，又勸一國。受賞者甘利，未賞者慕業，是報一

㉝《韓非子・六反》。

㉞《韓非子・五蠹》。

> 人之功而勸境內之眾也，欲治者何疑於厚賞？㉟

韓非認為以重刑之法懲治賊盜等社會奸人，不是為了殺賊刑盜，而是為了改變這種不良的社會陋習惡俗。即「重一姦之罪，而止境內之邪，此所以為治也」。這就是以法易俗。

以法訓民、以法教子、以法易俗的過程也就是尚同於法。韓非說：

> 明主之國，無書簡之文，以法為教；無先王之語，以吏為師。賞罰使天下必行之，令曰：「中程者賞，弗中程者誅。」令朝至暮變，暮至朝變，十日而海內畢矣，奚待期年？㊱

如果國家達到以法令為教材，以官吏為嚴師；法令早晨下達，過錯到傍晚就能糾正，法令傍晚下達，過錯到第二日早晨就能糾正，十日內全國都可以糾正完畢。這就是尚同於法。

以法治政和以法施教是韓非法的功能和作用，其結果是憑藉「法」建設一個國富兵強的國家，這是韓非法的價值指向。而這就是韓非的「法用」。

從韓非的法體、法性和法用中，可以看到韓非「法」的精義所在，即韓非對管仲、子產、李悝、商鞅、荀子法思想的發展及特色。這種發展及特色表現在以下兩個方面。

其一是韓非法的功利主義。

貫穿韓非法思想的一條主線是功利主義。這可以從韓非法的本

---

㉟ 《韓非子・六反》。

㊱ 《韓非子・五蠹》、《韓非子・難一》。

體、性質和功能三方面加以說明。從法體來看，韓非的法是成文法和公布法。而只有成文法和公布法，才能使社會中上（君主、官吏）有所據，社會中下（人民、百姓）有所守。由此，社會安穩、人心統一、國家富強。從法性來看，韓非的法具有權威性、至正性和時移性。其中，權威性固然是講君主憑藉法的權威，治理一個強盛的國家。而時移性則更強調為了治理好國家，法必須隨著時代的變化而變化。這樣，治國理民才能見功效。從法用來看，國富兵強是韓非法的價值目標和理想。韓非法的法體、法性、法用其實講的都是一個意思，即功利。韓非的法就是謀取功利的憑藉和保證。可見，功利主義是韓非法的重要精義。固然，韓非法的這一精義是對管子「任法尊君」和商鞅「法重功利」思想的繼承。但是，韓非法的功利主義又是對管子和商鞅思想的發展。這一發展主要表現在管子的法是為了尊君，通過任法尊君而達治國強國之目的。商鞅的法是通過重刑促進耕戰以達富國兵強之目的，而韓非認為這樣還不全面、不徹底，他的目的是要通過法理論的健全、施行而達到全國範圍各個方面的法治。進而，通過以法治國達到君主的強權統治。在強權統治下以實現稱霸於諸侯各國之上的強國的出現，並形成一統天下的格局。

其二是韓非法的至上主義。

如上所述，在法演變、發展的過程中，一直伴隨著禮與法的鬥爭和交合。管子的「以法矯禮」、商鞅的「以法易禮」、荀子的「以法釋禮」，都是這種鬥爭和交合的具體表現。但是，這一鬥爭和交合在韓非的法思想中基本終結了。雖然韓非業師於荀子，但對荀子的「為政不以禮，政不行矣」[37]的禮治思想是背道而馳的。關於「禮」，

---

[37]《荀子・大略》。

《韓非子・難一》篇有比較集中的論述。其中韓非講了兩個歷史典故用以批評禮治，宣揚法治思想。一個典故是講趙襄子被圍時，家臣高赫因不失臣之禮，得到了最高獎賞。韓非批評說這種以禮為標準的賞罰是錯誤的，是不明法的表現。「明主賞不加於無功，罰不加於無罪」。以法論賞罰才是正確的。另一典故是講晉平公不因自己說話不當而被樂師師曠以琴撞之而不發怒的故事。韓非認為：「平公失君道，師曠亦失臣禮。」他批評平公身為君主在聽說上犯錯誤而覺察不到錯在哪裡，是失「法」也；批評師曠的行為是奸臣襲用極諫的美名來掩飾殺君的行為，是犯「法」也。可見，韓非反對禮治、德治，將法治發展到極端。法至上主義既是韓非法思想的一個重要特點，又是一個重要缺陷。如果韓非的法治思想能夠吸取一些禮治思想的話，那麼，中國法家思想對中國歷史發展的作用將大大加大。這也正如吳師經熊先生所感嘆的那樣：「假使這種運動（指儒法之爭），有一共通之了解，由此劃分兩者之界線，每種運動皆在它適當的範圍內盡力，一者負教育之責，一者負統治之責，那麼整個中國之歷史文化，就會完全不同於現有的情況。但每一派卻力求爭有整個領域。……法家主張法律應優先於道德，但事實上法家禁止了所有的道德教育，並認為倫理道德是對國家公共秩序之破壞。」㊳

其次，闡釋「勢」。

「勢」字在經典中通用「執」。如《說文》無勢字，有「執」字。《禮記・禮運》篇云：「在執者去。」鄭注：「執，執位也。」

對「勢」進行詳細論述的是管仲。《管子》多處言勢。其一，《管子・七洪》篇講：「明於機數者，用兵之勢也」。這裡的勢是指

---

㊳　吳師經熊：《中國法學之歷史概論》《中國文化季刊》，一卷四期。

在敵我雙方對立情況下，構成用兵的形勢或趨勢。其二，《管子・霸言》篇講：「夫善用國者，因其大國之重，以其勢小之；因強國之權，以其勢弱之；因重國之形，以其勢輕之。」大者小之，強者弱之，重者輕之，其間使其實現的中介，便是勢；無勢、大小、強弱、輕重兩者的對待，就不可能發生轉化。由於主體的努力，勢可以改造外在的客觀環境。《管子・經言》有《形勢》篇，認為天地萬物，社會人事，都有形勢，形勢普遍寓於事物之中，通過有形象事物而得以體現。其三，《管子・法法》篇云：「凡人君之所以為人君者，勢也。故人君失勢，則臣制之矣。」《管子・明法解》篇講：「明主在上位，有必治之勢，則群臣不敢為非，是故群臣之不敢欺主者，非愛主也，以畏主之畏勢也。」又講：「故明主操必勝之數，以治必用之民，處必尊之勢，以制必服之臣。故令行禁止，主尊而臣卑。故明法曰：尊君卑臣，非計並也，以勢勝也」。這裡的勢作威勢、威力。在上與下地位對待的情況下，上與下的關係並非出之於愛，而是在於誰掌握權威、威勢。勢勝是決定和維護君臣尊卑等級差別的關鍵。對此，《明法解》篇還說：「人主之所以制臣下者，威勢也。故威勢在下，則主制於臣；威勢在上，則臣制於主。」威勢、權勢是一種工具、利器，它掌握在哪一方手裡，就可控制、制服另一方，使之屈服，受制於己。

繼管仲之後，商鞅繼續對「勢」作了價值評價。《商君書・禁使》篇說：「凡知道者，勢、數也。故先王不恃其強，而恃其勢；不恃其信，而恃其數。」道指法度，數指法術。商鞅以道統一勢與術，已見法、術、勢統一的趨向。但商鞅仍貴勢。《禁使》篇還說：「故曰：其勢難匿者，雖跖不為非焉，故先王貴勢。」比如蓬草遇旋風，是憑藉風的勢力；治理國家，也必須憑藉權勢、威勢才能治理好。

而言勢最多、最重勢者，當屬慎到。按黃公偉先生的觀點，慎到是由「道」而「勢」。如黃公偉先生說：慎子學說，以自然天道以論人生現象，乃由道而法之學者。其論天道，由陰陽四時寒暑變化，以剖判宇宙之大化流行，極饒科學眼光。如慎子云：「天地既判而生兩儀，輕清浮而為天，重濁凝而為地。天形如彈丸。半覆地上，半隱地下。其勢斜倚，故天行健。」申明地球經緯度之運轉，而有陰陽四時之演化，自然風雨之發生。他說：「氣之摯斂而有質者為陰，舒散而有氣者為陽。陰氣凝聚，陽在內者不得出，則激搏而為雷；陽在外者不得入，則周旋六合而為風。陽與陰夾持，則磨軋有光而為電。陽氣正升，為陰氣所乘，則相持而為雨。」慎子以雲霧霜霰之變化，風雨雷電之形成，莫非陰陽二氣相磨蕩所致。其說近於列子，而依於太極論，較有進步見地。是為慎子的天道觀。依天道觀之盈虛以論人道，慎子由相對論而主必然論。其說以「勢」為主。他說：「賢人屈於不肖者，其權輕位卑也。不肖而能服於賢者，則權重位尊也。由是觀之，賢智未足以服眾，而勢位足以屈賢者也。」可見，慎到的「勢」強調人道之勢來自天道㊴。

關於「勢」與「道」的關係。荀子作了進一步論證。如《荀子・王霸》篇說：「人主者，天下之利勢也。得道以持之，則大安也，大榮也，積美之源也。」《荀子・強國》篇講：「處勝人之勢，行勝人之道，天下莫忿，湯、武是也；處勝人之勢，不行勝人之道，厚於有天下之勢，索為匹夫不可得也，桀、紂是也。然則得勝人之勢者，其不如勝人之道遠矣。」荀子強調應該用正確的政治原則（道）去掌握國家政權和君主權威（勢），才是治理國家的正確途徑。所

㊴　參閱黃公偉：《法家哲學體系指歸》，頁204。

以，荀子是道、勢兼重，並用論者。

由此，可以對韓非之前關於「勢」的觀點，作一評估。管仲和商鞅的「勢」側重於「權勢」、「威勢」、「勢力」之意。他們從法家立場出發，強調君主權勢的重要性和必要性，所以側重於「勢」的價值理解。慎到和荀子的「勢」，側重於從「勢」與「道」的關係來理解勢。但由於慎到和荀子所理解的「道」有殊，所以，慎到的「勢」與荀子的「勢」也有別。慎到把「道」解釋為天之道、自然之道，再由自然之道進入人之道，即由道到勢。這樣，慎到的「勢」是指自然之勢，又可稱為天勢。誠如王邦雄先生的評價：「慎子既以為人在自然世界之中，要聽從物理之勢的推移，在政治社會中，自要接受政治權力的安排。」「足見其（慎子）法實為因人情之自然法，而非講求實效之實證法，其勢亦一自然之勢位，而非控御萬民之威勢。」㊵荀子的「道」是指政治原則，也就是一種抽象的道理或道德原則。他認為如果「道」正確，那麼「勢」才能發揮正確的作用，否則，「人主不務得道，而廣存其勢」，那是危險的。㊶

韓非子對管子、商鞅、慎到和荀子的「勢」進行了梳理、改易和充實，而形成了韓非政治哲學中的一個重要範疇。下面，就闡釋韓非思想中的「勢」。

韓非政治哲學中的「勢」範疇，是與「道」、「權」、「柄」三個概念緊密聯結在一起，構成了勢的理論依據、勢的本質內容和勢的表現形式。所以，闡釋「勢」範疇，要結合勢與道、勢與權、勢與柄的關係進行論述。

第一，因勢與主道。

---

㊵ 王邦雄：《韓非子的哲學》，頁84。

㊶ 參閱張立文：《中國哲學範疇發展史》（人道篇），頁750。

如上所述，慎到講「勢」，是由「道」而入「勢」。他是把宇宙之大道作為人間社會統治權的一種依據。慎到的這一思想，被韓非所攝取。韓非在《揚權》篇中對「道」作了精闢的論述。他說：

> 夫道者，弘大而無形；德者，覈理而普至。至於群生，斟酌用之，萬物皆盛，而不與其寧。道者，下周於事，因稽而命，與時生死。參名異事，通一同情。故曰：道不同於萬物，德不同於陰陽，衡不同於輕重，繩不同於出入，和不同於燥濕，君不同於群臣。——凡此六者，道之出也。道無雙故曰一。是故明君貴獨道之容。

其意是說：道是廣大而沒有形狀的；德是內含著理而普遍存在的。至於萬物，都自然地適量地汲取了道和德，萬物都依靠道和德而形成，可是道和德並不與萬物一同停息。道，普遍地存在於一切事物之中。它根據對具體事物的考核而命予不同的名字，具體事物則隨著時間的推移而產生、死亡。比較研究不同的名稱，萬事萬物是有差異的，但從道的角度來看，它們的實質是共同的。所以說，道和它生成的萬物不相同，德和它所包含的陰陽不相同，衡器和它所衡量的輕重不相同，墨線和它所矯正的彎曲不相同，和這種定音器與影響聲音的燥濕不相同，君主和他所任用的臣子不相同。所有這六種情況都是道衍化出來的。道是獨一無二的，所以叫作一。因此，英明的君主尊重道的那種獨一無二的樣子。

這裡，韓非把獨一無二的「道」作為至高無尚的君權「勢」的理論根據。「道」是一種客觀的規律，所以，「勢」也是一種客觀的存在。即「烏獲輕千鈞而重其身，非其身重於千鈞也，勢不便也。

離朱易百步而難眉睫，非百步近而眉睫遠也，道不可也」。[42]烏獲以千鈞的東西為輕，而以自身的重量為重，並不是自己的身體重於千鈞，而是勢（形勢）不便於把自己的身體舉起來。離朱能看到百步以外的毫毛，但難於看到自己的眼睫毛，這是道（法則）辦不到的。由此可知，「勢」並不是國君依主觀的願望而可以隨意行使的權力，而是根據客觀形勢以達成主觀願望的一種力量，從這一觀點來言「勢」，即為：

> 非天時，雖十堯不能冬生一穗；逆人心，雖賁、育不能盡人力。故得天時，則不務而自生；得人心，則不趣而自勸；因技能，則不急而自疾；得勢位，則不進而名成。若水之流，若船之浮。守自然之道，行毋窮之令，故曰明主。[43]

不順應天時，即使是十個堯一樣的賢明君主也不能使莊稼在冬天結出一個穗；違背了人心，即使是孟賁、夏育這樣的大力士也不肯多出力氣。而掌握了天時，就是不用努力，莊稼也會自然生長；得到了人心，就是不用督促，民眾也能自我勉勵；憑藉技能，就是不急於成功，事情也會成功得很快；有了勢位，就是不用追求，也能獲得聲名。這就好像水那樣自然流動，好像船那樣在水上漂浮。所以，把握住自然之道，就是英明的君主。韓非認為，守住自然之道的君主，其勢是「自然之勢」，所謂「自然之勢」，韓非解釋說：堯、舜降生於世而處在君主的位置上，即使有十個桀、紂也不能擾亂天下，那是由於「勢治」的緣故；桀、紂降生於世而處在君主的位置上，

---

[42] 《韓非子・觀行》。

[43] 《韓非子・功名》。

即使有十個堯、舜也不能治理好天下，那是由於「勢亂」的緣故。所以說，「勢治」就不可能擾亂，而「勢亂」就不可能治理好。這都是自然之勢，不是人所能安排的。可見，此種基於承襲而取得的統治權力就是「自然之勢」。

這種「自然之勢」，韓非認為是「賢者用之則天下治，不肖者用之則天下亂」，是「以勢亂天下者多矣，以勢治天下者寡矣」。㊹所以，韓非寡言「自然之勢」，而主張「人設之勢」。

如果說「自然之勢」來於「守道」的話，那麼「人設之勢」則來於「主道」。《韓非子》中專有《主道》篇，其開宗明義寫到：

> 道者，萬物之始，是非之紀也。是以明君守始以知萬物之源，治紀以知善敗之端。

這是說道是萬物的本源，是非的準則。因此，英明的君主把握住這個本源以了解萬物的由來，研究這個準則以了解事情成敗的原因。所以，「主道」即做君主的原則。而君主掌握了這個原則，即「勢」，便可以「勝眾」。這就是韓非所說的「勢之為道也，無不禁」，也是「吾所為言勢者，言人之所設也」。㊺

關於「人設之勢」，《韓非子・難勢》篇主要講了兩點。一點是持勢君主為中人。「吾所以為言勢者，中也。中者，上不及堯、舜，而下亦不為桀、紂。」堯、舜是聖人，桀、紂是暴君，歷史上像這樣的君主，千世而一出，大多數君主屬中人。「人設之勢」為中人君主之所能，是中人之治。二點是勢與法相結合。「抱法處勢則治，

---

㊹ 《韓非子・難勢》。

㊺ 《韓非子・難勢》。

背法去勢則亂。」韓非認為，如果徒講「勢」，那就是「自然之勢」，只有把「勢」與「法」結合起來，才是「人設之勢」。所以，「人設之勢」就是由人主設「法」所加強的「勢」。用王邦雄先生的話來解釋就是：「非單指勢位的承襲而言，亦非赤裸裸的政治權力，其人設之勢，乃指威勢的運用，必與國法相結合，在法有定制常軌之下，對絕大多數的中主而言，勢不可亂而可治，此即所謂抱法處勢則治的法勢。」[46]

「人設之勢」就是「法勢」，又可稱為「人勢」。它不是強調「勢」的自然而然性，而是強調「勢」的主觀人為性。這是韓非的「勢」的一個重要特點，也是韓非政治哲學的一個基本特點。

第二，任勢與集權。

關於「勢」的定義，韓非有一句名言：

> 勢者，勝眾之資也。[47]

「資」是憑藉。君主一人要想統治眾人，他必須有所憑藉，就是作為君主的權力。這個權力，就是「勢」。

韓非認為，「勢」對於君主來說是至關重要的。為此，《韓非子》中有許多關於「勢」重要性的論述。如《功名》篇說：

> 夫有材而無勢，雖賢不能制不肖。故立尺材於高山之上，下臨千仞之谿，材非長也，位高也。桀為天子能制天下，非賢也，勢重也；堯為匹夫，不能正三家，非不肖也，位卑也。

---

[46] 王邦雄：《韓非子的哲學》，頁173。

[47] 《韓非子・八經》。

千鈞得船則浮，錙銖失船則沉。非千鈞輕而錙銖重也，有勢之與無勢也。故短之臨高也以位，不肖之制賢也以勢。

其意是說：有德才而沒有權勢，雖是賢人也不能制服不肖的人。所以，在高山上樹立尺把長的木材，那就下臨千仞深澗，這並不是木材高，而是因為位置高。桀為天子，能治天下，不是因為其賢，而是勢重也；堯為普通人，不能管理三家，不是因為其不肖，而是位卑也。千鈞那樣重的東西，依靠船就可以浮起來；錙銖那樣輕的東西，沒有船就會沉下去，這並不是千鈞輕而錙鐵重，而是因為有沒有船——「勢」作為依託的緣故。韓非在這裡以高山之木、勢重之桀、得船之千鈞因得「勢」，而能臨千仞、制天下、浮於水的事例，深入淺出地闡明了「勢」的重要性。其重要性就表現在「勢」是達到某一目的的決定性因素。有勢、得勢，主觀的臆想就可以變為現實。因為「勢」的本質內容是「權」，所以，「堯教於隸屬而民不聽，至於南面而王天下，令則行，禁則止。由此觀之，賢智未足以服眾，而勢位足以屈賢者也。」[48]這裡的「南面而王」、「勢位」講的就是「權」。「勢」作為「權」無疑是君主第一重要的東西。

《韓非子・人主》篇又說：

所謂威者，擅權勢而輕重者也。此二者，不可不察也。夫馬之所以能任重引車致遠道者，以筋力也。萬乘之主、千乘之君所以制天下而征諸侯者，以其威勢也。威勢者，人主之筋力也。

---

[48] 《韓非子・難勢》。

在《人主》篇中，韓非把「勢」比喻為人主的「筋力」。馬之所以能任重引車致遠，是由於有筋力；人主要想制天下而征諸侯，也必須憑藉著筋力。這筋力不是別的，就是「勢」。可見，「勢」是極其重要的。勢在這裡的重要性，又表現為一種「威」，故韓非叫做「威勢」。「國者，君之車也；勢者，君之馬也。」㊾國為君之車，即國為君之體；勢為君之馬，即勢為君之威。君必須以勢之威治理國家，才能兵強國富、稱霸諸侯。可見，「威勢」的實質內容是「力」。

在韓非的「勢」的思想中，「勢」是「權」，是「力」。他匯「勢」、「權」、「力」為一體，並主張「任勢」必須先「集權」，且權力也必須集中於君主一身。否則，失勢分權，後果則不堪設想。為此，韓非反覆告誡君主說：「權勢不可以借人。上失其一，臣以為百。故臣得借則力多，力多則內外為用，內外為用則人主壅。」㊿君主的權勢不可以讓給別人。君主失去一分權勢，臣下就會當作百分權勢去利用。所以，臣下得到權勢，力量就強大，力量強大，朝廷內外就為他所利用。這樣，君主就要受獲蒙蔽。君主之蔽如《主道》篇所言有「五壅」：

> 是故人主有五壅：臣閉其主曰壅，臣制財利曰壅，臣擅行令曰壅，臣得行義曰壅，臣得樹人曰壅。

臣閉其主，使主失位；臣制財利，使主失德；臣擅行令，使主失制；臣得行義，使主失明；臣得樹人，使主失黨。最終則形成：大臣互相勾結，結成一體，暗地裡相互作為耳目，等待時機，鑽君主的空

㊾　《韓非子・外儲說右上》。

㊿　《韓非子・外儲說右下》。

隙。而君主被臣下所蒙蔽，有君主之名而無君主之實。大臣壟斷國家的法令而獨斷專行，周天子就是這樣。所以，韓非警告說：

偏借其權勢，則上下易位矣，比言人臣之不可借權勢也。[51]

韓非將那些擅令違法之臣稱之為「重臣」或「重人」，奉公守法之臣稱為「貴臣」。他說：「明主之國，遷官襲級，官爵受功，故有貴臣，言不度行，而有偽必誅，故無重臣。」[52]為了防止「重臣」的形成，韓非認為君主應嚴格執行「大臣之祿雖大，不得借威城市；黨羽雖眾，不得臣士卒。故人臣處國無私朝，居軍無私交，其府庫不得私貸於家。此明君之所以禁其邪」。[53]大臣的俸祿雖然大，但不能憑藉城市造成自己的威勢；黨羽雖然多，但不能擁有私人武裝。所以臣子在朝廷任職時不能舉行私家的朝會，在軍隊任職時不能和別國有私人交往，他們倉庫裡的財物也不能私自借給私家。韓非認為，這樣做才是英明的君主禁止「重臣」形成的辦法。因為只有禁止臣下樹立自己的威勢、擁有自己的軍隊，才能防止君主失勢分權，也才能使人主真正做到任勢集權。

進而，韓非又對已形成的「重人」勢力的打擊方法提出了具體措施：

為人君者，數披其木，毋使木枝扶疏；木枝扶疏，將塞公閭，私門將實，公庭將虛，主將壅圍。數披其木，無使木枝外拒；

---

[51] 《韓非子・備內》。

[52] 《韓非子・八說》。

[53] 《韓非子・愛臣》。

木枝外拒，將逼主處。數披其木，毋使枝大本小；枝大本小，將不勝春風；不勝春風，枝將害心。公子既眾，宗室憂吟。止之之道，數披其木，毋使枝茂。木數披，黨與乃離。掘其根本，木乃不神。填其洶淵，毋使水清。探其懷，奪之威。主上用之，若電若雷。[54]

韓非用「木枝扶疏」即樹枝茂盛，「木枝外拒」即枝葉外伸，「枝大本小」即樹枝大樹幹小來比喻臣下權大而君主權小，即君主失勢分權狀。對於失勢分權的打擊措施是「掘其根本，木乃不神」，即掘斷樹根，樹就沒有生氣了；「填其洶淵，毋使水清」，即填塞洶湧的深淵，不讓水奔騰咆哮。而且君主必須做到「主上用之，若電若雷」，即君主使用自己的權勢，要像電閃雷鳴般果斷有力。只有這樣，權勢才能集於君主一身。這就是「任勢」與「集權」的統一。「任勢」與「集權」統一的結果是「明主者使天下不得不為己視，天下不得不為己聽，故身在深宮之中，而明照四海之內，而天下弗能蔽，弗能欺者何也？闇亂之道廢而聰明之勢興也。故善任勢者國安。」[55]「任勢」與「集權」思想也表明韓非將君主「專制」的思想發揮到了極致。

第三，處勢與操柄。

韓非融「任勢」與「集權」為一，這就是權勢。權勢作為一種尊嚴，體現在君主身上，具體表現為刑德，又稱賞罰。韓非將賞罰視為君主的「二柄」。「柄」的本意是把子，如刀把子等。韓非認為君主要行使權勢，就必須抓住賞罰這兩個把子。賞罰就是勢的把子，

---

[54] 《韓非子・揚權》。

[55] 《韓非子・姦劫弒臣》。

握住了勢的把子，就可以運用勢、行使勢。這就是「勢」與「柄」的關係，也就是「勢」的具體表現形式，即處勢必須操柄。

關於「二柄」，韓非專門寫了《二柄》篇，其中說道：

> 明主之所道制其臣者，二柄而已矣。二柄者，刑德也。何謂刑德？曰：殺戮之謂刑，慶賞之謂德。為人臣者畏誅罰而利慶賞，故人主自用其刑德，則群臣畏其威而歸其利矣。……今人主非使賞罰之威利出於己也，聽其臣而行其賞罰，則一國之人皆畏其臣而易其君，歸其臣而去其君矣。此人主失刑德之患也。夫虎之所以能服狗者，爪牙也，使虎釋其爪牙而使狗用之，則虎反服於狗矣。人主者，以刑德制臣者也，今君人者釋其刑德而使臣用之，則君反制於臣矣。

這段話包含了兩個意思。一個意思是表明了二柄是勢的表現形式。勢作為君主的權威，表現為對臣下的絕對使用。而臣下之所以能規規矩矩地被君主所利用，是由於賞罰的威力。殺為罰，慶為賞。畏罰而好賞是人性的必然歸趣，是順乎人情的。「凡治天下，必因人情。人情者有好惡，故賞罰可用。賞罰可用，則禁令可立，而治道具矣。君執柄以處勢，故令行禁止。柄者，殺生之制也；勢者，勝眾之資也。」[56]利是人之所欲，害是人之所惡，所以賞罰才能發生作用，所以，「群臣畏其威而歸其利矣」。這個「威」，既是指君主的「勢」——威勢，又是指「二柄」——賞罰。勢之威以賞罰的形式表現出來，二柄之威歸之於勢。另一個意思是說明了二柄必須牢牢掌握在君主本人手中。君主把賞罰兩個把子緊握手中，就是「處勢」

---

[56] 《韓非子・八經》。

而「操柄」。否則，就如同老虎失掉了爪牙而服於狗一樣。這就是「失勢」而「喪柄」。失勢喪柄的結果是「君反制於臣矣」。為了使君主真正做到「處勢」而「操柄」，韓非在《六反》篇中講了操柄的幾個要點。《六反》篇曰：

> 聖人之治也，審於法禁，法禁明著，則官治；必於賞罰，賞罰不阿，則民用。民用官治則國富，國富則兵強，而霸王之業成矣。……凡賞罰之必者，勸禁也。賞厚，則所欲之得也疾；罰重，則所惡之禁也急。夫欲利者必惡害，害者，利之反也。反於所欲，焉得無惡？欲治者必惡亂，亂者，治之反也。是故欲治甚者，其賞必厚矣；其惡亂甚者，其罰必重矣。……故曰：重一姦之罪而止境內之邪，此所以為治也。重罰者，盜賊也；而悼懼者，良民也。欲治者奚疑於重刑！若夫厚賞者，非獨賞功也，又勸一國。受賞者甘利，未賞者慕業，是報一人之功而勸境內之眾也，欲治者何疑於厚賞！

這裡包含了三個要點。其中第一個要點是「不阿」。所謂「不阿」，就是「必於賞罰」的「必」。其意是說君主對於臣下，按照法令的規定，應該賞的必定賞，應該罰的必定罰，必須信賞必罰。這就是「不阿」。如果因為偏私或其他緣故，應該賞的而不賞，應該罰的而不罰，這就是「阿」。如果有「阿」，賞罰的效用就失去了。失去賞罰的效用，就意味著君主「失柄」。「失柄」的實質就是「失勢」。所以，「不阿」就是「必」，也就是信用的「信」。君主如果講「信」，按照法令的規定，真能信賞必罰的話，那麼，臣下和百姓都希望得賞，害怕受罰，就一定為君主所利用。這樣，就會國富兵強，也就會稱霸成王。國富兵強、稱霸成王意味著君主的權勢、威勢。由此可見，「勢」與「信」有著密切關聯。要想「處勢」，就必須講「信」；講「信」，則可以更好地「處勢」、「得勢」。

其中第二個要點是「賞厚」、「罰重」。所謂「賞厚」、「罰重」是講韓非主張賞應厚賞，罰應重罰。如果「賞譽薄而謾者下不用也，賞譽厚而信者下輕死」[57]。賞譽輕而又不兌現，臣民就不為君主所用；賞譽厚而又守信用，臣民就拚死為君主效力。這是因為人都有欲，他所欲的東西就叫作利。欲的反面叫惡，所惡的東西就叫作害。賞厚，受賞的人就可以很快地得到他所欲的東西。罰重，受罰的人就可以很快地得到他所惡的東西。這樣，賞罰的效用就特別顯著。這是從人臣這方面說的。從人主這方面說，凡是人君都希望把他的國治得很好，治是人主的利。亂是治的反面，人主既然希望治，一定反對亂。所以，他的賞必定要厚，他的罰必定要重[58]。賞厚、罰重還涉及到譽、毀問題。韓非認為，賞厚罰重應與譽毀相應。「爵祿，所以賞也；民重所以賞也，則國治。刑之煩也，名之繆也，賞譽不當則民疑，民之重名與其重賞也均。賞者有非焉，不足以勸；罰者有譽焉，不足以禁。明主之道，賞必出乎公利，名必在乎為上。賞譽同軌，非誅俱行。」[59]這是說：爵祿是君主用來獎賞臣民的，臣民重視爵祿，國家就能治理好。而所加的刑罰煩亂，給予的名聲錯誤，獎賞和聲譽不當，就會使臣民懷疑，因為臣民對重名和重賞是一樣重視。對受賞的人加以非議，就不能鼓勵立功；對受罰的人加以贊揚，就不能禁止奸邪。所以，英明君主的治國原則，受賞的一定是

---

[57] 《韓非子·內儲說上》。

[58] 參閱馮友蘭：《中國哲學史新編》（第二冊），頁429。

[59] 《韓非子·八經》。

對國家有功的人，受贊譽的一定是為君主效勞的人。獎賞和贊譽一致，處罰和貶斥並行。否則，「譽所罪，毀所賞，雖堯不治」。[60]該懲罰的，反而加以稱贊；該獎賞的，反而加以詆毀，即使堯也不能治好國家。這就是韓非強調賞厚罰重與譽毀一致的重要性。

其中第三個要點是「勸禁」。韓非指出「凡賞罰之必者，勸禁也」，即「重一姦之罪而止境內之邪」。韓非這話的意思是二柄、賞罰的作用，並不限於受賞或受罰的人，更重要的是勸禁。所謂「勸禁」，是講受罰的是某個人，但許多人可以從中知所畏懼而不敢犯法。受賞的是有功的人，可是獎了一個有功的人，全國的人都會從中受到勉勵。受賞的人，得到了利。沒有受賞的人因羨慕受賞人的利，而會為君主盡力。這種「勸禁」的結果是使君臣、君民上下之間結成恩情。「明主立可為之賞，設可避之罰。故賢者勸賞而不見子胥之禍，不肖者少罪而不見傴剖背，盲者處平而不遇深溪，愚者守靜而不陷險危。如此，則上下之恩結矣。」[61]英明君主設立的賞，臣民只要努力就可以得到；設立的罰，臣民只要注意就可避免。有了這種賞罰，臣民都知所趨避。好比盲人處在平坦的地方而不會遇到深澗，愚痴的人保持安靜的生活而不會陷入危險的境地。這樣，君臣、君民上下之間的恩情就結下了。這點正如馮友蘭先生所評價的：反對法家的人都認為法家「刻薄寡恩」。韓非認為，法家的作法，並不是寡恩，而是結恩[62]。

韓非關於「勢」的思想既是對管仲、商鞅、慎到和荀子的繼承，又是一種發展。這種發展具體表現為以下兩點。

---

[60] 《韓非子・外儲說左下》。

[61] 《韓非子・用人》。

[62] 參閱馮友蘭：《中國哲學史新編》（第二冊），頁430。

發展之一：慎到講「天勢」，韓非講「人勢」。韓非的「人勢」說以為中才君主掌握政權的一種法治原則和對「任賢」不「任勢」的批評，充實了法家的「勢治」理論。

慎到言勢，專言「自然之勢」即「天勢」，而不言「人勢」即韓非所謂的「人設之勢」。其結果，為反勢治派造成了兩個反對理由。一個理由是「以堯之勢以治天下也，其勢何以異桀之勢也，亂天下者也。夫勢者，非能必使賢者用之，而不肖者不用之也。」「以勢亂天下者多矣，以勢治天下者寡矣。夫勢者，便治而利亂者也。故《周書》曰：『毋為虎傅翼，將飛入邑；擇人而食之。』夫乘不肖人於勢，是為虎傅翼也。桀、紂為高臺深池以盡民力，為炮烙以傷民性，桀、紂得成肆行者，南面之威為之翼也。使桀、紂為匹夫，未始行一而身在刑戮矣。勢者，養虎狼之心而成暴亂之事也，此天下之大患也。」[63]這是說，勢都是一樣的，賢者可以用，不肖者也可以用。像桀、紂這樣的不肖者用之，就如同《周書》所說，是給老虎添上了翅膀，讓牠飛進城市去吃人。所以勢是養虎狼之心，成就暴亂的東西。另一個理由是「應慎子曰：飛龍乘雲，騰蛇遊霧，吾不以龍蛇為不託於雲霧之勢也。雖然，夫釋賢而專任勢，足以為治乎？則吾未得見也。」[64]反勢治派認為，應「任賢」而治。因為去賢任勢而治，未得見也。

對此，韓非以「人勢」理論進行反駁。韓非說：「夫勢者，名一而變無數者也。勢必於自然，則無為言於勢矣。」[65]勢的名稱雖然只有一個，但有無數個不同含義。勢如果一定出於自然，那就不用

---

[63] 《韓非子・難勢》。

[64] 同[62]。

[65] 同[62]。

討論了。故韓非專言「人設之勢」。而「人設之勢」即「人勢」，是專為中才之主設立的。因為世人像堯、舜和桀、紂那樣的賢者和不肖者是很少見的，中才之主則是不斷出現的。中才之主只要「抱法處勢則治」。至於像堯舜、桀紂這樣的特殊情況，韓非說：「今廢勢背法而待堯舜，堯舜至乃治，是千世亂而一治也。抱法處勢而待桀紂，桀紂至乃亂，是千世治而一亂也。且夫治千而亂一，與治一而亂千也，是猶乘驥、駬而分馳也，相去亦遠矣。」[66]廢勢背法而治則亂，即使堯舜能治，那也是千世亂而一治；抱法處勢則治，即使桀紂能亂，那也是治千而亂一。治千而亂一與千世亂而一治，兩者相比是背道而馳，相去甚遠。所以，韓非認為「人勢」而治是最重要的，只能「任勢」而不能「任賢」。進而，韓非又以「矛盾」說闡明了賢勢不相容的道理，並批評了「任賢」而治的理論。「賢之為道不可禁，而勢之為道也無不禁，以不可禁之賢與無不禁之勢，此矛盾之說也。夫賢勢之不相容亦明矣。」[67]按照賢治的原則，賢人是不受約束的；按照勢治的原則，是什麼都可約束的。「不可禁」的「賢」與「無不禁」的「勢」就構成了矛盾。賢治與勢治是不能相容的。所以，法家「任勢」而不「任賢」。

發展之二：韓非主張「勢」與「權」、「力」、「信」的結合。由此，從權力與信譽方面豐富了勢的內涵。

韓非認為「勢」為君主勝眾之資。這個「資」就是君主的資本、憑藉，即「權」。韓非又認為「勢」為君主之筋力。這個「筋力」就是君主的筋脈、精力，即君主的根基。這個根基也就是君主之所以為君主的威力。可見，「勢」與「權」，與「力」的結合，表明

[66]《韓非子・難勢》。

[67]《韓非子・難勢》。

「勢」的實質就是「權力」。而當「勢」作為「權力」發揮作用時，韓非認為「勢」又要與「信」(即「必」、「不阿」) 相結合。這是因為如不講「信」，沒有信用，沒有信譽，那麼就會妨礙、影響「勢」功能的效果。可見，「勢」與「信」的結合，表示著君主信譽的提高。而君主信譽的提高又是「勢」功能充分發揮的保證。

第三，解釋「術」。

關於「術」，《說文》云：「術，邑中道也。从行，術聲」。術，本為道路蹊徑，引申為「道術」。

申不害被稱為是以術治天下的法家代表，但他的《大體》篇中卻不言「術」，只有「名」、「道」。實際上，申子是以「形名」而言「術」。故黃公偉先生說：「申子生當戰國法家得勢之秋，此時所流行的『權術』、『法術』已脫開『道術』而應合於諸侯之自存除患需要。以故，西方之韓國，繼東方齊人尹文的形名主義，而大張法術之幟。申慎之學雖源於黃老道術，而此正陰陽家者流也。」「自形上學派以觀申子之術，則在天為『道術』，在人為『法術』，在政為『權術』，在法為『勢術』。是天人關係為『形名』之溝通，為政治之用『法』，又為相用之貫穿。」[68]關於申子術治思想的要點，專精於「察奸」一點。如申子強調群臣皆有自為心，時刻窺伺君心。為防止臣下夤緣以成奸，君主必須要藏好惡，使臣下無意窺知君意之所在。又如申子告誡君主，必須防越權。他認為越權行事之弊，尤甚於有虧職守。

對此，韓非說：「申不害言術」，但又說：「申子未盡於術。」[69]他認為申子雖然講「術」，但講得不盡完善。為了完善「術」概念，

[68] 黃公偉：《法家哲學體系指歸》，頁190。

[69] 《韓非子・定法》。

就引出了韓非政治哲學中的第三個重要範疇——「術」。

在《韓非子》中對「術」的性能論述最詳細的，有這樣兩段：

> 術者，因任而授官，循名而責實，操生殺之柄，課群臣之能者也。此人主之所執也。
>
> 術者，藏之於胸中，以偶眾端，而潛御君臣者也。[70]

以上兩段引文表明了韓非「術」的性能、運用和陋蔽。檢討其性能、運用和陋蔽，就可以全方位地把握韓非的「術」範疇。

下面，就從這三個方面解釋「術」。

其一，關於「術」的性能。

上述引文中的「操生殺之柄，課群臣之能，此人主之所執也」，講的就是「術」的性能。其要義有三：

一是「術」的運用對象——群臣（官吏）。

韓非曾經說過：「人主者，守法責成以立功者也。聞有吏雖亂而有獨善之民，不聞有民亂而有獨治之吏。故明主治吏不治民。」這是以臣為術之對象的基本原因。君主行使君權治理國家，不可能直接治理人民。君權必須通過群臣（官吏）的作用，才能由上而下地駕馭人民，展現君權的威嚴。要想把國家治理好，君主就必須要把握住群臣（官吏），使之為己所用。這樣，君主就必須要有控制、駕馭群臣（官吏）的手段和方法。這個手段和方法就是「術」。

二是「術」的作用——操生殺之柄，課群臣之能。

「術」的對象是君臣，其作用是掌握其生殺大權，考核群臣的能力。而此一界定，言「操生殺之權」，似與勢之「執柄」、「操權」

[70] 《韓非子・定法》、《韓非子・難三》。

混而不分。事實上，權柄本因勢而有，而權柄之操執，則屬於術之功能。故曰操生殺之權，以課君臣之能，此一如厚賞重罰，因法而立，而信賞必罰，則屬勢之權威。此言術之性能，與法適為一對反。蕭公權先生論法術之別有三：「法治之對象為民，術則專為臣設，此其一。法者君臣所共守，術則君主所獨用，此其二。法者公布眾知之律文，術則中心暗運之執智，此其三。」71

三是「術」的掌握權——人主之所執。

韓非認為「術」必須牢牢控制在君主手中，藏於君主心中，不可外露。誠如熊十力先生所云：「韓非之書，千言萬語，壹歸於任術而嚴法，雖法術兼持，而究以術為先（先者扼重義，非時間義）。術之神變無窮也，揭其宗要，則卷十六，《難四》篇，術不欲見一語盡之矣。卷十七，《說疑》篇曰凡術也者，主之所以執也。此一執字，甚吃緊。執有執持、執藏二義。……天下莫逃於其所藏之外，亦眩且困於其所藏之內，而無可自擇自動地，是謂執藏。持之堅，可以百變而不離其宗；持之妙，有宗而不妨百變，是謂執持。不了執義，則不知韓非所謂術也。」72對於熊十力先生認為韓非以「術」為最重要的觀點，筆者不敢苟同；但對於熊十力先生對「人主之所執」的「執」字意義的深刻分析，卻深有同感。「執」字的「執持」和「執藏」二義，清楚地說明「術」為人主所獨有的道理。

上述三要義表明了術是君主所獨有的駕馭群臣的方法或手段，這是術的性質。術的功能是考核群臣的能力（督責）和檢測群臣的忠奸（防奸）。

其二，關於「術」的運用。

---

71 參閱王邦雄：《韓非子的哲學》，頁184。

72 熊十力：《韓非評論》，《學原》三卷一期，頁7。

「術」的運用，表現在三個方面，即上述引文中的「術者，藏之於胸中，以偶眾端，而御群臣者也」和「術者，因任而授官，循名而責實」。它們構成了「無為術」、「參驗術」和「形名術」。

無為術：

「無為術」又稱「執要術」，是對道家「無為」思想的一種運用。引文中的「術者，藏之於胸中，以偶眾端，而御群臣者也」即為無為術。

司馬遷說：韓非「喜刑名法術之學，而其歸本於黃老」。此說頗有見地，因為韓非「無為術」的理論來源便是黃老之學。

《老子》第四十七章說：「不出戶，知天下；不窺牖，見天道。其出彌遠，其知彌少。是以聖人不行而知，不見而明，不為而成。」對這一思想，韓非在《喻老》篇中發揮說：「(聖人) 能並智 (知)，故曰不行而知。能並視，故曰不見而明。隨時以舉事，因資而立功，用萬物之能，而獲利其上，故曰不為而成。」韓非認為，聖人能將別人的聰明智慧為己所用，能利用萬物的特性而獲利，所以能「無為而無不為」。

《老子》第三十八章說：「上德不德，是以有德。下德不失德，是以無德。上德無為而無以為，下德無為而有以為。」對這一思想，韓非在《解老》篇中又作了自己的解釋和發揮。他說：「所以貴無為、無思、為虛者，謂其意無所制也。夫無術者，故以無為無思為虛也。夫故以無為、無思、為虛者，其意常不忘虛，是制於為虛也。虛者，謂其意所無制也，今制於為虛，是不虛也。虛者之無為也，不以無為為有常。不以無為為有常則虛，虛則德盛。德盛之謂上德。故曰：上德無為而無不為也。」其意是說，所以推崇無為、無思作為虛的原因，是說人的心意不受任何牽制。而那些不懂得道術的人，故意用無為、無思來表現虛。故意用無為、無思來表現虛的人，他的心意常常不忘記虛，這就是被虛所牽制了。真正做到虛的人，在對待無為上，不把無為當作經常要注意的事。不把無為當作經常要注意的事，就虛了。而這樣的虛，其實是不虛，所以，意無所制就是無為。只有無為，才可以無不為。按照韓非的解釋，真正的「無為」並不是什麼事也不作，而應是「無為而無不為」。強調「無不為」是韓非對老子思想的發展。如馮友蘭先生所說：「無為而無不為是老子說的。不過，老子說這句的時候，注重在『無為』，韓非解釋這句話的時候，注重『無不為』。」[73]

韓非「無為術」的具體內容是：

> 事在四方，要在中央。聖人執要，四方來效。虛而待之，彼自以之。……夫物者有所宜，材者有所施，各處其宜，故上乃無為。使雞司夜，令狸執鼠，皆用其能，上乃無事。[74]

這是說，政事分散在地方，大權集中在中央。聖明的君主掌握住權柄，四方的臣民都會來貢獻力量。君主用虛靜的態度對待他們，他們自然會用上自己的才能。萬物都有它適宜的用處，才能都有它施展的地方，各知處在適當的位置上，所以君主就可以無為了。比如雞能晨啼，就叫牠司夜；貓能捉耗子，就叫牠捕鼠。這樣，君主就可以無為而治了。這裡，韓非把雞和貓比喻為君主的群臣。君主不必自己司夜，只要他能養雞，自然有雞替他司夜；君主不必自己捉耗子，只要他能養貓，自然有貓替他捕鼠。君主不用自己辦事，只

[73] 馮友蘭：《中國哲學史新編》（第二冊），頁439。

[74] 《韓非子・揚權》。

要君主能用群臣，他的群臣自然會給他辦事。這就是「事在四方，要在中央」，「皆用其能，上乃無事」。可見，韓非無為而治的統治術，是對《老子》「無為無不為」原則的實際運用。

對於能夠運用「無為術」的君主，韓非認為應該是「古之全大體者，望天地，觀江海，因山谷。日月所照，四時所行，雲布風動，不以智累心，不以私累己。寄治亂於法術，託是非於賞罰，屬輕重於權衡。不逆天理，不傷情性。不吹毛而求小疵，不洗垢而察難知。不引繩之外，不推繩之內，不急法之外，不緩法之內。守成理，因自然。禍福出乎道法，而不出乎愛惡。榮辱之責，在乎己，不在乎人」[75]。古代能夠全面地把握事物的整體和根本的人，瞭望天地的變化，察視江海的水流，順應山谷的高低，遵循日月照耀、四時運行、雲層分布、風向變動等自然法則；不以智巧煩擾心境，不讓私利託累自身；把國家的治亂寄託在法術上，把事物的是非寄託在賞罰上，把物體的輕重寄託在權衡上；不違背自然常規，不傷害人的本性；不吹毛求疵，不苛察隱微的事情；法禁以外的事情不可嚴，法禁以內的事情不可寬；把握住不變的道理，順應著客觀自然，禍和福的產生，決定於是否遵守客觀法則和國家法度，而不是由主觀上的喜愛和厭惡；招致榮譽和恥辱的責任在於自己，而不在於他人。韓非認為這樣的人是真正懂得治國的道理，把握住了治國的大法，能夠運用無為而治的君主。

韓非之所以贊揚無為而治的君主，是因為大部分君主是中才之人。由於他們不懂得運用「無為術」，因而控制不住群臣，由此使國不治，民不安，甚至被篡權弒君。例如：如果君主違背「無為」的原則，在群臣面前自大逞能，那就會成為臣下進行欺瞞的憑證；

---

[75]《韓非子・大體》。

在群臣面前喜歡賣弄口才和智慧，那群臣就會利用這種特性而行奸。如果君主不懂得「無為」之術，那麼君主事先表露出行賞的意圖，臣子就會賣弄它，作為自己的恩德；君主事先表露出行罰的意圖，臣子就會炫耀它，作為自己的權威。如果君主不以「無為術」治臣下，那麼君主表現出厭惡什麼，群臣就會把這方面的事隱藏起來；君主表現出愛好什麼，群臣就會吹噓有這方面的才能。這樣的結果，是君主被臣子的假象所蒙蔽而失去控制群臣的能力。所以，韓非主張「去好去惡，群臣見素。群臣見素，則人君不蔽矣」[76]。君主不能隨便流露自己的愛惡感情，臣下就無法鑽空隙了。這樣，君主就可以駕馭群臣，防止他們篡權。

參驗術：

「參驗術」又稱「參伍術」，是考察群臣的知人善用之術。引文中的「因任而授官」就是指此術而言。

《韓非子》中關於「參驗術」的論述，集中表現在《八經》篇中：

> 參伍之道：行參以謀多，揆伍以責失。行參必折，揆伍必怒。不折則瀆上，不怒則相和。折之徵足以知多寡，怒之前不及其眾。觀聽之勢，其徵在罰比周而賞異也，誅毋謁而罪同。言會眾端，必揆之以地，謀之以天，驗之以物，參之以人。四徵者符，乃可以觀矣。參言以知其誠，易視以改其澤，執見以得非常。

檢驗考察的方法：用多方面檢驗的方法來謀取功效，用交互衡量的

[76]《韓非子・二柄》。

方法來追究過失。多方面地檢驗，必須對臣下的言行細細解剖；交互衡量，必須對臣下的過錯加以嚴厲的斥責。解剖臣下的言行所得到的證明，足以看出臣下事功的多少；君主在責罰之前，不把意圖洩露給眾人。以觀察臣下行為和聽取臣下意見的情況是，臣下知道奸邪情況而不告發，君主就將他和壞人治同樣的罪。對於言論，要匯合各方面的情況，運用物理加以驗證，適應人情加以分析。通過分析臣下的言論，了解他對君主是否忠誠；從不同角度觀察臣下，得知臣下的反常行為。

行參即「參之以人」，參之以人的目的是以人制人；揆伍即「驗之以物」，驗之以物的目的是以物制物。「不任典成之吏，不察參伍之政，不明度量，恃盡聰明，勞智慮，而以知姦，不亦無術乎？且夫物眾而智寡，寡不勝眾，故因物以制物；下眾而上寡，寡不勝眾故因人以知人。是以形體不勞而事治，智慮不用而姦得」。[77]君主行「參伍之術」的方法，應該是利用事物來治理事物，利用人來控制人。其具體運作方法，《韓非子》中的《八經》、《難三》、《問辨》、《南面》、《內儲說》、《外儲說》等篇講得很詳細。分類歸納則如謝雲飛先生在《韓非子析論》中所說的察姦六術和聽言五術。其中：

察姦六術為：

⑴權借在下：人君以其大權借予臣下，臣下即可獲其大利，故不可不慎其權。

⑵利異外借：君臣所利不同，人臣往往借外國之力以與人君爭利者，不可不深慎之。

⑶託於似類：臣下每以似是而非之事蒙蔽君主，為君者宜深慎之。

---

[77] 《韓非子・難三》。

⑷利害有反：君與臣之利害不同，故人主處理問題，不可不審慎考察。

⑸參疑內爭：參疑即「參擬」，蓋比並對立之意也，意謂國中有勢均力敵之派別，則必有矛盾之變亂。

⑹敵國廢置：敵國與我國利害不同，故應使敵國所置之卿相為奸臣、愚臣，而不可使置賢臣、忠臣。

聽言五術為：

⑴聽不懷愛：謂人君聽言，須普遍地聽，不可遺漏，若只偏聽一二人，或聽所愛之言，則易受蒙蔽，而無法得相參比較之誠偽。

⑵前後不悖：聽其言須知其前後是否相悖，否則前後矛盾，說理但由其心，雖辭言巧辯，然其心術不誠已可知矣。

⑶鑒外明古：知本國以外之所言，而引以為借鏡；明今世以前之所論，而援以作參考，則於治國，大有裨益焉。

⑷巧辯不惑：人皆易於接受恭維討好之言，故人臣之說人主，每以巧言博君之歡心，以成其私利，故人主不可不深慎之。

⑸言行合一：為人臣陳而言，君以其言授之事，專以其事責其功。功當其事，事當其言，則賞；功不當其事，事不當其言，則罰。故群臣其言大而功小者則罰。非罰小功也，罰功不當名也。[78]

察奸和聽言都是參驗術的一些基本內容。聽言為參，參者必入微；察奸為驗，驗者必嚴厲。由此可知臣下其才能之大小，其行為之忠奸。而也因此使臣下不敢朋比為奸，哄瞞君上。這誠如陳啟天先生所云：「所謂參伍，蓋指詳細錯綜以考察群臣之術也。行參，猶言多方咨詢意見也；多方咨詢意見，則群下之有材與否可以知之，故曰謀多。……揆伍，猶言多方考察情偽也；多方考察情偽，則群

[78] 參閱謝雲飛：《韓非子析論》，頁88–92。

下之有奸與否可以知之，故曰責失。」[79]

形名術：

形名術又名「刑名術」、「督責術」、「綜覈術」等，上述引文中的「循名而責實」說的就是「形名術」。「形名術」的要點，如《主道》篇所言：

> 有言者自為名，有事者自為形。形名參同，君乃無事焉。

陳啟天先生解釋「形名術」說：「形名，又作刑名，或名實。一切事物，有形有名。名以形稱，形依名定，形名二者，必求其合，是謂『循名責實』，『綜覈名實』，『形名參同』，『審合形名』。以言為名，則事為形，後事必求其與前言相合，形名也。以法為名，則事為形，事件必求其與法文相合，形名也。以官為名，則職為形，職務必求其與官位相合，形名也。」[80]如以言論而考核事功，即為「審合形名」或「綜覈名實」。如以職務而督責職事，即為「形名參同」或「循名責實」。

韓非在《二柄》篇中舉韓昭侯的例子，詳細解釋「形名術」的運作。有一次，韓昭侯喝酒，醉後睡著了。管帽子的人（「典冠」）恐怕他受涼，在他身上加蓋了一件衣服。韓昭侯醒了以後很喜歡，問旁邊的人說：「誰加蓋了這件衣服?」旁邊的人說：管帽子的人。韓昭侯就把管衣服人（「典衣」）叫來問罪，把那個管帽子的人殺了。韓非評論說：韓昭侯殺了那個管帽子的人，因為他越職，管他不應該管的事，侵犯了別的官的職務（「侵官」）。韓昭侯並不是不怕冷，

---

[79] 陳啟天：《增訂韓非子校釋》，頁163、注二條。

[80] 陳啟天：《韓非及其政治哲學》，頁963。

可是他認為越職的危害比他自己受害還大。這個例子中的「典冠」和「典衣」是兩個官名，這就是「名」。典冠和典衣都有他應該辦的事，也就是那兩個名的內容，這就是「形」。如果作典冠或典衣的人，都能夠守住他的職，完成這個職所規定的任務，這就叫形名相合，也就是名實相合。如果相合，就受賞，不然就受罰。

「形名術」的作用是督促、檢查官吏的作為與其名份是否相當，以此達到禁奸、統御臣下的目的。如韓非說：「人主將欲禁姦，則審合刑名，刑名者，言與事也。為人臣者陳而言，君以其言授之事，專以其事責其功。功當其事，事當其言，則賞。功不當其事，事不當其言，則罰。故群臣其言大而功小者則罰，非罰小功也，罰功不當名也。群臣其言小而功大者亦罰，非不悅於大功也，以為不當名也。害甚於有大功，故罰。」[81]一個官吏，只能做那官職權限之內的事，即官吏的「形」要與官吏的「名」相契合。做得多了，不行；做得少了，也不行。做得少是失職，做得多是越職，都是「形」與「名」不當，都要受到應有的懲罰。

其三，關於「術」的陋蔽。

熊十力先生批評韓非「術」的陋蔽時曾說：「故韓非之術，終不免出於陰深，流於險忍。」[82]這是指韓非「術」思想中的某些神祕獨斷性而言。例如《韓非子》中《內儲說上——七術》篇中的「疑詔詭使」、「挾知而問」、「倒言反事」，《八說》篇中的「賤得議貴」、「下必坐上」，《八經》篇中「起亂」一節所講的「除陰姦」法等不免雜以權術、祕術，而成為深藏不露、詭譎多端的陰險手段。這在韓非的時代，大概是不得已而為之，而在今日已無重視的必要。

---

[81]　《韓非子・二柄》。

[82]　熊十力：《韓非子評論》，《學原》三卷一期，頁14。

韓非的「術」思想是對申子「術」思想的發展和完善。其發展和完善處主要表現為申子的「術」主要在「察姦」，而韓非的「術」不僅是為了「察奸」，也是為了「督責」。「督責」義是韓非「術」思想中的最具積極意義和最有價值的部分。正是在這重意義上，馮友蘭先生說：「術的一個要點就是審合形名。」[83]審合形名的「形名術」，就其以形（審）審合其名來說，這種唯實、唯物的態度，即使在現代，仍不失是一種考察官吏、考核人才的好方法。

## 第二節　法勢術的哲學邏輯結構

韓非政治哲學的精義不在於「法」、「勢」、「術」範疇的繼承、發展和充實，而是提出了法勢術相互統合、互相作用、集法勢術為一體的法治思想。

對於韓非的這種融法勢術為一體的法治思想，有的學者認為在法勢術的組合中，是以「術」為主，如熊十力先生認為韓非的書，千言萬語可歸於任術而嚴法，雖然法術兼持，但終究是以術為先。故由此一端而謂韓非非法家正統[84]。又如唐端正先生說：「實則韓非法、術、勢並用，而特重主道、主術。在『主用術……官行法』（《和氏》）之中，好像是法術並重，實則這個法，只是主之法，《姦劫弒臣》篇所謂『上明主法』是也。故官行法，實即主用術的一種變相，是人主欲專制天下，不許君臣擅行賞罰，乃制定賞罰之法，責令群臣依法執行，以驅策天下的一種帝王之具。法治在韓非的思想中，是人主無為而治的必要手段。在虛靜無為的主道、主術中，

[83] 馮友蘭：《中國哲學史新編》(第二冊)，頁431。

[84] 熊十力：《韓非子評論》，《學原》三卷一期，頁1。

便包括了法治在內，韓非稱之為萬全之計、必然之道。故韓非之學，與其稱之為法家，不如稱之為術家，至少亦當稱之為法術家。」「韓非之術，藏於幽隱陰密之地，以為可以潛御群臣。官行法，主用術，一繫於客觀之制度，一繫於人君之主體。任術必然破壞客觀之法制，任法則必然不容人主用術，法術乃矛盾之二物，韓非並用之，結果只能以術為主，以法為從，成就一個獨裁專制之治。」[85]也有的學者認為，韓非法治思想的核心是「勢」，以勢為主。如高柏園先生的《韓非哲學研究》一書的基本框架，就是「勢」為中心來建構韓非的法治思想體系並認為「勢」居於「優先」的地位。「筆者不同於王先生（即王邦雄）以法為優先與中心，而是以勢為優先與中心所在。易言之，筆者乃是主張法、術、勢三者之間並非一平列的關係，而是一優先性關係，此中乃是以勢為優先，而法與術皆只是助成君勢之充分伸張之方法與條件而已。」又如林耀曾先生也撰文說：「實在的來說，無論是主張術治或法治，都必須尚勢，勢是推行法術的動力，沒有勢，法治主義和術治主義便不能構成它的完整思想體系，也不能達到它的目的，法治與術治是法家中的兩大不同的思想體系，而利害及人的權勢卻是它們的前提。」[86]更多的學者則認為韓非政治哲學的重心是「法」。對這一觀點論述較完備、較深刻的是王邦雄先生的《韓非子的哲學》一書，該書第五章第三節的標題就是「『法』之中心思想及其體系之建立」。其內容是論述韓非政治哲學體系以法為其目的，以勢與術為其輔翼而展開，繪圖以說明[87]。其

---

[85] 唐端正：《先秦諸子論叢》，頁230、238。

[86] 高柏園：《韓非哲學研究》，文津出版社，頁97。林耀曾：《論法家思想之派別與慎到之重勢》，《國文學報》三期，頁149。

[87] 王邦雄：《韓非子的哲學》，頁220、221。

圖為：

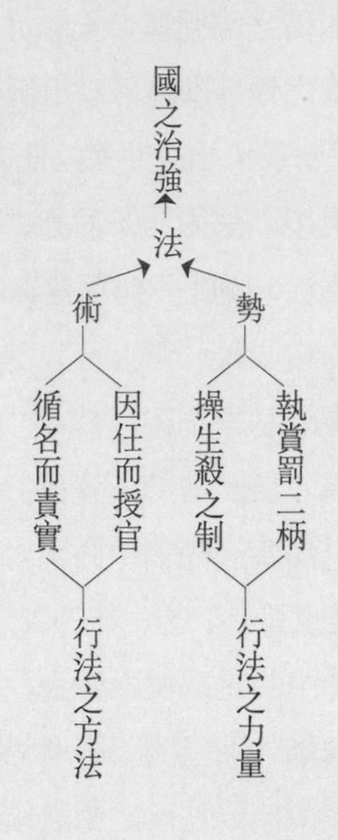


上述觀點見仁見智，都有自己的理論和方法。筆者以為對韓非的政治哲學進行深層次的剖析，除了上述理論和方法外，尚有一種理論和方法，可以對「法」、「勢」、「術」三個重要範疇內的縱向關係和橫向關係進行深入分析。這種理論和方法就是中國哲學邏輯結構論。

中國哲學邏輯結構論是中國人民大學張立文教授首次提出來的。所謂中國哲學邏輯結構論，是指研究中國哲學範疇的邏輯發展及諸範疇間的內在聯繫，是中國哲學範疇在一定社會經濟、政治、思維結構背景下所構築的相對穩定的體系或結合方式。其涵義有三：

其一，中國哲學範疇的邏輯發展，把實踐作為自己形成的基礎的哲學範疇，是人們在一定歷史時期的實踐經驗的概括，是一定歷史時期的東西在人們認識中的再現。中國哲學範疇的邏輯發展，既把人類認識客觀世界的過程作為自己形成和積累的進程，又把自然和社會的歷史發展進程作為自己產生和形成的依據，它是上述兩個歷史進程在思維中的反映。

其二，諸中國哲學範疇間的內在聯繫，一個民族的理論思維，一個時代的哲學思潮或一個哲學家的哲學體系，是通過一系列哲學範疇來表現的，是由諸多相互聯繫、相互作用的哲學範疇的邏輯順序或結合方式構成的，並從整體的邏輯結構上，確定諸範疇在一個時代思潮或哲學體系中的地位和作用。

其三，中國哲學邏輯結構是在一定社會經濟結構、政治結構影響下的結合方式或構築的體系。所謂經濟結構，是指一定社會的所有制、分配、管理結構和管理機構的設置以及調節槓桿的結構；所謂政治結構是指一定社會的國家政權、階級、政黨結構等。哲學範疇及其聯結的方式總是植根於一定社會的政治經濟結構的。

中國哲學邏輯結構是一種意識形態結構。它是客觀存在的結構、結構層次關係以及結構「同時態」與「歷時態」統一的反映，是事物內在諸要素運動形式以及各要素之間相對穩定的排列順序或結合方式的反映。它是哲學邏輯結構內各個層次、要素、部分之間互相聯繫、互相作用總和的表現方式，是事物內部各部分、要素聯結成統一整體的整體思維形式[88]。依據中國哲學邏輯結構論的這一理論，筆者以為韓非政治哲學的本質屬性和價值導向，可從「法的性能結構系統」，即法、勢、術的縱向結構和「法的功能運作系統」，即法、勢、術的橫向結構的解析，加以確認。

---

[88] 張立文：《中國哲學邏輯結構論》，中國社會科學出版社1989年版，頁5、6。

法的性能結構系統：

上圖即是「法」、「勢」、「術」三範疇的一種哲學邏輯結構。其中「→」表示「法」的規範作用系統，「⇢」表示「法」的輔翼作用系統。

在「法的性能結構系統」中，「法」屬於實性範疇，而「勢」和「術」屬於虛性範疇。按照中國哲學邏輯結構論的理論，所謂實性範疇是指反映某類事物本質關係的實體性或本體性的範疇。實，這個詞在中國古代典籍中有實質的意思。《淮南子・泰族訓》：「知械機而實衰。」高誘注：「實，質也。」引申為事物的本質或本來狀態。佛教《般若仁王經》：「諸法實性，清靜平等。」實性是指萬事萬物的本體，猶說實相。梁武帝在《答謝開講般若啟敕》中說：「實相之中，本無去來，身雖不到，心靡不在。」是指宇宙間萬有的真相或本然狀態。實性範疇是從事物內在的矛盾關係中，自然現象和社會現象的錯綜複雜的關係中，探討事物所以存在的原因和根據，構築哲學的邏輯結構和世界的本性。所謂虛性範疇是指那種以凝縮的形式把握事物一般規定性的思維模型。這種思維模式既是定性和個性的統一，又是抽象性和具體性的統一，以及靈活性和確定性的統一。它的形式是空無的，內容是客觀的。虛，這個詞在中國古代典籍中有空無的意思。《廣雅・釋詁三》：「虛，空也。」《文選・西京賦》：「有憑虛公子者。」薛注：「虛，無也。」因其空無，故能容納和接收事物，如《管子》和《荀子》的「虛喜而靜」的「虛」，引申為宅所、居處。《莊子·人間世》:「國為虛厲。」《經典釋文》引李注:「居宅無人曰虛。」《禮記·檀弓下》:「虛墓之間。」孔穎達疏:「凡舊居皆曰虛。」但它作為範疇便不是一般的居所,而是道的處所。《管子·心術上》:「天之道曰虛。」《呂氏春秋·有度》:「清明則虛。」高誘注:「虛者,道也。」《淮南子·詮言》:「虛者,道之舍也。」《賈子·道術》:「道者所從接物也,其本者謂之虛。」引申為一種居所的模式、模型,或者說是道的居所的模型,或者說是虛位之道[89]。虛性範疇揭示了事物間的直接作用和間接作用、內在作用與外在作用的統一。

依據上述理論檢討「法的性能結構系統」中作為實性範疇的「法」,應該說「法」揭示了韓非政治哲學的實質,是韓非政治哲學的支撐點。所以,它處於「勢」和「術」範疇之上,具有規範「勢」和「術」作用的功能。為此,將「法→勢」、「法→術」稱為「法的規範作用系統」。而作為虛性範疇的「勢」和「術」在「法的性能結構系統」中,是「法」對「勢」和「術」的直接作用與「勢」、「術」對「法」的反作用(又可稱為間接作用)的統一,也是「法」對「勢」和「術」的規範作用(即內在作用)與「勢」、「術」對「法」的輔翼作用(即外在作用)的統一。故此,將「勢⇢法」和「術⇢法」稱為「法的輔翼作用系統」。

「法的規範作用系統」表明了韓非的政治哲學是以「法」為中心,「勢」和「術」受控於「法」的結構體系。

韓非政治哲學中的「法」是指成文法、公布法和客觀法,這樣的「法體」決定了其「法性」為權威性、至正性和時移性,是治國之根本大法。所以,韓非說:

---

[89] 張立文:《中國哲學邏輯結構論》,頁156、157、293。

故先王以道為常，以法為本。本治者名尊，本亂者名絕。[90]

其意是說先王把道作為治事的常規，把法作為立國的根本。法制嚴明，則君主的名位就尊貴；法制混亂，則君主的名位就喪失。可見，韓非認為「法」直接關係到君主名位的榮辱得失。在這重意義上，可以說「法」就象徵著君主的統治，是至尊、至上的。而君主對法的實施和運用，是通過駕馭「勢」和「術」的過程來實現。所以，在韓非的政治哲學中，「勢」為統治的權力，「術」為統治的方法。《韓非子》中，「勢」常與「力」聯在一起，「術」常與「智」聯在一起。

「法」與「勢」的關係是法對勢的規範和制約關係。這種規範和制約關係，最形象、最扼要的總結，就是韓非所說的「抱法處勢」。其中「抱」是掌握住、把握住、守住的意思，「處」是處在、處於的意思。「抱法處勢」就是說君主只有掌握住、把握住、守住「法」，才能處在、處於「勢」位，利用統治權實施法治。這就是「抱法處勢則治」。「抱法處勢」四個字體現了「法」對「勢」的規範作用和制約作用。君主必須掌握住「法」，才能處於「勢」位；否則，喪失「法」，則丟掉「勢」。可見，「法」是「勢」存在的前提條件。有「法」才能處「勢」；無「法」，便要丟「勢」。這就是韓非所說的「背法去勢」。這表明了「法」對「勢」的規範作用。「法」對「勢」的規範作用，還體現在韓非對「人設之勢」的強調。韓非不講「自然之勢」，而主張「人設之勢」，因為「人設之勢」必須是「勢」以「法」為主的「勢」。「人設之勢」充分體現了「法」對

[90]《韓非子・飾邪》。

「勢」的規範作用。「法」對「勢」的制約作用體現在「抱」與「處」的不同義蘊之中。「抱」是把握住、掌握住、守住的意思，其實質意義就是「控制」。而「處」則是處於、處在的意思，具有被動「受控」的含義。可知，「抱法」是講法處在主動控制的地位，而「處勢」是說勢處在被動受控的地位。「抱法處勢」體現了韓非企圖限定君權的重法抑人思想。故韓非又說：「夫治法之至明者，任數不任人。」[91]法有定數，不隨人智而移，故法足以為普遍客觀之行為基準。以治國之常軌而言，法之地位在人之上（即象徵君權的勢），故君權（勢）亦在法制約之中。此韓非承接慎到之說，而有重法抑人之思想，實涵蘊限定君權之一義於其中，最值得吾人深思[92]。

「法」與「術」的關係是法對術的規範和操作關係。所謂「法」對「術」的規範關係，是講術只是君主法治統治的一種方法、一種手段，其自身不可能具有明確的目標和方向，術必須以法為依托。這就是說，法是術的目的和規定；術按其規定運作，就可達到其目的。否則，無法而用術，則術就會變成一種無目的、無方向、無價值、失去了根基的虛物。所以，當有人問韓非「徒術而無法」，為什麼不可以時，他在《定法》中回答說：

> 申不害，韓昭侯之佐也。韓者，晉之別國也。晉之故法未息，而韓之新法又生；先君之令未收，而後君之令又下。申不害不擅其法，不一其憲令，則姦多。故利在故法前令則道之，利在新法後令則道之，利在故新相反，前後相悖，則申不害雖十使昭侯用術，而姦臣猶有所譎其辭矣。故託萬乘之勁韓，

---

[91] 《韓非子・制分》。

[92] 參閱王邦雄：《韓非子的哲學》，頁222。

> 十七年而不至於霸王者，雖用術於上，法不勤飾於官之患也。

韓國是從晉國分出來的一個國家，韓國君主任用申不害為相，實行變法。當時，晉國的舊法尚存，而韓國的新法又產生了。由於申不害「徒術而無法」，不專一地推行新法，不統一韓國的法令，所以，奸邪之事增多。奸人看到舊法前令對自己有利，就照舊法前令辦事；看到新法後令對自己有利，就照新法後令辦事。總之，他們從舊法和新法的矛盾中，牟取私利。在這種情況下，即使申不害多次使韓昭侯用術，但奸臣仍然有辦法進行詭辯。這就生動地說明了沒有法的規範作用，則術只不過是個空殼而已。所謂法對術的操作關係，是說術的實施、運作，不管是「因任而 授官」的「參驗術」，還是「循名而責實」的「刑名術」，都是按照法的標準進行運作，這樣，才有其歸依和目的。「因任而授官」的「因任」，「循名而責實」的「循名」，都是以法為其根據。按照法的規定，考察官吏才能之大小，而授之官職；按照法的標準，審查官吏名與實的一致與否，而責其實。可見，術的整個運作過程，完全操作於法之中。為此，韓非說：

> 人主雖使人，必以度量準之，以刑名參之；以事遇於法則行，不遇於法則止；功當其言則賞，不當則誅。以刑名收臣，以度量準下，此不可釋也。[93]

君主使用人，必須用法度衡量之。具體說，就是以法為根據，用考察名實是否一致的方法來檢驗他們。合於法就實行，不合於法就禁

[93] 《韓非子・難二》。

止；合於法就賞，不合於法就誅。用法度來衡量臣下，這是不可以丟掉的。所以，術只有在法的操作下運行，才能彌補自身的不足，實現其價值。

「法的規範作用系統」揭示了韓非政治哲學的核心範疇是「法」。實性範疇「法」，標明了韓非政治哲學的實質內容。它對虛性範疇「勢」和「術」具有規範作用。「勢」和「術」在「法」的規範下，才具有勢之力，術之智也才可以運作。按照中國哲學邏輯結構論的理論，虛性範疇具有揭示事物間間接作用和外在作用的功能。這就是上圖中「法的輔翼作用系統」中「勢」對「法」和「術」對「法」的作用。

在「法的輔翼作用系統」中，「勢→法」表示「勢」為「法」的憑藉。

勢是統治的權力，具體表現為可以操執賞罰、生殺二柄，而有勝眾抑下、無所不可禁的威權。由此，成為君主執法不可缺少的憑藉。「君執柄以處勢，故令行禁止。柄者，殺生之制也；勢者，勝眾之資也。」[94]君主憑藉「勢」之權威，實行法治，可以做到令行禁止。相反，如果君主「去勢」，失去了「勢」的權力和威嚴，則「法」無所憑藉，其結果是敗壞法制。「民以制畏上，而上以勢卑下，故下肆狠觸而榮於輕君之俗，則主威分。」[95]君主就是憑藉著「制」即「勢」使民得以畏上，如果君主壓低自己的權威過於謙卑地對待臣下，臣下則敢於放肆地觸犯法令，那麼君主的威勢也就不存在了。所以，韓非特意在《八經》篇中設了「主威」一節，意在強調「勢」對於法治的必要性。

---

[94] 《韓非子·八經》。

[95] 同[94]。

在「法的輔翼作用系統」中，「術→法」表示「術」是「法」的手段。

君主通過法治，體現自己對國家的統治。這裡便有一個統治手段問題，即統治手段運用得好，則國家治理得好，否則就治理不好。而這個統治手段，就叫作「術」。「術」的基本功能主要表現為君主通過「因任而授官」和「循名而責實」的參驗、督責、考察、選拔官吏，使臣下能做到官名與職實相稱。由此，臣下能夠恰當地執法、用法、行法，以法治理好國家。「術」的特殊功能，是為君主所獨有。君主運用「術」這一手段，可以辨奸識忠，即考察識別忠臣與奸臣，由此保障法的執行和操作。所以，「法」必以「術」為手段，才可以順利進行。反之，無術以知奸，則臣下便會執法以行自惠，憑法以獲私利。為此，當有人問韓非「徒法而無術」為什麼不可以時，韓非說：

> 公孫鞅之治秦也，設告相坐而責其實，連什伍而同其罪，賞厚而信，刑重而必。是以其民用力勞而不休，逐敵危而不卻，故其國富而兵強；然而無術以知姦，則以其富強也資人臣而已矣。……故戰勝，則大臣尊；益地，則私封立：主無術以知姦也。商君雖十飾其法，人臣反用其資。故乘強秦之資數十年而不至於帝王者，法雖勤飾於官，主無術於上之患也。[96]

商鞅以法治秦國，實行告奸和連坐的法制，並鼓勵耕戰，國家是富強了。但是，由於他不講術，不用術考察奸邪，結果，國家的富強不過是用來幫助奸臣罷了。所以，商鞅雖然多次整頓法令，臣下反

---

[96] 《韓非子・定法》。

而利用他變法的結果為己所用。商鞅努力了幾十年，一直沒有成就霸業的原因，就是因為法令雖然不斷地整頓，但君主不用術、不識奸邪所帶來的害處。韓非以此例闡明了「徒法而無術」的害處。可知，「術」作為「法」的手段，是不可缺少的。

「法的性能結構系統」揭示的是韓非政治哲學的三個基本範疇「法」、「勢」、「術」的縱向結構關係。這一縱向結構，按照中國哲學邏輯結構論的理論，既有「法」對「勢」、「法」對「術」的正向作用，又有「勢」對「法」、「術」對「法」的逆向作用。其正向作用表明在韓非的政治哲學中，「法」是中心要素和基本要素，它對於「勢」和「術」具有規範、操作、制約、駕馭的作用。其逆向作用表示了韓非的政治哲學雖然以「法」為中心，但「法」又不能脫離開「勢」和「術」。這就是說，「勢」和「術」對「法」亦具有重要的輔翼作用。無勢之力，則法失去法威，如同白紙虛文；無術之智，則法不能執行，甚至被奸臣篡權。所以，在「法的性能結構系統」中，表示「法」對「勢」和「術」正作用的「法的規範作用系統」與「勢」和「術」對「法」逆作用的「法的輔翼作用系統」是相互滲透、互相交織在一起的。由於它們的滲透和交織，才使「法」、「勢」、「術」三者融為一體，形成一個有機體。這個有機體揭示了韓非政治哲學的內容：通過法、勢、術三範疇的有機運作，達到以法治國，國富兵強的目的；韓非政治哲學的結構：以法為中心，形成了法對勢、法對術的縱向結構，法伸出雙臂，分別作用於勢和術，而法自身同時又受到來自勢和術的反作用，這一作用與反作用的交合，將法、勢、術牢牢地聯結起來，不可分割；韓非政治哲學的實質：以法為中心，以法、勢、術為基本範疇，強調勢威和術智協調作用的法治理論。

以上是就法、勢、術的縱向結構，即「法的性能結構系統」所作的說明。下面，再運用「中國哲學邏輯結構論」的理論，解析法、勢、術的橫向結構，即「法的功能運作系統」。其圖示如下：

（操術）（任勢）（尚法）
君主 - - → 術 ⟶ 勢 ⟶ 法 - - → 治國

如果說「法的性能結構系統」揭示的是韓非政治哲學的本質結構和實質內容，那麼，「法的功能運作系統」則要闡釋韓非政治哲學的功能價值和運作程序。如果說「法的性能結構系統」是展示法、勢、術三範疇的縱向結構和關係，那麼，「法的功能結構系統」則要探視法、勢、術三範疇的橫向結構和關係。

「中國哲學邏輯結構論」認為：人的思維的起點是感性認識，感性認識還沒有掌握類對象的內在規定及關係，因而不能上升為思維具體的出發點。只有認識進入理性領域，從雜多的感性具體中，概括、抽取共同點，進行抽象的規定。所以，思維抽象不是對感性具體的重複，而是對感性具體的否定和發展，是認識的飛躍，這便是中國哲學邏輯結構系統中的象性範疇所屬的諸範疇。此象性並不是指感性形象或具體有形象的事物，而是理性抽象之中的象性，是作為外延最寬、最一般、最基本的規定性。它是符合於對象共同點的抽象或反映對象自身一定屬性、方面、關係、層次的抽象。

思維抽象上升為思維具體，思維具體是對思維抽象的否定。思維具體是許多規定的綜合，是範疇的增殖過程，這便是中國哲學邏輯結構系統中的實性範疇所屬的諸範疇。

然而，思維具體並不是完全脫離思維抽象，而是以揚棄的形式包含著思維的抽象，是思維抽象具體的對待同一。僅就思維具體的形式而言，它是主體與客體的統一，個別與一般的統一，內容與形式的統一。思維具體的自身包含著兩方面，這就是中國哲學邏輯結構系統中的虛性範疇所屬的諸範疇。

從人類思維某一特定的認識過程來說，在實踐基礎上由感性具體上升到思維抽象，又由思維抽象上升到思維具體，即具體—抽象—具體的運動過程。在中國哲學邏輯結構系統中有象性—實性—虛性上升進程。然而就人類認識的長河來說，思維抽象與具體的區別是相對的，兩者互相轉化。當抽象範疇轉化為具體範疇，這個具體範疇相對於新的思維過程而言，又轉化為上升的邏輯起點。正如思維抽象上升為具體之後，思維具體就成為新的思維過程的起點一樣，由此，中國哲學邏輯結構系統又呈現出虛性—實性—象性的狀態。用圖(97)示之為：

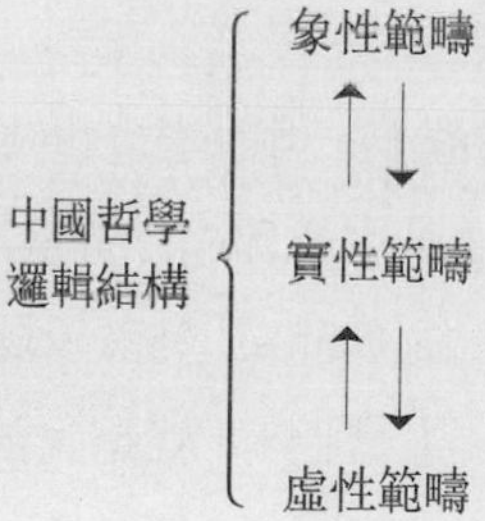


「法的功能運作系統」中的「術→勢→法」這一運作程式，就是上述「中國哲學邏輯結構論」中的認識的更高一層次，即由抽象思維上升到具體思維，也就是由虛性範疇上升到實性範疇。由抽象思維上升到具體思維，由虛性範疇上升到實性範疇，這一過程也就

(97) 張立文：《中國哲學邏輯結構論》，頁57、59、60。

是韓非政治哲學中法治的運作程式。虛性範疇「術」和「勢」，按照「中國哲學邏輯結構論」的理論，「虛性範疇也可視為工具性範疇或方法論原則」[98]，實性範疇「法」排在虛性範疇勢和術之後，即排在「法的功能運作系統」最後，「反映了中國思維重實用的特點。中國思維一開始就是直接從實用提出問題，並以回答問題作為問題的解決和思維的終點。這是從實用開始回到更高階段的實用，這個過程不僅緊緊圍繞著實用，而且圍繞著『治』這個中心。」[99]這就是說，君主治國的程式，首先是「操術」。虛性範疇「術」，按著「中國哲學邏輯結構論」的分類，屬於「虛象」範疇。「虛象」範疇是虛性範疇的初級階段，具體說，它就是工具、手段或方法。所謂「操術」，就是君主運用「無為術」以辨忠奸直曲，運用「參驗術」因任以授官，運用「督責術」循名而責實。由此，將群臣掌握在君主一人手中，使官吏能夠在自己的職位上，職功相稱，名實相副。其結果，君主的權勢、威勢、聲勢便充分顯示出來。這就由「術」進入到了「勢」。

虛性範疇「勢」按照「中國哲學邏輯結構論」的分類，屬於「虛虛」範疇。「虛虛」範疇是虛性範疇的高級階段。所以，從「虛象」範疇「術」進入到「虛虛」範疇「勢」，反映了韓非政治哲學理論思維的深化和發展。所謂「任勢」就是說君主要牢牢握住「賞罰」這二柄之利器，「藉賞罰以固勢」。具體講，就是「信賞重罰」，「利、威、名」並用。而賞與罰的標準，便是「法」。這就是說，「勢」要與「法」相結合，便是「人設之勢」。韓非政治哲學中的「勢」，基本是指「人設之勢」。「人設之勢」的形式，也就意味著從「勢」進

[98] 張立文:《中國哲學邏輯結構論》，頁61。

[99] 張立文:《中國哲學邏輯結構論》，頁62。

入到了「法」。

「法」是實性範疇，排在虛性範疇「術」和「勢」之後，表示它是經過兩次虛性範疇的上升、發展之後所達到的較高階段。所謂「尚法」，就是君主要將法作為治國之唯一準繩，使法成為全國上下共同遵守的言行標準，官民齊一意志，集中力量，以赴事功。而且，這種法，必須以國家最大利益為前提，其性質在於公而非為私，故必須是「公法」。在「公法」的治理下，國家可以富強。即「奉法者強，則國強；奉法者弱，則國弱。……故當今之時，能去私曲，就公法者，民安而國治；能去私行，行公法者，則兵強而敵弱」。[100]「尚法」的結果，是「治國」。

「術」、「勢」、「法」的橫向排列結構，反映了韓非法的功能運作程序。其中，「術」是這一運作程式的起點。君主必須充分運用「術」這一法治統治的工具，才能控制臣下，使諸臣各守其職，各負其責，盡心效力。操術的結果，是法治統治的工具帶來了法治統治的權力——「勢」。對此權力，君主要「執柄處世」，才能無所不禁，使「勢」成為禁眾之資。這樣，方顯出君權、君威。任勢的結果，是法治統治的權力變成了法治統治——「法」。「法」是韓非法的功能運作程式的最後階段，或者說是最高階段。處於這一階段的「法」，包含了「術」和「勢」的因素，即既有統治方法的功能，又有統治權力的功能。所以，尚法的結果，必然帶來國富兵強的效益。韓非這一法的功能運作程序表明「術」、「勢」、「法」三者緊密連結，一環套一環，層層遞進，是一個有機的整體。

「法的功能運作系統」還揭示了韓非政治哲學的功能價值。在「術→勢→法」的橫向結構中，實性範疇「法」排在虛性範疇「術」

[100] 《韓非子・有度》。

和「勢」之後，表示中國思維重視實用的特點。正如上述引文所言：中國思維是緊緊圍繞著「治」這個中心。故此，韓非政治哲學的功能就表現在治國、治民、治臣這一中心；韓非政治哲學的價值也就體現在它以國之治強為唯一目的和要求。

法勢術的哲學邏輯結構從縱向結構和橫向結構兩個方面，清晰地展示了韓非政治哲學三個基本範疇間的內部關係和深層意蘊。法家基本範疇法、勢、術在韓非政治哲學中，通過哲學意義的排列組合，構成了一個有條不紊、有機運作的嚴密體系。故此，韓非被稱為融法勢術為一體、集法勢術之大成的法家代表人物。

上述「法的性能結構系統」和「法的功能運作系統」都是按照中國哲學邏輯結構論的理論，對韓非政治哲學進行的哲學理論分析。這種分析是有根有據的，表示韓非政治哲學是以法為中心的一種法治理論。但是，當這種政治哲學運用於社會實踐時，便會產生一種疑問，即作為中心地位的「法」出自何方？這是一個立法權問題。根據韓非的言論判斷，他認為「法」為君主所立。如他說：

> 君之立法，以為是也。
>
> 聖人之立法也，其賞足以勸善，其威足以勝暴，其備足以完法。[101]

這裡的「君」指君主，這裡的「聖人」之意，根據王邦雄教授對《韓非子》書中關於「聖人」用例的考證，「聖人指依法用術之明智之君，並未具其賢德」[102]之人。而韓非所謂的君，多指「中主之君」。由「中

---

[101] 《韓非子・飾邪》、《韓非子・守道》。

[102] 王邦雄：《韓非子的哲學》，頁243。

主之君」所立之法，是否出於國家的公利？是否自身能守法？這是一個重要的問題。對於這一問題，王邦雄先生指出：「由於法出於君，而人君又不必賢智的此一困結，始終無以消除，遂導致在實際政治之發用上，韓非法家之理想光明面，層層削落消失，而其獨斷之黑暗面，反而步步增長擴大，此個人以為韓非政治哲學之理論體系，雖可搭建完成，而自成一家之言；然由於其不得不築根於人君立法必以公國為重，且必能守法行法之兩大預設的基礎上；而此一基礎，由於人君不必具有才德，又顯得何其脆弱，故其陳義雖高，理想雖有，然一落於實際政治之發用，由於中人之主，才德不足，難去其私心，亦不易約束其自身，必造成勢之抬頭，與法之下落，其本有之價值理想完全淪沒，消失無存。此實為韓非政治哲學在理論架構與實際發用之間，所存有之無以消解的矛盾，與無以逃離的困局。」[103]張緒通先生對此也說過：「韓非畢竟是一位開明的君主專制論者，雖然如此，韓非最大的缺點還是在這一點上。專制的君王，他本身即是法律的淵源。倘若對於法律的實力再加以強調，則法律的限制必然越過越狹，人民的個性必然被君王侵吞殆盡，正如洛克所說：『有權必濫。』韓非在此亦顯出其極大的矛盾，即他不相信道德對於人類具有真實強制的效力。」[104]由此看來，法由君主所立成為韓非政治哲學中的一個潛在困結。但這也是囿於時代局限所不得不為之的。

---

[103] 王邦雄：《韓非子的哲學》，頁247。

[104] 張緒通：《韓非子的法律哲學》，《法學叢刊》二十八期，頁106。

# 第六章　評論——韓非思想的比較、流變和評估

## 第一節　韓非思想與儒、墨的比較

韓非在《顯學》篇中把儒家與墨家的學說並稱為當世的「顯學」，「世之顯學，儒、墨也。」顯學即最為顯赫、流行的學說。在《顯學》篇中，韓非站在法家立場對儒、墨進行了全面的批評。韓非之所以這樣做，誠如陳啟天先生所言：「本篇主旨，在以法家之說，批評儒、墨兩家。戰國時主要學派，即所謂『顯學』，除道家外，以儒、墨兩家最得勢。儒家重家族，重人治，重感化；墨家重世界，重天治，重尚同；而法家則重國家，重法治，重干涉。韓非既欲立法家，則不得不破儒、墨。」❶韓非破儒和墨的目的，是要以法治理國家（即法治）。高柏園先生評價韓非的「法治」思想時說：「韓非政治哲學的最大特色，即在其對現實政治結構面的解析與掌握，由此而能成就其普遍而必然的法治理想。」❷韓非從「法治」思

---

❶ 陳啟天：《增訂韓非子校釋》，臺北商務印書館，民國63年版，頁1。

❷ 高柏園：《韓非哲學研究》，頁250。

想出發，指出儒學的人治和墨學的天治都是愚誣之學、雜反之行，有違於治國治民。下面，就從歷史事實出發，對法家的「法治」思想、儒家的「人治」思想、墨家的「天治」思想作一比較。

春秋戰國之際，社會劇烈變化，中國的政治局勢由春秋五霸到戰國七雄，諸侯間的攻伐兼併愈演愈烈，且社會經濟活動日趨複雜，活動範圍也日漸擴張，都由自給自足的經濟體系向著各國之間互相滲透、互相聯繫的經濟體系發展。這種經濟狀況如《史記·貨殖列傳》所敘述的那樣：「夫山西饒材、竹、穀、纑、旄、玉石；山東多魚、鹽、漆、絲、聲色；江南出枏、梓、薑、桂、金、錫、連、丹沙、犀、瑇瑁、珠璣、齒革；龍門、碣石北多馬、牛、羊、旃裘、筋角；銅、鐵則千里往往山出棊置；此其大較也。皆中國之民所喜好，謠俗被服飲食奉生送死之具也。故待農而食之，虞而出之，工而成之，商而通之。」這種經濟的相互依賴性，必然導致政治統一、制度劃一的要求。但周天子已無力以宗法封建制一匡天下，可是人們要求統一的願望總要有一種理想的寄託，於是墨子主張「尚同」於天，他說：「然計天下之所以治者，何也？唯而以尚同一義為政故也。天下既已治，天子又總天下之義以尚同於天。」❸孟子回答梁惠王「天下惡乎定」時也說：「定於一。」❹可見，要求政治的統一，已是戰國時代的大勢所趨。至於這種大勢所趨的承擔者是儒家、墨家還是法家，這便涉及到了人治、天治和法治的歷史價值問題。

所謂「人治」，是指儒家學說所主張的通過人的道德修養而達到對社會治理的一種通俗說法。所以，儒家的「人治」，又可稱之為「德治」。而「德治」就是用德和禮對民加以感化，以此提高人

---

❸　《墨子·尚同下》。

❹　《孟子·梁惠王上》。

民的道德水準，使其自覺消除犯罪觀念。為此，德治成為先秦儒家的統治術。先秦儒家認為運用德治統治術，可以達到富國、富民的社會效果。「百姓足，君孰與不足？百姓不足，君孰與足?」❺這種德治的運作過程，用儒家的語言來說就是由「內聖」到「外王」的過程。

「內聖」是指主體的內在修養，是對善的領悟和對仁義道德的把握。用孟子的話說，是養至大至剛的「浩然之氣」。「外王」是指把主體內在的修養所得，推廣於社會，使天下道一風同。用儒家自己的話來說就是通過修身來齊家，進而治國平天下。儒家的「內聖外王」也就是「正己正人，成己成物」。

所謂正己正人，是指端正自己的思想品德，才能端正別人的思想品德。所謂成己成物，是指自己獲得成功，也使別人獲得成功。這種「正己正人，成己成物」的思想，是從主體與外界關係著眼考慮問題，注重主體的能動性，以身作則，帶動他人推及整個社會。例如孔子「為仁由己」，「我欲仁，斯仁至矣」❻的觀點，表明他對修身行事的主動性有高度的認識。而修身行事的目的是要開出「己欲立而立人，己欲達而達人」，「己所不欲，勿施於人」❼的忠恕之道。這種忠恕之道的心理趨向，是「推己及人」。 因此，在人際關係問題上，要「躬自厚而薄責於人」❽，即要嚴於律己，寬以待人。只有正己，才能正人。「其身正，不令而行；其身不正，雖令不從。」❾只要「修己」，就能「安人」，「安百姓」，就可收到良好的

❺　《論語・顏淵》。

❻　《論語・顏淵》、《論語・述而》。

❼　《論語・雍也》、《論語・顏淵》。

❽　《論語・衛靈公》。

社會效果。又如孟子更是深得「正己正人，成己成物」思想的精髓，主張「行有不得者反求諸己」，這樣才能使「其身正而天下歸之」❿。「其身正」的外在表現，就是「親親而仁民，仁民而愛物」，「老吾老以及人之老，幼吾幼以及人之幼」，以收到「天下可運於掌」⓫的效果。所以，正己正人、成己成物的思想，就是通過人格的道德修養，用經驗直觀的簡單外推，來實現匡時濟世的大志，以達到社會的治理。而「正己正人，成己成物」的實現，則需要經過「三綱八目」的修養。「三綱八目」見於儒家經典《大學》。《大學》說：

> 大學之道，在明明德，在親民，在止於至善。知止而後有定，定而後能靜，靜而後能安，安而後能慮，慮而後能得。物有本末，事有終始，知所先後，則近道矣。古之欲明明德於天下者，先治其國。欲治其國者，先齊其家。欲齊其家者，先修其身。欲修其身者，先正其心。欲正其心者，先誠其意。欲誠其意者，先致其知。致知在格物。物格而後知至，知至而後意誠。意誠而後心正，心正而後身修，身修而後家齊，家齊而後國治，國治而後天下平。自天子以至於庶人，壹是皆以修身為本。其本亂，而末治者，否矣。其所厚者薄，而其所薄者厚，未之有也。

其中，明明德、親民、止於至善，被稱為「三綱」； 格物、致知、誠意、正心、修身、齊家、治國、平天下被稱為「八目」。「三綱」

---

❾ 《論語・子路》。

❿ 《孟子・離婁上》。

⓫ 《孟子・盡心上》、《孟子・梁惠王上》。

與「八目」的關係，照《大學》的意思，可以說「三綱」和「八目」都是「修身」的內容。《大學》肯定地說：「自天子以至於庶人，壹是皆以修身為本。」所以，「格物」、「致知」、「誠意」、「正心」是「修身」的方法，也就是屬於「明德」的事；「齊家」、「治國」、「平天下」是「修身」的功用，也就是屬於「親民」的事；「修身」達到最完全的程度，就是「至善」。而「至善」也就意味著由「內聖」開出了「外王」。可見，儒家的「人治」，是通過道德修養來實現其政治抱負。但是，這條治理天下的道路在七雄爭霸的戰國時代是行不通的。因為戰國時代是以強權政治為主宰的時代。這誠如《五蠹》篇所言：「上古競於道德，中世逐於智謀，當今爭於氣力。」氣者力也，力者強也。強大的力量就是實實在在的權勢。在虎踞龍盤的戰國，要想吞滅他人，一統天下，就必須依賴這實實在在的權勢統治方能為之。而儒家的道德修養，是不可能開出強權政治的花朵的。所以，不論是孔子周遊列國也好，還是孟子的王道政治也罷，都是不結果實的花。這就是說儒家所強調的以個體道德修養為主的人治路線，是與戰國時代的社會實際不相符的，是不能達到一匡天下之目的的。關於這一點，王邦雄教授亦有深刻的評論。他說：「儒家『明明德於天下』之八條目，與為天下國家之九經，雖開出其本末一貫，相涵相成之德化階梯，然在其身修與天下平，成己與成物之內聖與外王之間，均僅限於德性主體之作用表現，而未開出知性客體之架構表現。外王是內聖的直接延長，在內聖之德的作用表現中當下完成，或直接呈現，而未透過一個媒介，一道橋樑，去接合溝通，由內在之德的直接表現作用，轉化而成外在客觀之架構表現。這一『仁者在位』之聖君賢相的治道，由於僅停留於主觀修為向外照臨之意態之中，即使『君子之德風，小人之德草，草上之風必偃』

預設效用得以成立，仍不得不落於『其人存，則其政舉；其人亡，則其政息』有時而窮的困境。」⓬

所謂「天治」，就是墨子設想的由天子、三公、諸侯及鄉長、里長組成上同於天的統治者序列構成的君主專制主義的統治。這個統治體制是建立在這樣一個前提之下，即每一級的統治者都是賢者，唯其是賢者，其統治才能上傳天意，下達民情，才是合理的。同時，百姓對這個序列的絕對服從，以及這個序列自下至上的絕對服務才是合理的。在這個體系之中，「上之所是，必亦是之。上之所非，必亦非之。」每一級都要同頂頭上級保持統一，層層如此。「里長順天子之政，而一同其里之義。」里長直接對鄉長負責，鄉長要對國君負責，國君又要對天子負責，天子則代表了上天的旨意。這是自下而上的一面，同時，還有自上而下的一面，即「天子之所是，必亦是之。天子之所非，必亦非之」。這樣，同一體系的上下相逆的兩方面的上傳下達構成了天治的統治。

可見，墨子的「天治」思想牽涉到了國家的起源問題。他說：在古代還沒有政治組織（行政）的時候，每個人都有他自己的「是非」標準。人人意見都不一致，互相爭奪，互相損害。「天下之亂，雖禽獸然。」後來的人「明乎天下之所以亂者，生於無政長，是故選擇天下之賢可者，立以為天子。」⓭這是說，墨子認為如果「一人一義」的混亂時代再持續下去的話，那麼，人類社會就會解體，如果人類社會有了共同的「義」，那麼，思想自然統一，社會混亂就可以消除。為此，就要建立上至天子下至政長的行政制度。其具體辦法是首先選擇天下賢良之士，推舉他作天子，使他從事統一天下

⓬　王邦雄：《韓非子的哲學》，頁253。

⓭　《墨子・尚同上》。

人意見的事業。但僅僅靠天子一人耳聞目睹的情況，不能獨自統一天下的意見。所以，還要選擇天下賢良之士，推舉他們作「三公」，幫助天子從事統一天下意見的工作。天子、三公已經立定，但因天下地域太大，天下百姓的意見以及涉及到是非利害的事情不可能完全了解，所以，還要劃分天下，設立數以萬計的諸侯國君，讓他們從事統一各國意見的工作。國君立定後，為了進一步統一全國人的意見，國君還要選擇鄉里的賢人仁人，立他們為鄉里的長官，讓他們做統一鄉里意見的事。

這樣，天子、三公、諸侯國君、鄉里之長的行政系統就建立起來了，天下的意見可以逐級統一起來，統一於天子，社會的禍患混亂就自然消除了。由此，社會也得到了治理。

這裡有一個問題，即天子的意見同一於誰的問題。墨子提出了比天子更高一級的「天」。他在《尚同中》說：「古者上帝鬼神之建設國都立正長也，非高其爵、厚其祿、富貴游佚而措之也，將以為萬民興利、除害、富貴、眾寡、安危、治亂也。」照這樣說，「天子」還是「天」（上帝）所立的。墨子在這裡也指出，「上帝」所以立「天子」，並不是要他享受，而是要他為老百姓辦事。這是墨子向當時的統治者提出的要求，其具體內容是興利、除害，使貧者成為富，寡者成為眾，使危轉為安，亂轉為治。墨子也肯定了君權出於神授，提出了「天」對於統治者的要求。由此可見，墨子所說的「天」，雖然和西周以來傳統宗教中的「天」同是「主宰之天」，但照墨子所說，主宰的目的是不同的。墨子「天」的主宰目的，在於兼愛天下。他說：「天下無大國小國，皆天之邑也；人無幼長貴賤，皆天之臣也。」[14]在墨子看來，國與國、人與人，在「天」的面前都是平等的。

---

[14] 《墨子・法儀》。

這樣，從百姓、鄉長、國君、天子都能夠「尚同其上」。這是當時手工業主的要求，墨子的「尚同」思想正是這種要求的反映。

墨子的「天治」思想還有一個重要問題，就是他認為每一級的統治者都必須是賢者。這就是墨家的「尚賢」主張。墨子認為：「尚賢者政之本也」，治國的根本措施就在於「尚賢使能」⓯。《說文》說：「賢，多才也。」《玉篇》說：「賢，有善行也。」尚賢，就是任用賢能的人。

在墨子看來，尚賢之所以重要，之所以是「為政之本」，這是因為它牽扯到治國這一重大問題。墨子認為一個國家、一個社會必須要由賢良的人治理，國家才能治理好。「是故國有賢良之士眾，則國家之治厚；賢良之士寡，則國家之治薄。故大人之務將在於眾賢而已。」⓰而現在國家所面臨的危險就是不能夠任人唯賢，而是任人唯親。所以，不尚賢導致了國家時刻面臨著危機。例如，王公大人們有布料不能製作時，知道要找好的裁縫來製作；有牛羊不能屠宰時，知道要找好的屠夫來宰殺，在這兩種情況下，他們懂得任用能人的道理。可是，一到國家混亂、社稷傾危的時候，他們就不知道任用賢人，而只知任人唯親，也不管他有沒有治國的才能。這就是國家不能治理好的關鍵。

為了治理好國家，墨子主張把國家中的賢能之士都挑選出來，「高予之爵，重予之祿，任之以事，斷予之令」，要做到這樣，就必須堅持「以德就列，以官服事，以勞殿賞，量功而分祿」。為此，他主張「上舉義不避貧賤」、「上舉義不避親疏」、「上舉義不避遠近」，「雖在農與工肆之人，有能則舉之」，「無能則下之」，「故官無

---

⓯ 《墨子・尚賢上》。

⓰ 《墨子・尚賢中》。

常貴，民無終賤。」「雖天亦不辨貧富、貴賤、遠近、親疏，賢者奉而尚之，不肖者抑而廢之。」⑰例如：古時候，舜曾經在歷山耕田種地，在黃河邊製作陶器，在雷澤捕魚，後來堯在服澤北岸發現了他；並推薦為天子，掌管天下政事，治理天下百姓。伊尹本是有莘氏家陪嫁的私臣，他本人是個廚子，商湯發現他以後，任用他做宰相，掌管天下政事，治理天下百姓。傅說身穿粗布衣服，以繩子為衣帶，他在傅岩給別人築土牆，武丁發現他後，任命他為天子之相，管理天下政事，治理天下百姓。這就是說原來貧賤的人，只要是賢能者就應該上升為富貴的人，而原來富貴的人，假如不賢無能，就應該降為貧賤。「不義不富，不義不貴，不義不親，不義不近。」⑱這是要打破奴隸主貴族的等級制度，是當時手工業主要求參加政權的反映。

墨子「尚賢」思想的價值在於，他敢於突破當時以血緣宗族關係為基礎的任人唯親的用人制度，倡導在賢人面前人人平等的思想。這就是說，墨子主張由宗法血緣關係而取得的社會地位、經濟利益，都不應予以承認，不能做為任用人才的標準，而一切應以「賢」、「德」、「能」是舉，並據此重新確定其社會政治和經濟地位。

墨家以「尚同」和「尚賢」為基本內容的天治思想，雖然為人們描繪了一幅國家統一、治國安邦的美好圖畫，但「天治」只能是一種使人憧憬的理想而已。因為墨家的「天治」思想與戰國時代的社會實際是格格不入的。

至周代時確立了按血緣關係來分封疆土的分封制。周天子既是全國最高統治者，又是天下這一大宗族的最大族長。「普天之下，

---

⑰　《墨子・尚賢中》。

⑱　《墨子・尚賢上》。

莫非王土，率土之濱，莫非王臣」，天下為一家一姓所有。周天子以血緣宗族為紐帶，按父權家長制來分田授祿，設官分職。這樣，族權強化了王權，家規補充了國法，血緣成了統治者內部關係的調節物。

而墨家的「天治」嚴重地不適應這種宗法社會的需要，為它所不容，致使墨學中絕，「天治」夭折。

「尚同」是墨家天治的一個重要內容。「尚同」主張表達了墨家傾向於中央集權專制主義的強烈願望。但他們自身沒有力量以實現自己的這一願望，為了滿足自己的要求，幻想有一個最大的「賢者」占了政治上最高的地位，全國的各級「正長」都要「尚同其上」，由此達到全國的統一。但現實是當政的「王公大人」把自己喜歡的人或父兄故舊，用為「正長」；百姓知道這些「正長」不是為了「治民」，所以也就不肯「尚同其上」。因此，墨家認為要使大家都能「尚同其上」，必須以「同」去「異」，即選拔「賢者」為「正長」以代替那些不稱職的但與當政者有千絲萬縷聯繫的人。而這無疑是對當時的貴族宗法制度的一種挑戰和否定。墨家的「尚同」只能是手工業主的一種不切實際的幻想。

與這種不能付諸實踐的「尚同」主張相關聯的另一思想是「尚賢」，這也是天治的一個重要內容。墨家的「尚賢」主張也是與宗法社會不相容的。墨子抨擊宗法制的世襲制度說，今王公大人，其所富，其所貴，皆王公大人骨肉之親，無故富貴，面目美好者也。只要是骨肉之親，即使是「不能治百人者」，卻「使處乎千人之官」，這屬於「賞賢不當」。賞賢不當，就必然會「罰不當暴」。這樣長此下去，將會「失措其國家，傾覆其社稷」。為此，墨子大聲疾呼「尚賢」，實行賢人政治。但在以血緣關係為主的宗法社會中，墨家的這種以「賢」去「親」的「尚賢」主張與血緣宗法制度是不相容的，且又不能如法家提出一套變革社會的理論，所以必定遭到排斥，最終趨於衰亡⑲。

所謂「法治」，就是法家倡導的以強權變更法律制度，達到治理國家，建立君主專制主義統治的政治哲學。韓非集法、勢、術之大成的政治哲學就是這種「法治」統治術的最高理論。韓非的理論被秦始皇付諸實行，建立了中國歷史上第一個中央集權的統一國家——秦王朝。這一歷史壯舉說明了不是「人治」，也不是「天治」,而是「法治」完成了統一戰國七雄，結束分裂局面的歷史任務。

秦之所以能成為七國之最雄者，且能「足以滅諸侯，成帝業，為天下一統」，據李斯所言乃是因為「孝公用商鞅之法，移風易俗，民以殷盛，國以富強，百姓樂用，諸侯親服，獲楚、魏之師，舉地千里，至今治強。惠王用張儀之計，拔三川之地，西併巴、蜀，北收上郡，南取漢中，包九夷，制鄢、郢，東據成皐之險，割膏腴之壤，遂散六國之從，使之西面事秦，功施到今。昭王得范雎，廢穰侯，逐華陽，強公室，杜私門，蠶食諸侯，使秦成帝業。」⑳歷經秦孝公、惠王、武王、昭襄王、孝文王、莊襄王六世的經營，使秦在內政、外交上具備了一統天下的政治、經濟、思想條件。其中，秦孝公任用商鞅變法奠定了秦成為強國的基礎。而商鞅的法治思想與韓非的學說是一脈相承。例如：

商鞅為實行變法，竭力強調：「三代不同禮而王，五伯不同法而霸。智者作法，愚者制焉；賢者更禮，不肖者拘焉。」「治世不一道，便國不法古。故湯武不循古而王，夏殷不易禮而亡。反古者不

⑲　參閱馮友蘭：《中國哲學史新編》(第一冊)，第七章第五節。

⑳　《史記・李斯列傳》。

可非，而循禮者不足多。」㉑而以後韓非所說的「世異則事異」、「事異則備變」、「法與時轉則治，治與世宜則有功」㉒則是商鞅上述思想的理論補充。商鞅講要有「獨知之慮」，韓非講要有「獨道之容」；商鞅說「知者見於未萌」，韓非說「聖人見微以知明，見端以知末」；商鞅說「民不可與慮始而可與樂成」，韓非說「禹利天下，子產存鄭，皆以受謗，夫民智之不足用亦矣」；商鞅認為「苟可以利民，不循其禮」，韓非認為「苟可以利民萌便庶眾」而「不憚亂主闇上之患禍」㉓。商鞅的「強國」主張與韓非更是相同無異。所以，韓非作為商鞅之後的法家集大成者，評價商鞅的法治思想是：

> 商君教秦孝公以連什伍，設告坐之過，燔詩書而明法令，塞私門之請而遂公家之勞，禁游宦之民而顯耕戰之士。孝公行之，主以尊安，國以富強。
>
> 古秦之俗，群臣廢法而服私，是以國亂兵弱而主卑。商君說秦孝公以變法易俗而明公道，賞告姦，困末作而利本事，當此之時，秦民習故俗之有罪可以得免，無功可以得尊顯也，故輕犯新法，於是犯之者其誅重而必，告之者其賞厚而信，故姦莫不得而被刑者眾，民疾怨而眾過日聞。孝公不聽，遂行商君之法，民後知有罪之必誅，而告姦者眾也，故民莫犯，其刑無所加。是以國治而兵強，地廣而主尊。㉔

---

㉑《史記・商君列傳》。

㉒《韓非子・五蠹》、《韓非子・心度》。

㉓《韓非子・揚權》、《韓非子・說林上》、《韓非子・顯學》、《韓非子・問田》。

㉔《韓非子・和氏》、《韓非子・姦劫弒臣》。

如果說韓非的法治理論是商鞅變法思想的理論補充的話，那麼秦始皇則是韓非法治思想的忠實信徒。秦始皇評價韓非之書說：「寡人得見此人與之遊，死不恨矣。」㉕秦始皇的思想言論與韓非確實是默契相通。例如：

法令是代表國君的權勢，也是國君專政的工具，若法令不能統一，則國君之威分，所以韓非不但反對「不一其憲令」，而且不斷強調「法莫如一而固」、「一法而不求智」及「法不兩適」㉖。當時七國各有其法，秦統一天下後，為中央集權，不能不統一法令。故亦「一法度衡石丈尺，車同軌，書同文字」或「明法度，定律令，皆以始皇起，同文書」㉗。這是秦始皇統一天下的一大貢獻，而秦始皇至各地的刻石勒碑中也多提及，如「皇帝臨位，作制明法，臣下修飭。……治道運行，諸產得宜，皆有法式。……貴賤分明，男女禮順，慎遵職事。」「普天之下，摶心揖志。器械一量，同書文字。日月所照，舟輿所載。皆終其命，莫不得意。應時動事，是維皇帝。……除疑定法，咸知所辟。方伯分職，諸治經易，舉錯必當，莫不如畫。」㉘雖然這是一些歌功頌德的文字，但是其所表現的思想不正是韓非的法治思想嗎？韓非在《有度》篇中說的「就公法者，民安而國治」不就是「治道運行，諸產得宜，皆有法式」嗎？韓非在《難三》篇中說過「明主言法，則境內卑賤莫不聞知也」，所以才能「除疑定法，咸知所辟」。而「舉錯必當，莫不如畫」也正是《韓非子・八說》篇所云「明主之國，官不敢枉法，吏不敢為私，貨賂不行，

---

㉕ 《史記・老子韓非列傳》。

㉖ 《韓非子・定法》、《韓非子・五蠹》、《韓非子・問辯》。

㉗ 《史記・秦始皇本紀》、《史記・李斯列傳》。

㉘ 《史記・秦始皇本紀・泰山刻石》、《史記・秦始皇本紀・瑯邪刻石》。

是境內之事盡如衡石也」。

又如為了以法治國，統一思想，韓非在《五蠹》篇中明言：「故明主之國，無書簡之文，以法為教，無先王之語，以吏為師。」而秦始皇統一中國後，為了統一思想，以吏為師，曾施行了「焚書」之策。博士淳于越於反擊周青臣對秦始皇歌功頌德說：「臣聞殷周之王千餘歲，封子弟功臣，自為枝輔。今陛下有海內，而子弟為匹夫，卒有田常、六卿之臣，無輔拂，何以相救哉？事不師古而能長久者，非所聞也，今青臣又面諛以重陛下之過，非忠臣。」㉙始皇不悅淳于越之言而下其議，李斯則言：「五帝不相復，三代不相襲，各以治，非其相反，時變異也。今陛下創大業，建萬世之功，固非愚儒所知。……古者天下散亂，莫之能一，是以諸侯並作，語皆道古以害今，飾虛言以亂實，人善其所私學，以非上之所建立。今皇帝併有天下，別黑白而定一尊。私學而相與非法教，人聞令下，則各以其學議之，入則心非，出則蒼議，夸主以為名，異取以為高，率群下以造謗。如此弗禁，則主勢降乎上，黨羽成乎下。禁之便。臣請史官非秦記皆燒之。非博士官所職，天下敢有藏詩、書、百家語者，悉詣守、尉雜燒之，有敢偶語詩書者棄市。以古非今者族。吏見知不舉者與同罪。令下三十日不燒，黥為城旦。所不去者，醫藥卜筮種樹之書。若欲有學法令，以吏為師。」㉚這就是史稱的「焚書」。對此，薩孟武認為：「秦不是只許人民學習法令，而是禁止人民設立私塾。戰國時代百家雜興，各以自己的學說批評政府的施設，即如李斯所言『聞令下，則各以其學議之』，思想不統一，始則『異取以為高』，終則『黨羽成乎下』，這在國基未固之時，當然有很大

㉙　《史記・秦始皇本紀》。

㉚　《史記・秦始皇本紀》、《史記・李斯列傳》。

的害處。這就是秦始皇禁私塾的原因，不是單單要愚黔首而已。」㉛胡適亦認為：「我們研究中國古代思想史的人，看了這篇宣言，並不覺得有什麼可以驚異的論點。古來的思想家，無論是那一派，都有壓迫異己的傾向。……所以古代思想派別雖多，在壓迫異己思想和言論一點上，他們是一致的。……後世儒者對於孔丘殺少正卯的傳說都不曾有乏辭，獨要極力醜詆李斯的焚書政策，真是知二五而不知一十了。」㉜

此處，秦的官僚制度與韓非法治思想也有密切關係。在官吏的任用和官僚制度方面，韓非主張「因任而授官，循名而責實」；「群臣守職，百官有常」㉝。秦在官僚制度方面或由朝廷徵召，或「以文學徵，待詔博士」如叔孫通，或自薦、保舉和升遷而來。韓非說：「為人臣者陳而言，君以其言授之事，專以其事責其功。」如秦孝公任用商鞅，秦昭王任用范雎，都是人臣自薦而「君以其言授之事」。又如韓非言「故群臣公正而無私，不隱賢，不進不肖」㉞，群臣是否真「公正而無私」則不知，然秦之官僚由保舉而來者卻是事實，如「白起者，穰侯之所任舉也」，范雎「任鄭安平，使擊趙」。然「不進不肖」，韓信因「貧無行，不得推擇為吏」㉟。官僚體制建立後，必須有考核官吏的方法，這就是韓非所強調的「明主治吏不治民」㊱。治吏的方法之一就是「上計」。關於「上計」，韓非說：「李

㉛ 薩孟武：《中國社會政治史》（第一冊），臺北1969年版，頁52。

㉜ 胡適：《中國中古思想史長編》（手稿本），臺北胡適紀念館1971年，頁200–202。

㉝ 《韓非子・定法》、《韓非子・主道》。

㉞ 《韓非子・二柄》、《韓非子・難三》。

㉟ 《史記・穰侯列傳》、《史記・范雎蔡澤列傳》，《史記・淮陰侯列傳》。

㊱ 《韓非子・外儲說右下》。

克治中山，若陘令上計而入多。」「西門豹為鄴令，居期年，上計。」㊲《史記索隱》引司馬彪曰：「凡郡掌治民、進賢、勸助、決訟、檢姦。常以春行所至縣，勸民農桑，振救乏絕；秋冬遣無害吏案訊問諸囚，平其罪法，論課殿最；歲盡遣吏上計。」可見，「上計」就是對官吏政績的全面考察。

秦還建立了中國的宰相（丞相）制度，君位為血緣世襲，而宰相以下官吏非世襲，宰相的職權是總理一切政務，而與國君有一定的平衡和互補的作用。秦還實行廷議制度，如王綰等「請立諸子」是經過廷議後遭拒絕的，「焚書」政策也是經過廷議後決定的。這種制度正體現了韓非在《主道》篇中所說的「使智者盡其慮，而君因以斷事，故君不窮於智。賢者效其材，君因而任之，故君不窮於能」。

再有，秦的經濟政策亦與韓非思想有重要關聯。韓非在《五蠹》篇中把商人與學者、言談者、帶劍者、患御者視為危害國家的五種蛀蟲，主張重農抑商，認為只有重「耕戰」，才能強國、富國。韓非說：「夫明主治國之政，使其商工游食之民少而名卑，以寡趣本務而趨末作者。」秦始皇亦「發諸嘗逋亡人，贅婿，賈人略取陸梁地。」㊳裴駰注引瓚曰：「贅，謂居窮有子，使就其婦家為贅婿。」顏師古言：「行賣曰商，坐販曰賈。」㊴「逋亡人」即指逃亡之人。秦所壓制的人，包括游民和商人。對此，王孝通評論說：「始皇之政策，在勤勞政事，上農除末，故嘗發諸逋亡人贅婿賈人，略取陸梁地。」㊵可見，秦的經濟政策是重農抑商，一面減少內地的中間剝削，

---

㊲ 《韓非子・難二》、《韓非子・外儲說左下》。

㊳ 《韓非子・五蠹》、《史記・秦始皇本紀》。

㊴ 《漢書・食貨志上》。

一面發展邊境的農業經濟。這種經濟政策，顯然是有利於自耕農和地主，而忽視了城市商人的利益[41]。

中國歷史的史實證明了韓非的法治思想是始皇統一中國，建立秦王朝的指導理論。

## 第二節　韓非思想的流變

韓非作為法家的集大成者，他的思想不僅成為秦始皇統一中國、秦王朝建立的指導理論，而且幾乎成為秦代的官方統治哲學思想。但到漢代以後，出於反秦的緣故，韓非的名字不再被公開提起，可是他的思想不但被實踐著，而且有進一步的發展。

漢宣帝自稱：「漢家自有制度，本以霸王道雜之。」[42]這表明，在漢代儒法兩種思想並存，而並存的形式是「陽儒陰法」或「陽德陰刑」。所謂「陽儒陰法」或「陽德陰刑」，是講言儒家之德，而行法家之刑。這樣，漢代出現了一些「儒家化」的法家或「法家化」的儒家。而韓非的思想也就被這些「儒家化」的法家或「法家化」的儒家所實踐著、發展著。例如：

曹參是秦時的一個獄吏，隨劉邦打天下，而升任相國。在「以法為教，以吏為師」的情形下，曹參為一典型的法家刀筆吏。當曹參繼蕭何為相國時，其施政為「蕭規曹隨」，所謂「蕭規」即「相國蕭何攈摭秦法，取其宜於時者，作律九章」[43]，其實只是「更加

---

[40] 王孝通：《中國商業史》，臺灣商務印書館1994年版，頁49。

[41] 以上參閱張純、王曉波：《韓非思想的歷史研究》，第5章。

[42] 《漢書・元帝紀》。

[43] 《漢書・刑法志》。

悝所造戶興廄三篇，謂九章之律」❹❹，即為法家所造之律。因此，「蕭規曹隨」也就是繼續執行法家製造的法規。曹參執法時主張「黃老之治」，如他說要「以齊獄市為寄，慎勿擾也」，因為「夫獄市者，所以并容也，今君擾之姦人安所容也？吾是以先之」❹❺。所以，他的「清靜」實為以「獄書」為先的「垂法而治」的「清靜」。因為韓非也說過：「故鏡執清而無事，美惡從而比焉；衡執正而無事，輕重從而載焉。夫搖鏡則不得為明，搖衡則不得為正，法之謂也。」❹❻法令就如「鏡」、「衡」，執政者不可用主觀的作為去「搖」，自然可以「清」、「正」，也就可以「民自定」了。無主觀的作為即可「清靜」、「無事」、「垂拱」而治，亦即「垂法而治」。所以，曹參的勿擾「獄市」，就是勿「搖」已明具的法令。可見，曹參的「黃老之治」、「蕭規曹隨」等都是執行韓非集大成的法家之規的統治。

張良是韓相之後，其先人曾相韓昭侯，昭侯為一好術之君，精通「太公兵法」。陳平是一精通黃老之術者，此二人為高祖身邊的「智術之士」。張良與陳平的「術」一方面用之於軍事，另一方面用之於為高祖統御群臣和剪除重臣。這方面的「術」，正是韓非所言「智術之士，必遠見而明察，不明察不能燭私，……智術之士，明察聽用，且燭重人之陰情」❹❼。漢高祖在不得不行分權的封建之餘，終能鏟除擁兵自重的功臣王，與張良、陳平這兩位「智術之士」具有密切關係。韓非說：「術者，藏之於胸中，以偶眾端，而潛御群臣者也。故法莫如顯，而術不欲見，……用術，則親愛近習莫之

❹❹ 《唐律疏義・名例》。

❹❺ 《史記・曹相國世家》。

❹❻ 《韓非子・飾邪》。

❹❼ 《韓非子・孤憤》。

得聞也。」㊽史載張良「數以太公兵法說沛公，沛公喜，常用其策。良為他人言，皆不省。良曰：『沛公殆天授』」㊾。固然，這是張良的「有善歸主」，但也不能不說是「術不欲見」。陳平亦復如此，故「奇計或頗祕，世莫得聞也」㊿。可知張、陳二人的表現雖非韓非所說的「能法之士」，但卻是「智術之士」，也應該是屬於法家的人物，是韓非思想的實踐者。

張釋之是漢初有名的法家之臣，文帝時官至廷尉，以執法公正而聞名。如當時天子與梁王不守宮廷之法，張釋之強行依法制止，且劾彼等不敬。這正是韓非「王子犯法，庶人同罪」「法不阿貴，繩不撓曲」[51]的法家精神。又如文帝乘輿有人犯蹕，張釋之依法罰金，而文帝以為罪輕而怒，張釋之卻說：「法者，天子所與天下公共也，今法如是，更重之，是法不信於民也。且方其時，上使使誅之則已。今已下廷尉，廷尉，天下之平也，壹傾，天下用法皆為之輕重，民安所錯其手足?」[52]這正是對韓非「釋法術而任心治，堯不能正一國」思想的實踐運用。

鼂錯是漢初有名的法家思想家，《漢書・藝文志》的法家錄有《鼂錯》三十一篇。鼂錯的法家思想主要表現在三個方面。一是重「術數」，即「法術」。鼂錯上書漢文帝說：「人主所以尊顯功名揚於萬世之後者，以知術數也。……竊觀上世之君，不能奉其宗廟而劫殺於其臣者，皆不知術數者也。」[53]「術數」就是法術，「奉其宗

---

㊽ 《韓非子・難三》。

㊾ 《漢書・張陳王周傳》。

㊿ 同㊾。

[51] 《韓非子・有度》。

[52] 《漢書・張馮汲鄭傳》。

廟」就是維護政權。因此，鼂錯認為維護政權的必要條件就是要「知術數」。這一思想是對韓非「人主無法術以御其臣，雖長年而美材，大臣猶將得勢擅事主斷，而各為其私急」(54)這一思想的發揮。二是重農抑商。鼂錯主張以農為本，勸農務本，對商則主張抑制。這種「重農抑商」思想正是韓非法家思想的繼承。三是重法治。鼂錯在分析秦二世而亡的原因時說：「宮室過度，耆欲亡極，民力罷盡，賦斂不節，矜奮自賢，群臣恐諛，驕溢縱恣，不顧患禍；妄賞以隨喜意；妄誅以快怒心，法令煩憯，刑罰暴酷，輕絕人命，身自射殺，天下寒心，莫安其處。姦邪之吏，乘其亂法，以成其威，獄官主斷，生殺自恣。上下瓦解，各自為制。秦始亂之時，吏之所先侵者，貧人賤民也，至其中節，所侵者富人吏家也；及其末塗，所侵者宗室大臣也，是故親疏皆危，內外咸怨，離散逋逃，人有走心。」(55)這段話歸納起來，是講秦二世而亡的原因有二，一是「耆欲亡極」，而「民力罷盡」，二是君吏不以法守，君「矜奮自賢」，臣「生殺自恣」。這一分析與韓非思想是相符合的。韓非說過「徵賦錢粟，以實倉庫，且以救飢饉，備軍旅也」，而秦卻是「宮室過度至民力罷盡」。韓非亦說過「故舍己能因法數，審賞罰，先王之所守要，故法省而不侵」，然秦卻是「矜奮自賢」，賞罰由喜怒之心出。韓非還說過「法者，憲令著於官府，賞罰必於民心，賞存乎慎法，而罰加乎姦令者也，此臣之所師也」(56)，而秦吏卻是「生殺自恣」，不以法為度。可見，鼂錯對秦二世滅亡原因的分析是對韓非思想的繼承。

(53)　《漢書・袁盎鼂錯傳》。

(54)　《韓非子・姦劫弒臣》。

(55)　《漢書・袁盎鼂錯傳》。

(56)　《韓非子・顯學》、《韓非子・有度》、《韓非子・定法》。

賈誼以儒家著稱於世，主張仁義之道，但仁義在他看來只是天子的集權武器。如他說：「夫仁義恩厚，人主之芒刃也，權勢法制，人主之斤斧也。……欲天下之治安，莫若眾建諸侯而少其力。力少則易使以義，國小則亡邪心。」[57]賈誼主張「眾建諸侯」乃「少其力」，即弱其勢，諸侯勢弱，天子勢強，則「無邪心」。有此之勢，天子可用仁義恩厚的芒刃，而不必用權勢法制的斤斧，這是勢之使然。而要達成諸侯「無邪心」的勢，必須運用天子的勢，所以，賈誼所言正是韓非所主張的「人設之勢」，他所講的仁義也不是先秦儒家的仁義而是集權之勢的工具。可見，賈誼是把儒家思想「法家化」了的儒者，並以此保存了韓非法家思想。

汲黯在景帝時為東海太守，「其治，責大指而已，不苛小。黯多病，臥閨閤內不出。歲餘，東海大治」。其為主爵都尉時，「治務在無為而已，弘大體，不拘文法」。武帝時，獨崇儒術，「而黯常毀儒，面觸（公孫）弘等徒懷詐飾智以阿人主取容，而刀筆吏專深文巧詆，陷人於罪，使不得反其真，以勝為功」。並在武帝高談儒家理想時，他卻說：「陛下內多欲而外施仁義，奈何欲效唐虞之治乎?」[58]可見，汲黯好「清靜」「無為」，又「常毀儒」，不喜「仁義」，不好「唐虞之治」，他的思想與法家並無不合，韓非早就說過言堯舜是「非愚則誣也」。另外，武帝好儒而黯毀之，正是韓非所說的法術之士「將以法術之言矯人主阿辟之心，是與人主相反也」。汲黯反對「懷詐飾智以阿人主取容」之徒，也正是韓非反對「凡姦臣皆欲順人主之心以取親幸之勢者也。是以主有所善，臣從而譽之；主有所憎，臣因而毀之」。汲黯指責「陷人於罪」上的刀筆吏，亦

---

[57] 《漢書・賈誼傳》。

[58] 《史記・汲鄭列傳》。

是韓非曾說過的「賞不加於無功，罰不加於無罪」、「誅既不當，而以盡為心，是以天下為仇也」[59]。這是汲黯對韓非思想的繼承，其結局因汲黯「亦以數直諫，不得久居位」[60]，亦即韓非所言「人主亦有逆鱗，說者能無嬰人主之逆鱗則幾矣」[61]。

董仲舒是漢武帝時的大儒，亦是「罷黜百家，獨尊儒術」的制造者。他主張儒家的仁義教化，其理由是「凡以教化不立，而萬民不正也。夫萬民之從利，如水之走下，不以教化提防之不能止也」[62]。「教化」是「德」，「德」的另一面是「刑」，他說：「陽為德，陰為刑；……天使陽出布施於上而主歲功，使陰入伏於下而時出佐陽；陽不得陰之助，亦不能獨成歲。」[63]「德」是儒家的主張，「刑」是法家的主張，「陽為德，陰為刑」正是「陽儒陰法」。另外，在《春秋繁露》中，其政治思想與法家理論多有雷同。如董仲舒說：「民無所好，君無以勸；民無所惡，君無以畏也。無以勸，無以畏，則君無以禁制也。……務致民，令有所好。有所好然後可得而勸也，故設賞以勸之。有所好，必有所惡。有所惡然後可得而畏也，故設罰以畏之。」[64]這不正是韓非所言「凡治天下必因人情，人情者有好惡，故賞罰可用」[65]嗎？董仲舒認為：「為人主者，以無為為道……心不自慮，而群臣效當，故莫見其為之而功成矣，此人主之所以法

---

[59] 《韓非子・孤憤》、《韓非子・姦劫弒臣》、《韓非子・難一》、《韓非子・難四》。

[60] 《史記・汲鄭列傳》。

[61] 《韓非子・說難》。

[62] 《漢書・董仲舒傳》。

[63] 《漢書・董仲舒傳》。

[64] 《春秋繁露・保位權》。

[65] 《韓非子・八經》。

天之行也。」[66]而韓非亦曾言:「明君無為於上,……使智者盡其慮;而君因以斷事,故君不窮於智……臣有其勞,君有其成功,此之謂賢主之經也。」[67]由此可見,董仲舒所言「陽德陰刑」並非虛辭,而他思想中的「陽德陰刑」也就是「陽儒陰法」。

桑弘羊在漢昭帝時歷任大農丞、治粟都尉、御史大夫等職。桑弘羊在關於鹽鐵開採、征伐匈奴等問題上與賢良文學之士進行了一次大辯論,其內容由桓寬輯為《鹽鐵論》。據《鹽鐵論》的記載,這次辯論的實質是儒法思想的鬥爭。桑弘羊以法家思想對儒家的批評,歸納起來有:⑴不知世變:「抱枯竹,守空言,不知趨舍之宜,時世之變,議論無所依,如膝癢而搔背」。⑵虛言亂實:「飾虛言以亂實,道古以害今。從之,則縣官用廢,虛言不可實而行之」。⑶不事生產:「今儒者釋耒耜而學不驗之語,曠日彌久而無益於治,往來浮游,不耕而食,不蠶而衣,巧偽良民,以奪農妨政」[68]。桑弘羊對儒家的這些批評正是韓非思想的翻版。如韓非早就說過:「是故亂國之俗:其學者,則稱先王之道以籍仁義,盛容服而飾辯說,以疑當世之法,而貳人主之心。」「故舉先王,言仁義者盈廷,而政不免於亂。……今修文學,習言談,則無耕之勞而有富之實,無戰之危而有貴之尊。」所以說「儒以文亂法。」[69]另外,在辯論中,桑弘羊還直接舉出韓非的例子批評儒家:「執法者國之轡銜,刑罰者國之維檝也。……韓子曰:『疾有國者,不能明其法勢,御其臣下,富國強兵,以制敵御難,惑於愚儒之文詞,以疑賢士之謀,舉浮淫

[66] 《春秋繁露・離合權》。
[67] 《韓非子・主道》。
[68] 《鹽鐵論・利議》、《鹽鐵論・遵道》、《鹽鐵論・相刺》。
[69] 《韓非子・五蠹》。

之蠹，加之功實之上，而欲國之治，猶釋階而欲登高，無銜撅而御捍馬也。』今刑法設備而民猶犯之，況無法？其亂必也。」(70)可見，桑弘羊是韓非思想的實踐者和繼承者。

漢宣帝是戾太子之子，因戾太子事件，幼年流落民間，深知民間疾苦，故稱帝後對民特別寬惠，並格外要求吏治清平。據《漢書・宣帝紀》講，他對吏治進行了改良，其措施主要有：⑴遣使以問：使中央直接了解吏治的情形。⑵親聞獄事：重大案件要丞相御史課殿最以聞；不許官吏得以枉法。⑶平反冤獄：即舉冤獄，察擅為苛禁深刻不改者。⑷刑名相當：即今吏或以不禁奸姦為寬大，縱釋有罪為不苛；或以酷惡為賢，皆失其中。故令御史察計簿，疑非實者；按之，使真偽毋相亂。⑸去踰法吏：用法或持巧心，析律貳端，深淺不平，增辭飾非，以成其罪。奏不如實，上亦無繇知。因此要二千石各察官屬，勿用此人。這些改良措施正是韓非所言「明主治吏不治民」和「人主誠明於聖人之術，……循名實而定是非，因參驗而審言辭。是以左右近習之臣，知偽詐之不可以得安也，……百官之吏，亦知為姦利之不可以得安也，……安危之道若此其明也，左右安能以虛言惑主？而百官安敢以貪漁下？是以臣得陳其忠而不弊，下得守其職而不怨。」(71)這是宣帝的陰法一面，即對韓非思想的實踐。另一面，他又大事陽儒，因為「導民以孝，則天下順」(72)。所以，宣帝之治乃是「陽儒」與「陰法」並行。故班固贊曰：

> 孝宣之治，信賞必罰，綜核名實，政事文學法理之士咸精其

---

(70)《鹽鐵論・刑德》。

(71)《韓非子・姦劫弒臣》。

(72)《漢書・宣帝紀》。

能，至於技巧工匠器械，自元、成間鮮能及之。亦足以知吏稱其職，民安其業也。(73)

漢代的「陽儒陰法」形成之後，這一模式成為中國社會兩千多年來政治和思想的基本框架。但「陽儒」確立了儒家仁義道德的顯著而堅實的地位，「陰法」則注定了法家的隱性地位，所以，雖然韓非的思想對漢以後的中國政治和思想有深遠的影響，但都湮沒在儒家的仁義道德之下(74)。

## 第三節　韓非思想的評估

韓非作為法家思想的集大成者，在中國歷史上具有重要的地位。他在思想的軸心時代，以其獨創性的學說而廁身於先秦六家之列，而開出法家之治，具有歷史的理論價值。因此，從古至今許多學者都對韓非及其理論思想作了重要評估。但歸納起來，不外是貶斥、肯定和中立三種評論。而高柏園先生則將這三種評論觀點集中反映在他的著作《韓非哲學》第六章中。他說：

本文主要以熊十力、牟宗三、王邦雄等三位先生為討論中心。若依其對韓非思想之肯定思想與否的態度來區分，則牟宗三先生對韓非思想是貶斥為多的，此可歸為貶斥派；王邦雄先生則力圖為韓非思想找尋更為同情深入之詮釋，並希望能與今日民主法治思想相接，則可歸入肯定派；而熊十力先生則

(73) 同(72)。

(74) 參閱張純、王曉波：《韓非思想的歷史研究》，七章。

較為中立地反省韓非學，試圖給與相應之評價與定位，此可視為中立派。

## ㈠貶斥派的理由

牟先生在《中國哲學十九講》中，一開始就將法家劃分為前後二期，其中以申不害的術之引入為轉期之關鍵，也是後期法家沉落而遭貶斥的主要原因。牟先生指出：

> 李克、吳起、商鞅是前期的法家，都是作事功的。他們提出「法」之觀念，但沒有提出一套ideology（意底牢結）來，所以並不算壞。先秦法家擔當時代轉型的責任既不算壞，那麼到什麼時候才變成壞的呢？法家之令人起反感，申不害是一個轉關。由申不害到李斯、韓非是後期的法家。前期的法家應社會之客觀事業而提出「法」，所以沒有人反對。但是當它形成一套ideology（意底牢結）時，法家就變壞了，關鍵就在申不害提出「術」這個觀念。……韓非子則主張法術兼備。法布在官府，術操之於皇帝。法是客觀的，而術則是大皇帝一個人的運用，是祕密。這是個很壞的觀念，絕對的尊君，以致大皇帝成了無限的存在，不受任何法律的限制。作為無限存在的大皇帝，一方面要控制文武百官，一方面要使客觀的法有效，這就是靠術。要運用術，就需要一套大學問，因而就形成了一套ideology（意底牢結）。法家到後來術的觀念一出現，運用道而成就大皇帝的專制統治，就變壞了。大皇帝處，我們稱之為「黑暗的祕窟」。為什麼叫「黑暗的祕窟」？因為他的術來自道家。道家的「道」沒有moral content（道

德的內容)。因此道家的學問儘管視為智慧，也仍是偏頗，就因為它的「道」沒有道德的內容，所以暗淡無明。因此運用權術處也成了「黑暗的祕窟」，這是法家的罪惡。

如上所論，牟先生對韓非思想之貶斥是十分明顯的，而其中有幾點都是十分值得注意：

(1)牟先生對法家的分期，合理而成功地消解了歷來傳統上的儒法之爭。蓋傳統的儒法之爭，乃是將儒家與法家視為是二個完全排斥而不相容的思想體系，是以儒法之爭乃成必然。而牟先生則將儒法界定在不同之層次，從而化解了儒法的排斥性，進而同時安頓儒法之價值，取得儒法互補為用的積極性結論，這是牟先生的貢獻之一。

(2)牟先生用「物量精神」及「數量精神」來說明戰國時代與後期法家思想之關係，可謂是精到之論。當牟先生以術及意底牢結做為前後期法家之區分，此自是一分期之判備的提出，亦是可接受的準備。但是若依此術及意底牢結做為貶斥與否的價值標準，則可有討論的餘地。很顯然地，牟先生之所以術之引進為貶斥之判斷，乃是因為術的墮落性與黑暗性，然而吾人若單就術的觀念在韓非思想體系中，加以考量，則知韓非之用術，僅只是一工具義與中性義，亦即是君王或廣義地說一切的領導者或管理者，所必須擁有的主觀修養，其消極意義在防止被蒙蔽，而其積極意義則在控制所掌握之對象。是以若僅就術為一術用之工具而言，其並無善惡可說。而其為墮落的真正原因，應是君王地位之缺乏客觀化之限制所致。易言之，若吾人能將君王納入客觀結構中加以管理與限制，則君王之術也可以是一種方便慧，不必盡是黑暗與墮落。由此看來，術的黑暗與墮落乃是來自君的黑暗與墮落，而君的黑暗與墮落乃是因為君的無限與獨大，此亦即是韓非學中對勢的態度問題。

## ㈡肯定派的看法

王邦雄先生通過思想淵源之考察，說明了韓非思想在發生上之種種背景，並由其發生背景中指出其特質乃有：一為現實主義之哲學，二為綜合性之哲學，三為獨創性之哲學。然而這樣的說明也僅只是現象之描述，而對此現象背後之理論預設之解析與反省，便構成王先生對韓非思想詮釋之第二步，此即對韓非政治哲學之理論根基之展示。王先生對此部分有如下的說明：

> 關於韓非政治哲學之理論根基，從三方面說明：一為挾利自為之人性論，二為以君國為主體之價值觀，三為物質條件決定治國之道之歷史觀。三者之中又以人性論為其基底，人性為惡，心又為之計量，由是而開出由不可變之法、不可抗之勢與不可欺之術三者疊架而成，求必然實效之體系架構。此章旨在說明韓非政治哲學之體系架構，實由此三大理論為基礎推演出來。

此中值得注意的是：

⑴人性論、價值觀與歷史觀之間，並非一平列之關係，而是有其優先次序存在其中，此即以人性論為優先。

⑵韓非人性論之內容乃是「挾利自為」，同時韓非主張人性惡，此二義亦不必能一致。「挾利自為」只是一中性之事實，此中不必即為惡。

王邦雄在經過精密分析後，提出了其核心觀念，即以法為中心之思想及其體系之建立，王先生寫道：

> 韓非政治哲學體系之建立與其實際之發用，為全文之重點，並分為四方面說明：一為法勢術三者之界域與其性能，此三者各有其專司之界域，與獨具之性能，並皆由其理論根基推演而得；二為法勢術三者相互補足彼此助長之三角關聯性，此言其三角分立之均衡，由是而形成其多邊之政治效能；三為法之中心思想及其體系之建立，此是又可分為二：其一法為勢與術目的之所在與理想之歸趨，其二法為制衡勢與術執運之標準。由是而建立法在韓非政治哲學之中心地位；四為勢之擡頭與其實際之發用，此點出其法中心思想在實際之發用中，由於法立於君之死結，始終解不開，遂造成其勢之抬頭，與法之下落的上下顛倒與沉落變質，其體系架構亦因崩頹。

即以法為勢與術之目的與理想所在，亦為制衡勢與術之標準。如前所論，王先生之所以以法為中心，其用心之一乃是為了由此法治思想，而與當代民主法治思想相連接，此中之用心自是有其高度之價值。

### ㈢中立派的主張

熊先生以為，韓非思想基本上是法術家，而非法家。他說：

> 韓非之學，不為法家正統。熊先生謂當正名法術家。其說甚

是。案韓非書，隨處皆用法術一詞。且於法術二字，分釋甚清。韓非書，隨處用法術一詞。此詞，實以兩義連屬而成。（兩義，謂法與術。）然雖法術兼持，而其全書精神，畢竟歸本於任術。……韓非書，雖法術並言，而其全書所竭力闡明者，究在於術。凡其明人性之難與為善，夫婦父子不足相信，人臣之奪君盜國者多端，皆可證人主必有術，以御臣下，始能一繩以法。無術，則徒法不能以自行也。

韓非之所以不是法家而是法術家，其間之區別，或即在法家乃是以法為優先之思想結構，而法術家則以法術為工具手段之使用耳，是以熊先生乃以韓非為法術家。而韓非法術之目的又果何在？無他，鞏固君勢以富國強兵。

熊先生一方面對韓非思想之得有所肯定，此接近王邦雄先生，另一方面則又有所貶斥，此類似於牟宗三先生。熊先生說：「韓非之思想，古今中外競爭之世，所必有也。然重國輕民，要不可太甚。太甚，則民質被剝，而國無與立。民為邦本，《尚書》經之明訓，千古不可易也。秦行韓非之說，雖併六國，然亦後六國十五年而自亡矣。故霸術用之審，而無過甚，則當競爭之世，此其良圖也。用之而過，至人民無自由分，則後禍不堪言。」

此見熊先生對韓非思想是既有肯定又有批判的，其中的肯定主觀上是由韓非思想的個人之忠誠及熱情上說，客觀上則是就韓非思想本身之價值上說。熊先生說：

余讀韓子之書，想見其為人，庶乎近之矣。韓子雄奇哉，惜其思想誤入歧途，致啟秦政暴力，遺害天下萬世。使其無逞

> 偏見，而深究儒術，則經世之略，當有為孟荀所不逮者。韓子憤韓之積弱，思以強權振起。強權不便於民主，故韓子於春秋之民主思想弗受也。秦韓近鄰，而秦自穆公以來，世用客卿，韓子所深知也。六國之才，或長於政，或長於軍，仕秦猶者眾矣，而韓子獨不入秦。彼本素不見用於韓王，及急，道使秦，猶勸秦存韓，竟以此為李斯致之死，可見其愛國情思深厚，其風節孤凌。使韓子生今日，余為之執鞭，所欣慕焉。熊先生此論，至平允。韓子論政雖刻愎，其厚，其志節，可謂誠因極矣。

熊先生也十分明白韓非思想之缺失，以下引三段文獻說明此義，熊先生云：

> 韓非之說，不用於韓，而用於秦，固緣有孝公商君之遺烈在，實亦呂政之才，過於孝公商君，故能行韓非之說，而成一時之業也。然秦之元氣，亦自此大傷。十五年而秦亡，猶不足惜，其害之中於國家民族者，二三千年而未拔也。
>
> 今如韓非之說，只從人之形骸一方面著眼，專從壞處看人。本未當知性，而妄臆人之性惡，妄斷人皆唯利是視之天生惡物，是戕人之性，賊人之天，而人生永無向上之機也。悲夫。韓非以為人性本惡，無可以誠信相與。……韓非偏從壞處衡人，即依此等偏見，以言治道，則將不外於猜防、錮閉、誘狂、劫制四者。凡韓非所為法術，與秦皇所奉行橫暴愚民之政，盡於此而已，斯非人之慘劇乎？[75]

[75] 高柏園：《韓非哲學研究》，六章。

最後，筆者想對韓非的哲學思想，作以下評論：

## ㈠理論威力的凸顯

先秦百家急鳴，各家各派從人文的關懷、社會的責任、時代的需要出發，提出了種種理論和學說。這種種理論和學說是人民在諸侯紛爭、社會動盪之後，企盼社會統一、生活安定的反映和使然。而要制止戰爭、一統天下，必須富國強兵，這就不僅需要政治的、經濟的、軍事的實力，而且也需要理論的實力。為此，當時的儒、道、墨、法、名、陰陽等各家各派的代表人物周遊列國努力宣揚自己的理論和學說，但並沒有獲得各國諸侯的贊同和實行，也沒有在實踐中呈現出其理論的威力。惟有韓非的法家思想理論，適應了終止戰爭，統一中國的時代需要。韓非的法治理論不僅促進了原有社會政治結構、國家管理模式、禮樂刑法制度的改革，而且在實行過程中，迅速促進了富國強兵的實現，使秦國具備了消滅六國的力量，達到統一中國的目標的實現，充分凸現出了韓非法治理論的威力。

## ㈡哲學建構的雄奇

韓非以其睿智卓識和現實主義精神，建立了他自己的堅毅雄奇的哲學理論。其中，韓非的邏輯哲學對中國邏輯史作出了重要貢獻；韓非不僅給形名下了定義，在比較廣泛的意義上討論了形名（名實）關係，而且還提出了「形名參同」和「參伍之驗」的理論。韓非提出了著名的矛盾之說，巧妙地表述了矛盾律的精神實質，尖銳地指出了自相矛盾的邏輯錯誤。韓非還是一位出色的實踐邏輯家。現在普通邏輯中講的各種思維形式，在《韓非子》中幾乎都可以找到運用。

韓非的倫理哲學以利為核心，崇尚功利，貼近社會現實。從這一立場出發，他視人性自利。為了使這種小利、私利與國家、君主的大利、公利統一起來，韓非認為只有憑藉法治的力量方可以實現。倫理與法治的統合，是韓非倫理哲學的特色。

韓非的歷史哲學承襲歷代法家歷史觀而主變、主力，開啟了「事異則備變」，「法與時轉則治」的歷史價值觀，為秦王朝的統一事業指明了航向。

韓非的政治哲學是其全部思想的核心和重心。一是因為韓非熔先秦法家思想之法勢術為一爐，冶煉成以法為基礎、以勢為憑藉、以術為方法的法治哲學。韓非的法治哲學既是先秦法家思想的繼往，更是先秦法家思想的開來。這是因為它開出了一套適應戰國時代的統治思想，開出了一個車同軌、書同文，強大統一的秦王朝。而這一點正是韓非的政治哲學最顯著的功績和最重要的歷史價值。

二是因為韓非的邏輯哲學、倫理哲學、歷史哲學都是政治哲學的理論基礎，在這一基礎上，形成了他的政治哲學；而韓非的政治哲學又溶入了邏輯哲學、倫理哲學、歷史哲學的內容，兩者交融，和合為一體。這才顯示出韓非哲學的堅毅和雄奇。

### ㈢法治價值的呈現

韓非的法治思想亦具有現代價值。中國古代社會雖提倡儒家的德治仁政，但任何時期也離不開法，從先秦成文法的產生到秦律、漢律、唐律、宋律、明律、清律等的不斷完善中，可以說明法在國家事務、民間事務中的作用，它不僅使國家的政令得以貫徹，而且使人與人、人與社會之間的衝突得以調整，也使社會貧富貴賤、尊卑上下的關係得以保障。在現代社會，特別在市場經濟的條件下，法的力量愈顯重要。今人應對韓非的法治哲學進行梳理、整合、會通、架橋引入現代社會之中，而這有助於現代法治的建立。所以透過韓非的法治哲學，方能從傳統文化的根源中，轉出現代法治，使國家事務的各個方面依法處理，使社會行為、人的行為得到法的制約，納入法的範圍，這對於建全現代民主和法制是裨益的。

## ㈣韓非思想的缺陷

在中國哲學思想史上，韓非是一位爭議頗多的思想家。這是因為一方面他的法治哲學思想達到了中國先秦法治思想的顛峰，並對後世社會具有重要影響和作用，另一方面他的思想又確實存有一些重要的缺陷。如他過份強調功利主義，致使功利價值觀囿之於狹，使人性論失之於偏。又如韓非的「術」思想流於險忍，出於陰深，而成為一種深藏不露、詭譎多端的陰險手段。再如韓非主張以法為教，以吏為師。成為先秦諸子哲學精神活力的桎梏，使先秦哲學不能再開出新格局。

韓非是中國歷史上的一位顯耀的哲學家、思想家，尤其是他的法治哲學和思想，更是一座蘊藏豐富的礦源，可成為建設現代法治的能源。研究韓非的思想，可以探究建設中國現代法治的深層底蘊之所在，並從中轉出現代法治的本根和活力，以與現代法治相銜接。所以，為了中國社會現代法治的建設，必須要研究韓非及其思想。

# 韓非年表

**秦孝公三年，韓昭侯四年（前359）**

商鞅在秦實行變法。

**秦孝公七年，韓昭侯八年（前355）**

申不害任韓相。

**秦孝公二十四年，韓昭侯二十五年（前338）**

秦孝公卒，商鞅死。

**秦惠王元年，韓昭侯二十六年（前337）**

韓相申不害死。

**秦昭襄王二十七年，韓釐王十六年（前280）**

秦攻趙，韓非約生於此前後。

**秦昭襄王二十八年，韓釐王十七年（前279）**

秦攻楚。

**秦昭襄王二十九年，韓釐王十八年（前278）**

秦拔楚郢，楚王走陳。

**秦昭襄王三十一年，韓釐王二十年（前276）**

秦攻魏，魏封無忌為信陵君。

**秦昭襄王三十二年，韓釐王二十一年（前275）**

秦攻魏，韓救魏敗。

秦昭襄王三十五年，韓桓惠王元年（前272）

秦攻韓。魏楚共伐燕。

秦昭襄王三十六年，韓桓惠王二年（前271）

秦用范雎為客卿。秦攻齊。

秦昭襄王四十三年，韓桓惠王九年（前264）

秦攻韓，拔九城。

秦昭襄王四十五年，韓桓惠王十一年（前262）

秦攻韓，取十城。

秦昭襄王四十六年，韓桓惠王十二年（前261）

趙廉頗軍長平拒秦。

秦昭襄王四十八年，韓桓惠王十四年（前259）

始皇生。

秦昭襄王五十年，韓桓惠王十六年（前257）

秦圍趙邯鄲，信陵君、平原君、春申君共救趙。

秦昭襄王五十二年，韓桓惠王十八年（前255）

蔡澤代范雎為秦相。荀卿自齊到楚，為蘭陵令。

秦昭襄王五十三年，韓桓惠王十九年（前254）

各國朝秦，韓王亦入朝。韓非、李斯俱學於荀子，大概在此前後。

秦昭襄王五十六年，韓桓惠王二十二年（前251）

秦昭襄王卒。

秦莊襄王元年，韓桓惠王二十四年（前249）

呂不韋相秦。

秦莊襄王二年，韓桓惠王二十五年（前248）

秦取魏三十七城。

秦莊襄王三年，韓桓惠王二十六年（前247）

趙信陵君卒。秦攻韓。李斯入秦。

秦始皇八年，韓桓惠王三十四年（前239）

秦攻趙。韓非著書大概在此前後。

秦始皇九年，韓王安元年（前238）

韓非數書諫韓王，不聽。

秦始皇十年，韓王安二年（前237）

李斯諫秦王先取韓。韓王與韓非商議對秦策。

秦始皇十二年，韓王安四年（前235）

秦助魏伐楚。呂不韋卒。

秦始皇十三年，韓王安五年（前234）

韓非使秦。

秦始皇十四年，韓王安六年（前233）

李斯使韓。秦用李斯謀留韓非於秦，韓非死於雲陽。

秦始皇十七年，韓王安九年（前230）

秦攻韓，韓王安被俘。

秦始皇十八年（前229）

秦滅韓，韓亡。

按：此年表參閱陳啟天：《韓非及其政治哲學》。

# 參考書目

《韓非子集解》，王先慎注釋、周步青標點，1932 年，上海掃葉山房書局再版。
《韓非子校釋》，陳啟天編，1940年，上海中華書局。
《韓非子淺解》，梁啟雄著，1960年，北京中華書局。
《韓非子校注》，江蘇人民出版社，1982年。
錢穆，《先秦諸子繫年》，中華書局影印本，1984年。
熊十力，《韓非子研究》，學生書局，1984年。
韋政通，《先秦七大哲學家》，水牛出版社，1985年。
王邦雄，《韓非子的哲學》，東大圖書公司，1979年。
謝雲飛，《韓非子析論》，東大圖書公司，1980年。
姚蒸民，《法家哲學》，東大圖書公司，1986年。
吳秀英，《韓非子研議》，文史哲出版社，1979年。
高柏園，《韓非哲學研究》，文津出版社，1994年。
王讚源，《中國法家哲學》，東大圖書公司，1989年。
黃公偉，《法家哲學體系指歸》，臺灣商務印書館，1983年。
徐漢昌，《韓非子釋要》，黎明文化事業公司，1986年。
彭達雄譯，《韓非和馬凱維里》，大眾書局，1984年。
張純、王曉波，《韓非思想的歷史研究》，中華書局，1986年。

馮友蘭,《中國哲學史新編》，人民出版社，1984年。

李澤厚,《中國古代思想史論》，人民出版社，1985年。

張立文,《中國哲學範疇發展史》(天道篇)，中國人民大學出版社，1988 年。

張立文,《中國哲學範疇發展史》(人道篇)，中國人民大學出版社，1988 年。

張立文,《中國哲學邏輯結構論》，中國社會科學出版社，1989年。

周鐘靈,《韓非子的邏輯》，人民出版社，1958年。

周雲之、劉培育,《先秦邏輯史》，中國社會科學出版社，1984年。

王康、梁銀林,《法家與思辨智慧》，四川人民出版社，1996年。

衛東海,《中國法家》，宗教文化出版社，1996年。

談家健,《墨子研究》，貴州教育出版社，1995年。

李亞彬,《中國墨家》，宗教文化出版社，1996年。

# 索引

## 二畫



## 三畫



## 四畫



## 五畫

六 畫



七 畫



八 畫

## 十　畫



## 十一畫

## 十三畫

十四畫



十五畫



十六畫



十七畫

# 世界哲學家叢書（一）

| 書名 | 作者 | 出版狀況 |
| --- | --- | --- |
| 孔子 | 韋政通 | 已出版 |
| 孟子 | 黃俊傑 | 已出版 |
| 老子 | 劉笑敢 | 已出版 |
| 莊子 | 吳光明 | 已出版 |
| 墨子 | 王讚源 | 已出版 |
| 韓非 | 李甦平 | 已出版 |
| 淮南子 | 李增 | 已出版 |
| 董仲舒 | 韋政通 | 已出版 |
| 揚雄 | 陳福濱 | 已出版 |
| 王充 | 林麗雪 | 已出版 |
| 王弼 | 林麗真 | 已出版 |
| 郭象 | 湯一介 | 排印中 |
| 阮籍 | 辛旗 | 已出版 |
| 劉勰 | 劉綱紀 | 已出版 |
| 周敦頤 | 陳郁夫 | 已出版 |
| 張載 | 黃秀璣 | 已出版 |
| 李覯 | 謝善元 | 已出版 |
| 楊簡 | 鄭曉江<br>李承貴 | 已出版 |
| 王安石 | 王明蓀 | 已出版 |
| 程顥、程頤 | 李日章 | 已出版 |
| 胡宏 | 王立新 | 已出版 |
| 朱熹 | 陳榮捷 | 已出版 |
| 陸象山 | 曾春海 | 已出版 |
| 王廷相 | 葛榮晉 | 已出版 |
| 王陽明 | 秦家懿 | 已出版 |

# 世界哲學家叢書（二）

| 書名 | 作者 | 出版狀況 |
|---|---|---|
| 方以智 | 劉君燦 | 已出版 |
| 朱舜水 | 李甦平 | 已出版 |
| 戴震 | 張立文 | 已出版 |
| 竺道生 | 陳沛然 | 已出版 |
| 慧遠 | 區結成 | 已出版 |
| 僧肇 | 李潤生 | 已出版 |
| 吉藏 | 楊惠南 | 已出版 |
| 法藏 | 方立天 | 已出版 |
| 惠能 | 楊惠南 | 已出版 |
| 宗密 | 冉雲華 | 已出版 |
| 永明延壽 | 冉雲華 | 排印中 |
| 湛然 | 賴永海 | 已出版 |
| 知禮 | 釋慧岳 | 已出版 |
| 嚴復 | 王中江 | 已出版 |
| 康有為 | 汪榮祖 | 已出版 |
| 章太炎 | 姜義華 | 已出版 |
| 熊十力 | 景海峰 | 已出版 |
| 梁漱溟 | 王宗昱 | 已出版 |
| 殷海光 | 章清 | 已出版 |
| 金岳霖 | 胡軍 | 已出版 |
| 張東蓀 | 張耀南 | 已出版 |
| 馮友蘭 | 殷鼎 | 已出版 |
| 湯用彤 | 孫尚揚 | 已出版 |
| 賀麟 | 張學智 | 已出版 |
| 商羯羅 | 江亦麗 | 已出版 |

# 世界哲學家叢書（三）

| 書名 | 作者 | 出版狀況 |
| --- | --- | --- |
| 辨喜 | 馬小鶴 | 已出版 |
| 泰戈爾 | 宮静 | 已出版 |
| 奧羅賓多・高士 | 朱明忠 | 已出版 |
| 甘地 | 馬小鶴 | 已出版 |
| 尼赫魯 | 朱明忠 | 排印中 |
| 拉達克里希南 | 宮静 | 已出版 |
| 李栗谷 | 宋錫球 | 已出版 |
| 道元 | 傅偉勳 | 已出版 |
| 山鹿素行 | 劉梅琴 | 已出版 |
| 山崎闇齋 | 岡田武彥 | 已出版 |
| 三宅尚齋 | 海老田輝巳 | 已出版 |
| 貝原益軒 | 岡田武彥 | 已出版 |
| 石田梅岩 | 李甦平 | 已出版 |
| 楠本端山 | 岡田武彥 | 已出版 |
| 吉田松陰 | 山口宗之 | 已出版 |
| 中江兆民 | 畢小輝 | 排印中 |
| 柏拉圖 | 傅佩榮 | 已出版 |
| 亞里斯多德 | 曾仰如 | 已出版 |
| 伊壁鳩魯 | 楊適 | 已出版 |
| 柏羅丁 | 趙敦華 | 已出版 |
| 伊本・赫勒敦 | 馬小鶴 | 已出版 |
| 尼古拉・庫薩 | 李秋零 | 已出版 |
| 笛卡兒 | 孫振青 | 已出版 |
| 斯賓諾莎 | 洪漢鼎 | 已出版 |
| 萊布尼茨 | 陳修齋 | 已出版 |

# 世界哲學家叢書（四）

| 書名 | 作者 | 出版狀況 |
|---|---|---|
| 托馬斯·霍布斯 | 余麗嫦 | 已出版 |
| 洛克 | 謝啓武 | 已出版 |
| 巴克萊 | 蔡信安 | 已出版 |
| 休謨 | 李瑞全 | 已出版 |
| 托馬斯·銳德 | 倪培民 | 已出版 |
| 伏爾泰 | 李鳳鳴 | 已出版 |
| 孟德斯鳩 | 侯鴻勳 | 已出版 |
| 費希特 | 洪漢鼎 | 已出版 |
| 謝林 | 鄧安慶 | 已出版 |
| 叔本華 | 鄧安慶 | 已出版 |
| 祁克果 | 陳俊輝 | 已出版 |
| 彭加勒 | 李醒民 | 已出版 |
| 馬赫 | 李醒民 | 已出版 |
| 迪昂 | 李醒民 | 已出版 |
| 恩格斯 | 李步樓 | 已出版 |
| 馬克思 | 洪鐮德 | 已出版 |
| 約翰彌爾 | 張明貴 | 已出版 |
| 狄爾泰 | 張旺山 | 已出版 |
| 弗洛伊德 | 陳小文 | 已出版 |
| 史賓格勒 | 商戈令 | 已出版 |
| 雅斯培 | 黃藿 | 已出版 |
| 胡塞爾 | 蔡美麗 | 已出版 |
| 馬克斯·謝勒 | 江日新 | 已出版 |
| 海德格 | 項退結 | 已出版 |
| 高達美 | 嚴平 | 已出版 |

# 世界哲學家叢書（五）

| 書名 | 作者 | 出版狀況 |
|---|---|---|
| 哈伯馬斯 | 李英明 | 已出版 |
| 榮格 | 劉耀中 | 已出版 |
| 皮亞傑 | 杜麗燕 | 已出版 |
| 索洛維約夫 | 徐鳳林 | 已出版 |
| 費奧多洛夫 | 徐鳳林 | 已出版 |
| 別爾嘉耶夫 | 雷永生 | 已出版 |
| 馬賽爾 | 陸達誠 | 已出版 |
| 布拉德雷 | 張家龍 | 已出版 |
| 懷特海 | 陳奎德 | 已出版 |
| 愛因斯坦 | 李醒民 | 已出版 |
| 皮爾遜 | 李醒民 | 排印中 |
| 玻爾 | 戈革 | 已出版 |
| 弗雷格 | 王路 | 已出版 |
| 石里克 | 韓林合 | 已出版 |
| 維根斯坦 | 范光棣 | 已出版 |
| 艾耶爾 | 張家龍 | 已出版 |
| 奧斯丁 | 劉福增 | 已出版 |
| 史陶生 | 謝仲明 | 排印中 |
| 馮·賴特 | 陳波 | 已出版 |
| 赫爾 | 孫偉平 | 排印中 |
| 魯一士 | 黃秀璣 | 已出版 |
| 詹姆士 | 朱建民 | 已出版 |
| 蒯因 | 陳波 | 已出版 |
| 庫恩 | 吳以義 | 已出版 |
| 史蒂文森 | 孫偉平 | 已出版 |

# 世界哲學家叢書（六）

| 書名 | 作者 | 出版狀況 |
| --- | --- | --- |
| 洛爾斯 | 石元康 | 已出版 |
| 喬姆斯基 | 韓林合 | 已出版 |
| 馬克弗森 | 許國賢 | 已出版 |
| 尼布爾 | 卓新平 | 已出版 |